工业和信息化高等职业教育 "十三五"规划教材立项项目 | "十三五"职业教育 电子商务类规划教材

网络营销
与策划实务

宋俊骥 孔华 / 主编

Internet Marketing
and Planning

人民邮电出版社
北京

图书在版编目（CIP）数据

网络营销与策划实务 / 宋俊骥，孔华主编. -- 北京：
人民邮电出版社，2018.2（2021.6重印）
"十三五"职业教育电子商务类规划教材
ISBN 978-7-115-47495-7

Ⅰ. ①网… Ⅱ. ①宋… ②孔… Ⅲ. ①网络营销－营
销策划－职业教育－教材 Ⅳ. ①F713.36

中国版本图书馆CIP数据核字(2018)第026632号

内 容 提 要

本书按照网络营销的流程来组织内容，共分为 8 个项目：认知网络营销、网络营销环境分析、网络市场和网络消费者分析、网络市场调查、网络营销 4P 策略、网络营销网站策略、网络推广和网络营销策划。全书内容翔实，涵盖网络营销的每个环节，书中引用了大量案例，图文并茂，生动有趣，适合职业院校学生使用。

本书理论与实践紧密结合，既可作为大中专院校电子商务、市场营销、工商管理或其他相关专业的教材，也可作为电子商务从业人员的培训用书或参考书。

◆ 主　编　宋俊骥　孔　华
　　责任编辑　刘　琦
　　责任印制　焦志炜

◆ 人民邮电出版社出版发行　　北京市丰台区成寿寺路 11 号
　　邮编　100164　　电子邮件　315@ptpress.com.cn
　　网址　http://www.ptpress.com.cn
　　三河市祥达印刷包装有限公司印刷

◆ 开本：787×1092　1/16
　　印张：13.25　　　　　　　　　2018 年 2 月第 1 版
　　字数：304 千字　　　　　　　2021 年 6 月河北第 10 次印刷

定价：39.80 元

读者服务热线：(010)81055256　印装质量热线：(010)81055316
反盗版热线：(010)81055315
广告经营许可证：京东市监广登字 20170147 号

本书编委会

主　编　宋俊骥　孔　华

参　编　陶　玲　武宝珠　周婷婷　熊　璐　刘　瑛

　　　　　徐海龙　卢艳婷

前言 —— FOREWORD

网络营销产生于 20 世纪 90 年代，近年来发展日渐成熟，已成为当前企业营销体系中的重要组成部分。据中国电子商务研究中心的监测数据显示，2016 年中国网络营销收入规模达到 2 902.7 亿元，同比增长 32.9%，增长速度非常快。2017 年度中国电子商务人才状况调查报告显示，被调查企业中，有 40% 的企业急需电商运营人才，有 26% 的企业急需推广销售人才，有 9% 的企业急需产品策划与研发人才。

由于网络营销的高速发展和企业对网络营销人才需求的增长，大中专院校和电商企业迫切需要知识体系完整、理论与实践相结合的网络营销教材。为了顺应网络营销实践的要求，我们根据网络营销行业的最新发展趋势，结合企业对网络营销人才素质和能力的要求，以一个项目的网络营销策划方案为主体框架，编写了本书。

本书的特点如下。

（1）理论和实践相结合，采用项目任务式的内容组织方式。

本书以项目为依托，在系统学习理论知识的基础上，让学生通过多个项目实训，最终完成一个项目的网络营销策划方案。本书在编写过程中特别注重网络营销理论和网络营销实践的结合，每一个任务都配备了实训任务，并提供了实训素材。

（2）按照网络营销的完整流程来组织内容，思路清晰，逻辑性强。

本书以一个项目的网络营销策划方案为主体框架，系统全面地介绍了网络营销的理论和实践。通过系统的实训练习，学生可以达到企业对网络营销人才的能力要求。

（3）体现工学结合、项目导向、任务驱动的教学设计。

本书在调研网络营销岗位的岗位描述和职业素质与能力要求的基础上，依据网络营销课程标准编写。本书以网络营销策划方案为主线，以真实项目为载体，以培养职业能力为核心目标，融"教、学、做、考、创"为一体，强调对网络营销实践能力的训练，紧紧围绕完成工作任务的需要来选取理论知识。

本书由江西外语外贸职业学院电子商务学院宋俊骥博士和孔华教授担任主编，陶玲、武宝珠、周婷婷、刘瑛、徐海龙、熊璐、卢艳婷参编。宋俊骥主要负责全书的策划架构，目录的组织和内容的选取，和陶玲共同负责项目四和项目八的编写，并负责最后的统稿和定稿；孔华和武宝珠共同负责项目一和项目六的编写；刘瑛负责项目二的编写；周婷婷负责项目三的编写；徐海龙负责项目五的编写；卢艳婷和熊璐共同负责项目七的编写。

本书参考了较多的文献和著作，并得到了学院领导、专家和广大老师的鼎力支持，在此致以诚挚的感谢。由于编者水平有限，书中的疏漏和不当之处在所难免，欢迎广大读者批评指正。

编者

2017 年 11 月

目录 —— CONTENTS

CONTENTS

目录 —— CONTENTS

CONTENTS

01 项目一
认知网络营销

【项目简介】

近几年我国电子商务行业发展势头迅猛，网络营销也逐渐发展成熟，成为当前企业营销体系中的重要组成部分。企业通过网络营销可以在互联网上推广自己的品牌，进而扩大企业的知名度，同时也可以进行网上销售，通过网络销售产品可以节省大量的人力和物力。网络营销以消费者为中心，可以让消费者有更大的选择空间，极大满足消费者的需求。

本项目主要由网络营销基础、网络营销理论认知和网络营销岗位认知三个任务组成。通过本项目的学习，可以使学生对网络营销有基本的认识，掌握网络营销理论，了解当前网络营销相关岗位的职位信息，激发学生的学习兴趣，为以后从事网络营销相关岗位奠定扎实的基础。

【学习目标】

知识目标：能够掌握网络营销的基础知识，深入理解网络营销的含义，掌握网络营销的特点及内容，熟悉网络营销的 8 大职能以及各大职能之间的关系，能够比较网络营销与传统营销的异同点，掌握网络营销相关理论，了解网络营销相关岗位的岗位描述和职业素质与能力要求。

技能目标：能够对网络营销基础有基本的认识，具有较强的网络营销理论基础，具备调研网络营销人才需求的能力。

素质目标：培养学习精神和团队精神，具有良好的沟通和交流能力，具有利用网络营销相关理论开展网络营销活动的意识。

【引导案例】

小米：网络营销如何成功

小米手机是近几年一款畅销的国产手机，它的崛起让很多人感到不可思议，到底小米手机背后隐藏着什么网络营销手段？小米手机的品牌价值是如何塑造的？下面就介绍几种小米手机在推广过程中常用的营销方式。

（1）微博营销。

微博是现在人气非常高的一个互动平台，在小米成名之前，雷军每天都会以各种方式吸引一定量的粉丝聚集在一起，然后通过他的微博发布新产品测评，从而让消费者快速关注小米手机这个品牌。同时小米经常在微博上举办活动，小米官方微博的"粉丝"数量很大，活动关注人数和微博转发数量也很大，从而在消费者中逐步树立起了品牌。

（2）论坛社区。

论坛作为一个交流社区，互动自然很多。特别是手机爱好者，经常会通过逛手机论坛来提高自己的知识水平，为此小米手机团队就经常在手机论坛中与坛友互动并发测评帖子来推荐小米手机。

（3）高级文案。

想做好一款产品的品牌推广，让消费者建立品牌意识，高端的文案写作是必不可少的。一篇好的软文，能让很多人阅读和转发，从而带动消费者对小米手机的品牌认知。

（4）手机测评。

在一些 IT、数码媒体的门户网站进行测评软文投放，对小米手机的功能、配置等数据进行介绍，并且尽量让评论中没有差评，就可以让消费者对产品产生良好印象。

（5）粉丝。

每一次成功的网络营销，粉丝都是必不可少的主力军。小米手机在每一次测评或者新产品发布时，都会有大量的粉丝对测评结果及新品发布消息进行评论或者转发，从而大大提高了产品的曝光度和知名度。

（6）饥饿营销。

饥饿营销是小米手机网络营销成功的关键。当小米手机积累到一定人气的时候，小米果断采取了饥饿营销的模式。于是，小米粉丝开始抢购小米手机，抢到的人会在个人空间、论坛、微博上分享抢到的手机的信息。这样一来，好奇者就会主动关注这个手机产品。这无疑又给小米手机做了一次生动的广告。

（来源：永恒博客　编选：中国电子商务研究中心）

思考：

1. 网络营销的作用是什么？
2. 网络营销有哪些推广方法？

任务一　网络营销基础

任务引入

小明是江西某职业学院电子商务专业大一的学生，毕业后想从事网络营销工作，所以他想在学校学习网络营销技能。而要掌握网络营销技能，就要从最基本的概念入手，首先弄清楚什么是网络营销。

任务知识点

➢ 网络营销概述

➢ 网络营销与传统营销

知识点讲解

一、网络营销概述

（一）网络营销的含义

营销是指企业发现或挖掘准消费者需求，从整体氛围的营造及自身产品形态的营造角度推广和销售产品，主要通过深挖产品的内涵，切合准消费者的需求，从而让消费者了解该产品，进而购买该产品的过程。

网络营销（On-line Marketing 或 E-Marketing）是企业整体营销战略的组成部分，是建立在互联网基础上，借助互联网特性实现一定营销目标的一种营销手段。网络营销的含义有广义和狭义之分。广义的网络营销是指"企业利用一切网络进行的营销活动"。狭义的网络营销是指"凡是以互联网为主要营销手段，为达到一定营销目标而开展的营销活动"。

理解网络营销的含义，要注意区分以下概念。

（1）网络营销不等于电子商务。网络营销是电子商务的基础，电子商务是网络营销发展的高级阶段。网络营销注重以互联网为主要手段的营销活动，主要研究的是交易前的各种宣传推广以及交易后的售后及二次推广；而电子商务的核心是电子化交易，强调交易方式和交易全过程的各个环节。

（2）网络营销不是网上销售。网上销售是网络营销发展到一定阶段的产物，网络营销是为实现产品网上销售的目的而进行的一项营销活动。网络营销并不仅限于网上，一个完整的网络营销方案，除了在线上做推广之外，还要利用传统的营销方法（如在传统媒体登载广告、发布新闻、印刷宣传册等）进行线下推广。因此，网络营销本身并不等于网上销售。

（3）网络营销与网络广告。网络广告是网络营销活动的一种推广手段。

（二）网络营销的内容

网络营销的内容主要是利用网络技术进行网络营销环境分析、网络消费者分析、网络市场调研、网络营销策略的制定、网络推广、网络营销策划等。

1. 网络营销环境分析

网络营销环境是指影响企业生存和发展的，直接或间接与企业网络营销活动有关联的因素的综合。网络营销环境可以分为宏观环境和微观环境两部分。网络营销微观环境是直接影响企业网络营销能力的各种因素的总称，主要包括企业内部、供应商、营销中介、顾客、竞争者、公众等因素。不同行业企业的微观营销环境是不同的，因此微观营销环境又称行业环境因素。网络营销宏观环境是间接影响企业网络营销能力的各种因素的总称，主要包括政治、法律、人口、经济、社会、文化、科学技术、自然地理等不可控因素。

2．网络消费者分析

网络消费者是推动网络营销发展的主要动力，与传统市场上消费群体的特性截然不同，因此要开展有效的网络营销活动必须对网上用户群体的需求特征、购买动机和影响消费者购买决策的因素进行深入分析。网上消费者分析的关键就是深入了解网络消费者需求的层次及特征、网络消费者的购买动机与过程、影响消费者购买决策的因素。

3．网络市场调研

网络市场调研是基于互联网系统地进行营销信息的收集、整理、分析和研究的过程，以及利用各种搜索引擎寻找竞争环境信息、客户信息、供求信息的行为。

4．网络营销策略的制定

企业在采取网络营销手段实现企业营销目的时，必须制定与企业相适应的营销策略，因为不同的企业在市场中所处的地位不同。网络营销策略主要是从网络营销产品策略、网络营销价格策略、网络营销渠道策略、网络营销促销策略、网络营销网站策略这五个方面来制定。企业实施网络营销需要进行人力、物力投入，并且也会有一定的风险，因此企业在制定本企业的网络营销策略时，应该考虑各种因素对网络营销策略制定的影响。

5．网络推广

网络推广是指基于互联网手段（如搜索引擎营销、社会化媒体营销、网络广告营销、软文营销、病毒营销等）进行宣传推广的活动，通过网络推广可以提高品牌知名度。

6．网络营销策划

网络营销策划就是为了达成特定的网络营销目标而进行的策略思考和方案规划的过程。通过建立明确的营销目标，对网络营销环境和网络消费者进行分析、调研网络市场、制定网络营销策略、制定网络推广方案，从而完成网络营销策划方案编写。

（三）网络营销特点

网络营销在实践中表现出来的特点如下。

1．跨时空全球性

营销的最终目的是占有市场份额，由于互联网能够超越时间约束和空间限制进行信息交换，使得营销脱离时空限制进行交易变成可能，企业有了更多的时间和更大的空间进行营销，可每周 7 天，每天 24 小时随时随地提供全球性营销服务。

2．多媒体性

互联网可以传输多种媒体信息，如文字、声音、图像、视频等，这使得为达成交易进行的信息交换能以多种形式存在和进行，这就可以充分发挥网络营销人员的创造性和能动性开展营销。

3．交互式

企业通过互联网发布商品信息、展示商品图像、开展产品测试与消费者满意度调查等，网络消费者通过互联网查询商品信息、反馈意见、参与产品设计等。借助互联网可以实现供需互动与双向沟通。

4．个性化

互联网上的促销不仅仅是一对一的、理性的、消费者主导的、非强迫性的、循序渐进式的营销活动，而且是一种低成本与人性化的促销，可以避免推销员强势推销的干扰，并通过信息提供与交互式交谈，使企业与消费者建立长期良好的关系。

5．整合性

互联网是一种功能强大的营销工具，它同时兼具渠道、促销、电子交易、顾客服务及市场信息分析与提供等多种功能，符合整合营销的未来趋势。互联网上的营销可实现商品信息展示、发货、收款及售后等一站式服务，因此也是一种全程营销渠道。企业可以借助互联网将不同的营销活动进行统一设计规划和协调实施，使企业的整合营销发挥更大的作用。

6．高效性

计算机可储存大量的信息，可传送的信息数量与精确度超过其他媒体。使用计算机，能够根据市场需求的变化，及时更新产品或调整价格，从而让营销人员及时了解并满足顾客的需求。

7．经济性

通过互联网进行信息交换可代替以前的实物交换，一方面可以减少印刷与邮递成本，可以无店面销售，免交租金，节约水电与人工成本；另一方面可以减少由于传统的多次运输交换带来的损耗。

8．技术性

网络营销是建立在以网络技术、计算机技术、通信技术、多媒体技术等为支撑的互联网基础上的，因此企业在实施网络营销时必须有一定的技术投入和技术支持，必须改变企业传统的组织形态，提升信息管理部门的职能，引进懂营销与技术的复合型人才，增强企业在网络市场上的竞争优势。

（四）网络营销职能

网络营销的基本职能包括 8 个方面：网络品牌、网站推广、信息发布、销售促进、网上销售、顾客服务、顾客关系、网上调研。

1．网络品牌

网络品牌有两个方面的含义：一是通过互联网手段建立起来的品牌，二是互联网对线下既有品牌的影响。二者对品牌建设和推广的方式和侧重点有所不同，但目标是一致的，都是为了企业整体形象的创建和提升。网络营销的重要任务之一就是在互联网上建立并推广企业的品牌，以及让企业的线下品牌在线上得以延伸和拓展。

2．网站推广

网站推广是网络营销最基本的职能之一。获得必要的访问量是网络营销取得成效的基础。对于中小企业来说，由于经营资源的限制，发布新闻、投放广告、开展大规模促销活动等的宣传机会比较少，因此通过互联网手段进行网站推广的意义显得更为重要，这也是中小企业对网络营销更为热衷的主要原因。即使对于大型企业，网站推广也是非常必要的，事实上许多大型企业虽然有较高的知名度，但网站访问量也不高。

3. 信息发布

信息发布是网络营销的最基本职能之一。网络营销的基本思路就是通过各种互联网手段，将企业营销信息以高效的手段向目标用户、合作伙伴、公众等群体传递。互联网为企业发布信息创造了优越的条件，不仅可以将信息发布在企业网站上，还可以利用各种网络营销工具和网络服务商的信息发布渠道向更大的范围传播信息。

4. 销售促进

营销的基本目的是为最终增加销量提供支持，网络营销也不例外。各种网络营销方法大都直接或间接具有促进销售的效果，同时还有许多针对性的线上促销手段，这些促销方法并不限于对线上销售进行支持。事实上，网络营销对于促进线下销售同样很有价值，这也就是为什么一些没有开展线上销售业务的企业一样有必要开展网络营销的原因。

5. 线上销售

线上销售是企业销售渠道在网上的延伸，一个具备线上交易功能的企业网站本身就是一个线上交易场所。线上销售渠道建设并不限于企业网站本身，还包括建立在专业电子商务平台上的网上商店，以及与其他电子商务网站不同形式的合作等，因此线上销售并不仅仅是大型企业才能开展的，不同规模的企业都有可能拥有适合自己需要的在线销售渠道。

6. 顾客服务

顾客服务是网络营销的最基本职能之一。互联网提供了非常方便的在线顾客服务手段，从形式最简单的 FAQ（常见问题解答），到电子邮件以及在线论坛和各种即时通信服务等。在线顾客服务具有成本低、效率高的优点，在提高顾客服务水平方面具有重要作用，同时也直接影响网络营销的效果，因此在线顾客服务成为网络营销的基本组成内容。

7. 顾客关系

顾客关系对开发顾客的长期价值具有至关重要的作用，以顾客关系为核心的营销方式成为企业创造和保持竞争优势的重要策略。顾客关系是网络营销的最基本职能之一。网络营销为建立顾客关系、提高顾客满意度和顾客忠诚度提供了更为有效的手段，通过网络营销的交互性和良好的顾客服务手段，增进顾客关系成了网络营销取得长期效果的必要条件。

8. 网上调研

通过在线调查表或电子邮件等方式，可以完成网上调研。相对传统调研，网上调研具有高效率、低成本的特点。网上调研为制定网络营销策略提供了支持。网上调研是网络营销最基本的职能之一，合理利用网上调研手段对营销策略具有重要价值。网上调研与网络营销的其他职能具有同等地位，既可以依靠其他职能的支持而开展，同时也可以相对独立进行。网上调研的结果反过来又可以为更好地发挥其他职能提供支持。

网络营销的各个职能之间并非相互独立的，而是相互联系、相互促进的，网络营销的最终效果是各项职能共同作用的结果。图 1-1 所示为网络营销的 8 大职能之间的关系。网络品牌、销售促进、网上销售这 3 大职能表现为网络营销的效果（包括直接效果和间接效果），而网站推广、信息发布、顾客关系、顾客服务、网上调研这 5 大职能则属于基础，主要表现为网络资源的投入和建立。

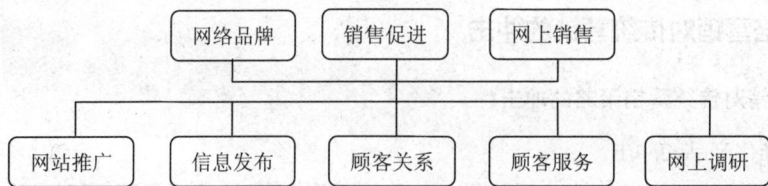

图 1-1　网络营销职能关系图

网络营销的职能是通过各种网络营销方法来实现的，同一个职能可能需要多种网络营销方法的共同作用，而同一种网络营销方法也可能适用于多个网络营销职能。网络营销的 8 大职能也说明，开展网络营销需要用全面的观点，充分协调和发挥各种职能的作用，让网络营销的整体效益最大化。

二、网络营销与传统营销

（一）网络营销与传统营销的异同点

1. 网络营销与传统营销的相同点

网络营销与传统营销的相同点主要体现在以下 3 个方面。

（1）两者都是企业的一种经营活动，所涉及的范围不仅限于产品生产出来之后的活动，还要扩展到产品生产之前的开发活动。

（2）两者都需要通过组合发挥功效，不是单靠某种手段去实现目标，而是要通过整合各种手段来开展具体的营销活动。

（3）两者都把满足消费者需求作为出发点，都认为消费者的需求不仅是现实需求，还包括潜在需求。

2. 网络营销与传统营销的不同点

网络营销与传统营销的不同点主要体现在以下 3 个方面。

（1）消费群体不同。

网络营销的顾客大多数是年轻人，有能力借助信息网络搜集与购买决策有关的信息，而老年人群体对互联网的使用率还比较低；其次，两者的顾客需求有很大的差异性，由于互联网全球化的特征，网络营销打破了地域的界限，使顾客需求因市场的广域性、文化的差异性、价格的变动性等特征而呈现出更大的差异；最后，公司的规模和品牌的知名度不再是网络顾客选择商品的主要理由。

（2）市场形态不同。

传统的市场是实物市场，我们可以看见陈列的商品，所以必然会有资金的占用和货物的积压。而在网络环境下，市场形态发生了很大的变化，最典型的就是虚拟市场的形成，像淘宝、1 号店、凡客等，我们可以把它们看成虚拟的商城。虚拟市场只需要提供商品的信息就可供我们挑选和购买，它几乎不会造成货物积压，也不需要占用大量的资金。

（3）竞争状态不同。

传统营销是现实中厂商面对面的竞争，游戏规则就像"大鱼吃小鱼"，而网络营销则是通过网络虚拟空间进入到企业、家庭等现实空间的，游戏规则像"快鱼吃慢鱼"。从实物市场到虚拟市场的转变，使得具有雄厚资金实力的大型企业不再是唯一的优胜者，也不再是唯一的威胁者。在网络营销条件下，所有的企业都站在同一条起跑线上，这就使小公司实现全球营销成为可能。

（二）网络营销对传统营销的冲击

1. 网络营销对传统营销策略的冲击

（1）对标准化产品的冲击。

网络营销借助于互联网可以在全球范围内进行市场调研，通过互联网厂商可以迅速获得关于产品概念和广告效果测试的反馈信息，也可以测试消费者对产品的认同水平和评价，从而更加容易地了解消费者的行为方式和偏好。因此，在网络市场中很有必要为不同的消费者提供个性化的商品。

（2）对品牌全球化管理的冲击。

与企业的单一品牌与多品牌的决策相同，开展网络营销的公司主要的挑战是如何对全球品牌和共同名称或标志进行管理。在实际执行时，对公司的品牌管理采取不同的方法会产生不同的情况。

（3）对定价策略的冲击。

互联网先进的网络浏览功能会使变化不定且存在差异的价格水平趋于一致，这将对有分销商分布在海外并在各地采取不同价格策略的公司产生巨大冲击。

（4）对营销渠道的冲击。

在网络环境下，生产商可以通过互联网与最终用户直接联系，这样不但缩短了营销渠道，而且也降低了成本。因此，传统的中间商的重要性将有所降低。

2. 网络营销对传统营销方式的冲击

（1）重新营造顾客关系。

网络营销的企业竞争是一种以顾客为焦点的竞争形态，争取新顾客，留住老顾客，扩大顾客群，建立亲密的顾客关系，分析顾客需求，创造顾客需求等，都是最关键的营销课题。

（2）对营销战略的影响。

由于互联网所具有的平等性、自由性和开放性等特征，使得网络时代企业的市场竞争是透明的，人人都能掌握竞争对手的产品信息与营销作为。

（3）对跨国经营的影响。

互联网所具有的跨越时空性和全球性，使得进行全球营销的成本低于地区营销，因此企业将不得不进入跨国经营的时代。互联网为跨国公司和新兴公司创造了巨大利润空间。

（三）网络营销与传统营销的整合

1. 网络营销不能取代传统营销

网络营销作为新的营销理念和策略，凭借互联网特性对传统经营方式产生了巨大的冲击，但这并不等于说网络营销将完全取代传统营销。网络营销和传统营销在相当长的一段时间内将相互影响、相互补充、相互促进，最后实现相互融合，达到内在统一。网络营销不能完全取代传统营销的理由主要有如下几个方面。

（1）网络市场只是整个市场的一部分，并不能完全覆盖整个市场。

（2）互联网市场作为新兴的虚拟市场，它覆盖的群体只是整个市场中的一部分，许多群体由于各种原因还不能或者不愿意使用互联网。

（3）互联网作为一种有效的沟通方式，可以方便企业与用户之间建立双向沟通，但消费者有自己

（4）互联网只是一种工具，营销面对的是有灵性的人，因此一些传统以人为主的营销策略所具有的独特的亲和力是网络营销没有办法替代的。

因此，网络营销还不能取代传统营销，而需要与传统营销进行整合。

2. 网络营销与传统营销的整合营销

网络营销与传统营销互为补充，网络营销与传统营销进行整合可以更好地实现企业的营销目标。整合营销是一种在满足消费者需求的同时，最大程度实现企业目标的双赢营销模式。整合营销策略以消费者为中心来实现传播的统一性和双向沟通，用目标营销的方法来开展企业营销活动。整合营销主要包括如下 3 个方面的内容。

（1）目标营销。

目标营销指企业的所有营销活动都围绕企业的目标来进行。整合营销主张以消费者为中心，企业从 4C 理论（见图 1-2）出发，按照消费者的需求和欲望开发和提供合适的产品，在消费者愿意付出的成本范围内确定产品价格，以为消费者提供购物便利为依据进行分销，并持续一致地与消费者保持双向沟通。

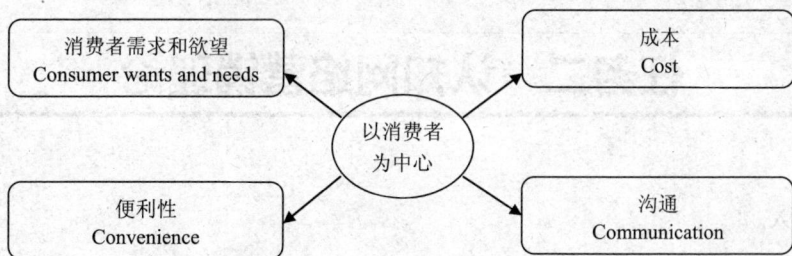

图 1-2 4C 理论图

（2）双向沟通。

整合营销必须考虑企业如何与消费者沟通。企业的所有部门都要为"满足消费者需要"而工作，积极主动地与消费者进行沟通和交流，形成持久的竞争优势。消费者和品牌之间有更多的"联络点"或"接触点"，这不是单靠媒介宣传就能达到的。消费者在使用产品时对产品有更深的了解、打开包装见到产品、拨打销售电话都是一种沟通，消费者之间相互交谈也产生了"病毒传播"般的销售机会。

（3）传播的统一性。

传播的统一性是指企业以统一的传播信息向消费者传达，即用一个声音来说话，消费者无论从哪种渠道获得的信息都是一致的。企业必须对所有这些信息内容进行整合，根据企业想要达成的传播目标，对消费者传播一致的信息。为达到信息传播的统一性和最大化传播效果，节省企业的传播成本，企业要对各种传播工具进行整合。所以企业要根据不同类型消费者接受信息的途径，衡量各个传播工具的传播成本和传播效果，找出最有效的传播组合。

企业是盈利组织，有生存、发展及利润等目标。企业要想在满足消费者需求的同时实现企业目标，必须借助整合营销，把企业战略、营销战略和沟通战略联结和协调起来，把消费者利益、消费者需求转化为企业利益和企业目标，实现消费者和企业的双赢。

📖 **实训任务**

1. 实训目的

通过本次实训，学生能够掌握网络营销的基础知识，培养网络营销意识，初步认识网络营销。

2. 实训内容及步骤

以小组为单位，利用各大搜索引擎输入"网络营销"关键字，了解网络营销的含义，明确网络营销与传统营销之间的异同点，讨论对网络营销的认识。

（1）通过百度、360 搜索、谷歌等搜索引擎，输入"网络营销"关键字，了解网络营销的含义。

（2）比较传统购物过程和网络购物过程，对网络购物的优势进行分析。了解经营网店需要开展哪些网络营销活动，总结网络营销与传统营销之间的异同点。

（3）分组讨论对网络营销的认识。

3. 实训成果要求

根据实训内容，撰写实训报告。

任务二 认知网络营销理论

👓 **任务引入**

通过对网络营销基础知识的学习，小明认识到，如果要组织开展网络营销活动，就要弄清楚网络营销有哪些相关理论，利用网络营销理论来指导网络营销活动。

📚 **任务知识点**

➢ 直复营销理论
➢ 关系营销理论
➢ 病毒营销理论
➢ 体验营销理论

🕊 **知识点讲解**

一、直复营销理论

（一）直复营销的概念

直复营销的"直"来自英文的 direct，即"直接"，"复"来自英文的 response，即"回复"。直复营销就是一种以寻求目标顾客的直接回复而实现营销目标的营销模式。

（二）直复营销的起源

直复营销起源于美国。1872 年，蒙哥马利·华尔德创办了美国第一家邮购商店，标志着一种全新的营销方式的产生。但在 20 世纪 80 年代以前，直复营销并不为人重视，甚至被看作一种不正当的营销方式。进入 20 世纪 80 年代后，直复营销得到了飞速的发展，其独有的优势也日益被企业和消费者所了解。

（三）直复营销的特征

1. 目标顾客选择更精确

直复营销的人员可以从顾客名单和数据库中，挑选出有可能成为自己顾客的人作为目标顾客，然后与单个目标顾客或特定的商业用户进行直接的信息交流，从而使目标顾客更准确，沟通更有针对性。

2. 强调与顾客的关系

在直复营销活动中，直复营销人员可根据每一个顾客的不同需求和消费习惯进行有针对性的营销活动，并与顾客进行一对一的双向沟通，这将使他们与顾客形成并保持良好的关系。

3. 激励顾客立即反应

直复营销激励性广告可使接收到广告信息的顾客立即采取某种特定行动，并为顾客立即反应提供了尽可能的方便和方式。

4. 营销战略的隐蔽性

直复营销战略不是大张旗鼓地进行的，因此不易被竞争对手察觉，即使竞争对手察觉到，也为时已晚，因为直复营销广告和销售是同时进行的。

5. 关注顾客终生价值和长期沟通

直复营销将企业的客户（包括最终客户、分销商和合作伙伴）作为最重要的企业资源，通过完善的客户服务和深入的客户分析来满足客户的需求，关注和帮助顾客实现终生价值。

（四）直复营销的优势

直复营销的优势主要表现在它降低了消费者的购买成本。直复营销剔除了传统中间商加价环节，从而降低了商品价格。

二、关系营销理论

（一）关系营销的概念

所谓关系营销，是把营销活动看作一个企业与消费者、供应商、分销商、竞争者、政府机构及其他公众发生互动作用的过程，其核心是建立和发展与这些公众的良好关系。

例如，海尔集团致力于建立长期的顾客关系，不断提升顾客价值。海尔会员俱乐部如图 1-3 所示。

图1-3 海尔会员俱乐部

（二）关系营销的原则

关系营销的实质是在市场营销中与各关系方建立长期稳定的相互依存的营销关系，以实现彼此的协调发展，关系营销必须遵循以下原则。

1．主动沟通原则

在关系营销中，各关系方都应主动与其他关系方接触和联系，相互沟通信息，了解情况，形成制度或以合同形式定期或不定期碰头，相互交流各关系方需求变化情况，主动为关系方服务或为关系方解决困难和问题，增强合作关系。

2．承诺信任原则

在关系营销中，各关系方相互之间都应做出一系列书面或口头承诺，并以自己的行为履行诺言，这样才能赢得关系方的信任。承诺的实质是一种自信的表现，履行承诺就是将誓言变成行动，是维护和尊重关系方利益的体现，也是获得关系方信任的关键，是企业与关系方保持融洽伙伴关系的基础。

3．互惠原则

在与关系方交往的过程中必须做到相互满足关系方的经济利益，并通过在公平、公正、公开的条件下进行成熟、高质量的产品或价值交换，使关系方都能得到实惠。

（三）关系营销的特征

关系营销的特征可以概括为以下4个方面。

1．双向沟通

关系是信息和情感交流的有机渠道，交流应该是双向的，广泛的信息交流和信息共享，可以使企业赢得支持和合作。

2．合作双赢

关系建立在互利的基础上，关系营销要求互相了解对方的利益要求，寻求双方利益的共同点，并努力使双方的共同利益得到实现。

3．情感亲密

关系能否稳定发展，情感因素起着重要作用。关系营销不只是要实现物质利益的互惠，还必须让参与各方能从关系中获得情感的需求满足。

4．过程控制

关系营销要求建立专门的部门，用以跟踪与消费者、供应商、分销商、竞争者及营销系统中其他参与者的态度，由此了解关系的动态变化，及时采取措施消除关系中的不稳定因素和不利于关系各方利益共同增长的因素。信息的及时反馈，使关系营销具有动态的应变性，有利于挖掘新的市场机会。

（四）关系营销的实施过程

关系营销的实施过程就是将关系营销策略转化为行动的过程，关系营销策略的实施需要从整体上进行统筹规划。关系营销的实施过程主要从以下3个方面来展开。

1．关系营销的组织设计

企业要实施关系营销，必须建立企业关系管理机构，对内协调部门之间、员工之间的关系，对外向公众发布消息、征求意见、处理纠纷等，通过有效的关系营销活动，使企业目标能顺利实现。该机构除协调内外部关系外，还将担负收集信息资料、参与企业决策的责任。

2．关系营销的资源配置

企业资源配置主要包括人力资源和信息资源。人力资源配置主要是通过部门间的人员转化和内部提拔等方式进行的。信息资源共享主要是在采用新技术和新知识的过程中，以多种方式分享信息资源。

3．关系营销的效率提升

与外部企业建立合作关系，必然会与之分享某些利益，增强对手的实力，同时，企业各部门之间也存在着不同利益，这两方面形成了关系协调的障碍。

三、病毒营销理论

（一）病毒营销的概念

病毒营销，也称为病毒式营销，是一种常用的网络营销方法，常用于进行网站推广、品牌推广等。病毒营销利用的是用户口碑传播的原理，在互联网上这种"口碑传播"更为方便，可以像病毒一样迅速蔓延，因此病毒营销成了一种高效的信息传播方式，而且由于这种传播是用户之间自发进行的，因此几乎是不需要费用的网络营销手段。

呼吁公众关注 ALS（肌萎缩侧索硬化症）的"冰桶挑战"是一个非常经典的病毒营销案例。挑战者要拍视频上传到社交网络再提名三人，不敢挑战者要捐出善款。全球政、商、文娱等各界标杆人物纷纷被点名参与，这些有影响力的易感人群的参与，是其成功的关键之一。小米董事长雷军、微软公司董事长比尔·盖茨、360集团公司董事长周鸿祎都接受了"冰桶挑战"，如图1-4所示。

（二）病毒营销的特点

病毒营销是通过向公众提供有价值的产品或服务，利用强大的社会人际网络，使营销信息像病毒一样传播和扩散，利用快速复制的方法传向数以万计、数以百万计的受众。它存在一些区别于其他营销方式的特点。

图1-4 国内外名人接受"冰桶挑战"

1. 有吸引力的"病原体"

天下没有免费的午餐，任何信息的传播都要为渠道的使用付费。之所以说病毒营销是无成本的，主要指它利用了目标消费者的参与热情，但渠道使用的推广成本还是存在的，只不过目标消费者受商家的信息刺激自愿参与到后续的传播过程中，原本应由商家承担的广告成本转嫁到了目标消费者身上，因此对于商家而言，病毒营销是无成本的。

目标消费者并不能从"为商家打工"中获利，他们为什么自愿提供传播渠道？原因在于第一传播者传递给目标群的信息不是赤裸裸的广告信息，而是经过加工、具有很大吸引力的产品和品牌信息，而正是这一披在广告信息外面的漂亮外衣，突破了消费者戒备心理的"防火墙"，促使其完成从纯粹受众到积极传播者的变化。

2. 几何倍数的传播速度

大众媒体发布广告的营销方式是"一点对多点"的辐射状传播，实际上无法确定广告信息是否真正到达目标受众。病毒营销是自发的、扩张性的信息推广，它并非均衡、同时、无分别地传给社会上每一个人，而是通过类似于人际传播和群体传播的渠道，产品和品牌信息被消费者传递给那些与他们有着某种联系的个体。例如，目标受众读到一则有趣的 Flash，他的第一反应或许就是将这则 Flash 转发给好友、同事，无数个参与的"转发大军"就构成了成几何倍数传播的主力。

3. 高效率的接收

大众媒体投放广告有一些难以克服的缺陷，如信息干扰强烈、接收环境复杂、受众戒备抵触心理严重。以电视广告为例，同一时段的电视有各种各样的广告同时投放，其中不乏同类产品"撞车"现象，大大减少了受众的接收效率。而对于那些可爱的"病毒"，是受众从熟悉的人那里获得或是主动搜索而来的，在接收过程中自然会有积极的心态；接收渠道也比较私人化，如微信、电子邮件、封闭论坛等（存在几个人同时阅读的情况，这样反而扩大了传播效果）。以上优势，使得病毒营销最大限度克服了信息传播中的外来干扰，增强了传播的效果。

4. 更新速度快

网络产品有自己独特的生命周期，一般都是来得快去得也快，病毒营销的传播过程通常呈 S 形曲线，即在开始时很慢，当其扩大至受众的一半时速度加快，而接近最大饱和点时又慢下来。针对病毒营销传播力的衰减，一定要在受众对信息产生免疫力之前，将传播力转化为购买力，方可达到最佳销售效果。

（三）病毒营销的一般策划流程

1. 设定目标

策划前一定要明确目的。是想宣传品牌，还是吸引客户购买，还是为了增加某个网站的流量，这些目标是后面几个要素的基础。

2. 分清楚用户是谁

病毒营销的通路决定了其人群覆盖力度非常强，这就要求策划者必须进行人群细分，要清楚哪些人最有营销价值，他们有什么特征和共性。

3. 挖掘兴趣点

要认真分析这些用户群体的兴趣焦点。显然，老一辈企业家和"80后"的兴趣点是不一样的。把百度的恶搞视频推送给企业管理者，肯定达不到扩散的效果。所以，研究用户的兴趣点，是营销创意的真正开始。

4. 推广

设定了目标，也知道了用户是谁，并且有了一个绝佳的创意，那么就该考虑通过什么途径进行推广。推广要覆盖到目标用户所在的地方。推广的方法非常多，如微博推广、微信推广、社区推广、论坛推广、网站推广等。

（四）病毒营销实施的步骤

病毒营销的价值是巨大的，一个好的病毒营销计划远远胜过投放大量广告所获得的效果。但病毒营销并不是随随便便就能做好的，它需要独特的创意。病毒营销之所以吸引人在于其创新性。实施病毒营销的过程中，一般都需要经过方案的整体规划和设计、信息源和传递渠道的设计、原始信息发布和推广、效果跟踪管理等基本步骤，认真对待每个步骤，病毒营销才能最终取得成功。

1. 病毒营销方案的整体规划和设计

（1）病毒营销方案的整体规划。

确认病毒营销方案符合病毒式营销的基本思想，即传播的信息和服务对用户是有价值的，并且这种信息易于被用户自行传播。

（2）病毒营销方案的设计——独特的创意。

病毒营销需要独特的创意和精心设计的营销方案。最有效的病毒营销往往是独创的，独创性的计划最有价值。跟风型的计划有些也可以获得一定效果，但要做相应的创新才更吸引人。

2. 信息源和信息传播渠道的设计

对网络营销信息源和信息传播渠道进行合理的设计以便利用有效的通信网络进行信息传播。虽然说病毒营销信息是用户自行传播的，但是信息源和信息传递渠道需要进行精心的设计，例如要发布一个家乡农产品的短视频，首先要对这个短视频进行精心策划和设计，使其看起来更加吸引人，并且让人们更愿意自愿传播。仅仅做到这一步还是不够的，还需要考虑这种信息的传递渠道，是在某个网站下载，还是用户之间直接传递文件，或是这两种形式的结合？这就需要对信息源进行相应的配置。

3．原始信息的发布和推广

最终的大范围信息传播是从比较小的范围开始的，如果希望营销信息快速传播，那么对于原始信息的发布就需要认真筹划。原始信息应该发布在用户容易发现，并且乐于传递这些信息的地方。如有必要，企业可以先在较大的范围内主动传播这些信息，等到自愿参与传播的用户数量比较大之后，才让其自然传播。

4．对病毒营销的效果进行跟踪和管理

当病毒营销方案（包括信息传递的形式、信息源、信息渠道、原始信息发布）设计完成并开始实施之后，对于病毒营销的最终效果企业是无法控制的，但并不是说就不需要进行营销效果的跟踪和管理。对病毒营销的效果进行分析对企业来说非常重要，不仅可以及时掌握营销信息传播所带来的反应（例如网站访问量的增长），也可以从中发现这项病毒营销计划可能存在的问题，以及可能的改进思路，积累这些经验可为下一次病毒营销计划提供参考。

四、体验营销理论

（一）体验营销的概念

体验营销是指企业通过采用让目标顾客观摩、聆听、尝试、试用等方式，使其亲身体验企业提供的产品或服务，让顾客实际感知产品或服务的品质或性能，从而促使顾客认知、喜好并购买的一种营销方式。

（二）体验形式

伯恩德·施密特所著《体验式营销》一书将体验形式分为五种类型：感官体验、思维体验、行动体验、情感体验、关联体验。

1．感官体验

感官体验将视觉、听觉、触觉、味觉与嗅觉等感觉器官应用在体验营销上。

2．思维体验

思维体验即以创意的方式引起消费者的惊奇、兴趣，从而对问题进行集中或分散的思考，为消费者创造认知和解决问题的体验。

3．行动体验

行动体验指通过增加消费者的身心体验，指出他们做事的替代方法、替代的生活形态与互动，丰富消费者的生活，从而促使消费者自发地改变生活形态。

4．情感体验

情感体验即体现消费者内在的感情与情绪，使消费者在消费中感受到各种情感，如亲情、友情和爱情等。

5. 关联体验

关联体验即通过实践自我改进的个人渴望，使别人对自己产生好感。它使消费者和一个较广泛的社会系统产生关联，从而建立对某种品牌的偏好。

（三）体验营销的特点

1. 关注顾客体验

顾客体验是指企业以顾客为中心，通过对事件、情景的安排以及按特定体验过程的设计，让顾客在体验中产生美妙而深刻的印象，并获得最大限度的精神满足。企业应注重与顾客的沟通，发掘他们内心的渴望，站在顾客体验的角度去审视自己的产品和服务。

2. 以体验为导向设计、制作和销售企业的产品

增加产品的"体验"含量，能为企业带来可观的经济效益。例如，星巴克的做法就是让顾客亲身体验它所提供的产品和服务，让咖啡成为一种香醇与美好的记忆。

3. 关注消费情景

营销人员不应孤立地去思考一个产品（质量、包装、功能等），而要通过各种手段和途径（娱乐、店面、人员等）来创造一种综合的效应以增加消费体验。顾客购物前、中、后的体验已成为增加顾客满意度和品牌忠诚度的决定因素。

4. 顾客既是理性的又是感性的

一般来说，顾客在消费时经常会进行理性的选择，但有时也会受感情的驱动。企业不仅要从顾客理性消费的角度去开展营销活动，还要考虑消费者情感的需要。

5. 体验要有"主题"

体验要先设定一个"主题"。体验式营销从一个主题出发并且所有服务都围绕这个主题，并且这些"体验"和"主题"并非随意出现的，而是体验式营销人员精心设计出来的。

6. 方法和工具有多种来源

体验营销的方法和工具种类繁多，并且和传统的营销有很大的差异。企业要善于寻找和开发适合自己的营销方法和工具，并且不断推陈出新。

（四）体验营销实施的步骤

体验营销的运作流程是一个系统的过程，它首先对顾客的心理进行分析，从而了解顾客的心理属性，以此找到适合顾客体验的产品定位，并根据定位来制定顾客体验的主题，围绕主题进行体验营销。

1. 设定目标

在策划体验营销活动之前，要对体验营销活动做整体的规划，明确企业在体验营销上预先设定的目标是什么，要达到何种预期的效果，以此为基础展开体验活动。体验目标的设定对于体验营销活动能否达到预期的效果十分重要。

2．目标顾客的定位

企业在进行体验营销活动前，要通过市场调查来了解目标顾客的需求与顾虑，以此为基础有针对性地为顾客提供相应的体验营销活动。企业要明确目标顾客，并从不同的层面分析顾客的体验世界，沿着品牌的接触点追踪顾客的体验，以此为基础对目标顾客进行定位。

3．确定体验的环境

企业要从目标顾客的角度出发，为其提供独特难忘的消费体验，帮助顾客找出潜在的心理需求，激发其购买欲望。这就要求营销人员首先要确定产品的卖点在哪里，使顾客体验后能够直接对产品进行判断。

4．让目标顾客进行体验

在这个阶段，企业应该预先准备好让顾客体验的产品或设计好让顾客体验的服务，让顾客进行体验。与此同时，在体验过程中营销人员要积极地引导顾客向体验的目标靠拢，使体验营销活动顺利进行。

5．体验效果的评估与控制

企业在进行体验营销活动后，还要对活动前期、中期及后期的体验效果进行评估。通过对活动的整体审查和判断，企业可以及时了解体验活动的执行情况，并根据评估结果重新修正运作的方式与流程，对体验式的营销活动进行更好的控制，使之更好地进入下一轮的运作。

体验营销活动中要突出以顾客为中心的基本思想，充分体现顾客至上的原则，做到体验传播的内容与体验的主题一致，同时要将成本控制在企业能够接受的合理范围内，以免得不偿失。

实训任务

1．实训目的

通过本次实训，学生对直复营销理论、关系营销理论、病毒营销理论和体验营销理论有更加深入的认识。

2．实训内容及步骤

以小组为单位，讨论直复营销理论、关系营销理论、病毒营销理论和体验营销理论的概念和特征，上网搜索网络营销案例。

（1）分组讨论直复营销理论、关系营销理论、病毒营销理论和体验营销理论，总结对于这些网络营销理论的认识。

（2）上网搜索直复营销理论、关系营销理论、病毒营销理论和体验营销理论的典型案例，对案例中使用的相关网络营销理论进行分析和总结。

3．实训成果要求

根据实训内容，总结对于这些网络营销理论的认识，并对搜索到的典型案例中使用的相关网络营销理论进行分析和总结。

任务三 认知网络营销岗位

任务引入

学习网络营销基础知识和网络营销理论之后，小明对自己未来的就业很关心，他很想了解企业对网络营销人才的需求，为以后从事与网络营销相关的工作做好准备。

任务知识点

➤ 网络营销人才需求
➤ 网络营销岗位

知识点讲解

一、网络营销人才需求

据中国电子商务研究中心发布的 2016 年度中国电子商务人才状况调查报告显示，被调查企业中，40%的企业急需电商运营人才，5%的企业急需技术性人才，26%的企业急需推广销售人才，4%的企业急需供应链管理人才，12%的企业急需综合性高级人才，9%的企业急需产品策划与研发人才。从调查报告可以看出企业最迫切需要电商运营人才和推广销售人才，急需产品策划与研发人才的企业比例达到9%，说明企业在市场前端的布局理念和行动都在不断加强。

二、网络营销岗位

根据网络营销人才的需求情况，本次任务主要介绍网店运营、网络营销、网络推广、文案和客服等岗位，并将与网络营销相关的岗位划分为初始岗位、中层岗位和发展岗位。

（一）初始岗位

网店运营专员、网络营销专员、网络推广专员、文案专员和客服专员。

1．网店运营专员

（1）岗位描述。

① 负责店铺各平台的运营和推广，针对推广效果进行跟踪、评估和统计分析，及时提出营销改进方案；

② 负责网络广告的投放，提高店铺的有效流量；

③ 负责店铺数据统计及运营情况跟踪；

④ 负责网店日常维护，保证网店的正常运作，优化店铺及商品排名，提升店铺知名度，聚集流量和人气，形成转化销售；

⑤ 进行网上销售服务，处理订货信息，订单确认处理、跟踪以及客户在购物过程中的疑问解答。

（2）职业素质与能力要求。

① 熟练掌握（直通车、淘宝客、钻石展位等）推广工具，并善于总结经验，不断优化广告投放效果；

② 有良好的语言沟通能力，掌握良好的沟通技巧，洽谈能力强；

③ 熟悉数据分析工具，懂得利用数据进行分析，指导并检验推广计划；

④ 有高度的责任感，工作勤奋，吃苦耐劳，独立工作能力强；

⑤ 具备团队精神，拥有良好的职业素质。

2．网络营销专员

（1）岗位描述。

① 负责利用网络工具对产品进行营销；

② 负责产品信息的网上发布；

③ 通过网络渠道开发客户资源和业务拓展；

④ 与客户洽谈沟通，挖掘需求，促成交易；

⑤ 利用网络媒体收集市场动态和信息。

（2）职业素质与能力要求。

① 表达能力强，具有较强的沟通能力和技巧；

② 热爱营销工作，喜欢挑战，具有强烈的进取心和事业心；

③ 富有创新精神；

④ 具备一定的市场分析和判断能力以及良好的客户服务意识。

3．网络推广专员

（1）岗位描述。

① 负责开拓网络营销资源和渠道，提升网站整体流量和知名度；

② 策划、执行线上推广活动，收集推广反馈数据，不断改进推广效果；

③ 运用多种网络推广手段（微信、微博等）来提高品牌的知名度，增加咨询量；

④ 负责网站的推广[利用 SEO（搜索引擎优化）或 SEM（搜索引擎营销）渠道进行推广]，在各大论坛、博客、书签、目录网站做外链；

⑤ 熟悉关键词排名规律，并能利用关键词排名提升企业网站的网络搜索权重；

⑥ 利用合理途径提升网站流量、访问量及转化率等指标；

⑦ 参与相关部门其他的推广活动。

（2）职业素质与能力要求。

① 了解互联网的特质，熟悉网络平台的运作和推广的各种方式；

② 熟悉 Blog、论坛、社区、微信群及其他新兴网络推广媒介；

③ 注重团队合作，善于沟通，语言表达能力强，富有创意，具有较强的学习能力。

4．文案专员

（1）岗位描述。

① 负责撰写文案，包括品牌文案、活动方案、宣传推广文案及其他营销文案；

② 负责微博、微信内外部推广，把握用户特点，策划有趣、实用的专题内容，促进用户活跃度，提升粉丝数量和阅读量；

③ 参与产品营销活动策划与执行，协助完成公司的大型活动、合作项目和品牌推广。

（2）职业素质与能力要求。

① 熟练掌握软文、交换链接、邮件推广、SNS（社交网络服务）推广、论坛推广及其他特殊的推广方式；

② 文笔流畅，有良好的品牌故事、新闻稿、企业软文、产品软文、微信软文及论坛文章等不同类型方案的写作能力；

③ 对销售心理学有基础的理解，有丰富的想象力与优秀的创造力，洞悉广告文案的表达；

④ 抓住潜在客户心理，懂得从布局上对一篇文章和产品描述进行合理的区域划分；

⑤ 对新媒体的新鲜感和敏感度高，能透过现象看本质，善于抓住舆情趋势；

⑥ 具备高度的敬业精神和团队合作精神，有较强的责任心，工作细致负责。

5. 客服专员

（1）岗位描述。

① 负责在线解答客户的咨询并进行合理引导，促成销售订单的完成；

② 负责确认客户资料及订购信息，及时准确回答客户提出的问题，在解答过程中使用文明用语；

③ 对公司客户群进行维护与管理；

④ 及时有效地做好客户的回访工作；

⑤ 在不违反公司制度的前提下让客户感受到最大程度的满意。

（2）职业素质与能力要求。

① 有良好的服务意识，具备良好的沟通表达能力，头脑清晰，思维敏捷，能够适应一定的工作压力；

② 打字速度 50 字/分钟以上，最低不能低于 40 字/分钟；

③ 熟练操作 Word、Excel 等办公软件；

④ 熟悉各种操作规则，处理客户需求，有一定的销售、沟通技巧；

⑤ 热爱电商行业，愿意从基础客服岗位做起，具备一定的抗压能力。

（二）中层岗位

网店运营主管、网络营销主管、网络推广主管和客服主管。

1. 网店运营主管

（1）岗位描述。

① 配合经理负责网店的总体运营及管理，策划店铺及产品推广方案，组织产品销售、制单、发货、售后等营销工作；

② 负责每日的数据监控，包括营销数据、交易数据、顾客管理、优化店铺及商品排名；

③ 协调团队成员，监督客服与美工的工作，推进店铺的营销活动，保持网店的正常运作；

④ 负责执行与配合相关营销活动，策划店铺促销活动方案；

⑤ 协助经理制订销售计划，带领本团队成员出色地完成销售目标；

⑥ 制订网店推广方案与计划，并协调团队成员共同完成。

（2）职业素质与能力要求。

① 熟悉各网上交易平台的运营环境、交易规则，负责网店的推广工作；

② 跟踪网店平台的运作规则、市场环境和竞争对手情况，及时调整网店运营；

③ 对数据敏感，精通数据分析，能够根据运营数据及时优化各项工作；

④ 具有优秀的语言表达和应变能力、高效的沟通能力和团队影响力。

2. 网络营销主管

（1）岗位描述。

① 负责其功能领域内主要目标和计划的制订，参与或协助公司领导执行相关的政策和制度；

② 负责部门的日常管理工作及部门员工的管理、指导、培训及评估；

③ 与销售人员、客户服务部门及其他部门保持沟通以便分析市场趋势和客户需求；

④ 负责与销售有关的广告宣传计划、促销活动等的策划、执行及评估；

⑤ 负责品牌和产品的网络推广。

（2）职业素质与能力要求。

① 熟悉所有的网络推广手段，精通 BBS（电子公告板）、社区、blog 等功能，能够在各类网络平台宣传推广企业产品；

② 对市场有敏锐的触觉，擅长丰富的线上活动方案策划及营销推广；

③ 具有良好的亲和力、优秀的适应能力、独立的学习能力及良好的团队合作精神。

3. 网络推广主管

（1）岗位描述。

① 熟悉网络推广手段，负责网站各阶段专题的策划制作，负责移动互联网自媒体平台的包装、日常运营和推广工作；

② 负责网络市场渠道的规划、拓展，利用合理途径提升网站流量、访问量及转化率等指标；

③ 积极参与相关部门其他的推广活动，与平面企划部门积极配合，运用多种渠道的优良组合带领团队不断提高公司整体业绩；

④ 负责管理、培训部门员工，建设和发展优秀的网络推广运营团队；

⑤ 根据不同时期的营销目标，组织策划并审定网络市场推广、运营、市场研究等方案，制定并控制相关预算，监督方案的实施并监督实施效果，提高网站与自媒体平台的知名度和美誉度。

（2）职业素质与能力要求。

① 熟悉互联网行业，具有相关平台的管理与运营经验；

② 熟悉网络推广手段，精通微信、微博等新兴网络功能；

③ 注重团队合作，善于沟通，语言表达能力强；

④ 具有优秀的文案功底，有较强的创造性思维能力，具有较强的学习能力。

4. 客服主管

（1）岗位描述。

① 负责各电商平台的产品编辑、上传更新、订单管理、客户服务、客户档案与销售统计等系统的

管理和维护；

② 负责及时处理售后问题和客户的投诉，进行客户满意度的跟踪及分析；

③ 负责与相关部门的沟通协调工作，及时处理客服部门突发事件及重要投诉；

④ 负责客服团队的日常管理、监督、指导、培训和评估，制定客户服务规范、流程和制度，完善客户常见问题反馈及解决流程，全方位优化客户服务质量；

⑤ 负责店铺的日常维护和管理，关注售前客服的订单有效性和每日完成业绩；

⑥ 关注售后每日的退换货、退款及各项售后问题处理；

⑦ 跟进分析报表数据，优化服务流程，提高转化率。

（2）职业素质与能力要求。

① 具备敏锐的商业意识，较强的应变能力、口头表达与沟通能力；

② 有较强的协调客户关系的能力，熟悉客户服务流程；

③ 熟悉京东、天猫等主流电商平台的运营规则，熟练操作各种线上沟通工具；

④ 具备一定的团队管理能力；

⑤ 具备较强的学习能力，可快速掌握专业知识，及时开展工作。

（三）发展岗位

网店运营经理、网络营销经理、网络推广经理和客服经理。

1. 网店运营经理

（1）岗位描述。

① 关注行业动态，对包括竞争对手在内的行业信息进行分析；

② 负责公司电子商务网站的运营工作，根据销售额、利润等重要运营指标制订工作计划并实施；

③ 负责产品线的运营，包括但不限于商品定价、确定主推商品、配合推广促销、策划活动方案、产品编辑等；

④ 根据业务情况，与客服部、仓储部、设计部等进行工作协调。

（2）职业素质与能力要求。

① 熟练操作各大电商平台产品上新，熟悉规则、技巧、交易流程及扩大交易量的方法和技巧；

② 具备平台运营管理经验和宣传推广经验，熟悉平台运作和促销方式；

③ 能独立完成整套活动的筹备、策划、执行及后期效果评估；

④ 有较强的团队精神和工作激情，善于沟通，踏实肯干。

2. 网络营销经理

（1）岗位描述。

① 负责总体运营与设计，定期更新网页版面，推进网络营销活动，保证网店的正常运营，进行产品的网络推广；

② 制定网站及产品的市场推广策略，协助制订并执行市场推广计划和品牌推广计划，对目标任务进行分解、协调、监督并跟进目标任务的实施；

③ 负责引入各类新型的网络推广手段，将网络营销效果最大化；

④ 负责建立行业合作渠道，特别是与互联网媒体的紧密合作，能独立与媒体沟通，具备谈判能力。

（2）职业素质与能力要求。

① 具备网络营销主管经验；

② 熟悉新媒体和现代网络营销体系；

③ 熟悉网站的运作和推广的各种手段，拥有丰富的推广经验和良好的互联网资源；

④ 熟悉百度、谷歌等搜索引擎营销手段，以及微博与微信等社会化营销手段；

⑤ 具有较强的网络营销的创意策划和整合能力；

⑥ 具备极强的沟通能力、较好的团队管理能力、良好的市场应变能力和较强的分析判断能力。

3．网络推广经理

（1）岗位描述。

① 负责公司业务的运营推广；

② 策划、参与、协调活动项目的运营推广；

③ 分析市场需求及反馈数据，制定网络推广方案与产品、服务推广策略，负责策划并实施线上线下（微信、微博、官网等）的运营方案；

④ 对运营数据进行关键指标的分析，撰写运营分析报告，有针对性地调整运营策略；

⑤ 监督网络营销效果，跟进项目方案的实施，确保方案在预算内及时完成，并达到相应的宣传目的；

⑥ 有效构建和管理网络营销渠道和合作伙伴体系；

⑦ 带领团队积极探索和创新网络营销手段和模式；

⑧ 负责推广团队的组建与培训，提升团队成员的技能，使团队有凝聚力，促进整个企业销售目标的实现。

（2）职业素质与能力要求。

① 了解互联网的特质，熟悉网站运作和推广的各种方式，拥有成功的推广经验和良好的互联网资源；

② 精通网络营销、商务拓展、公共关系等相关知识和技能，善于吸引大流量，获取新顾客；

③ 具备很强的数据分析能力，能够对各个渠道和各种活动引入的流量数据和行动效果进行总结和分析，并根据分析结果及时调整策略；

④ 熟悉部署技巧，善于利用多种形式提升网站或产品的人气；

⑤ 熟悉企业微博、微信、贴吧、电商平台的运作与营销；

⑥ 具备较强的团队领导力和执行力，领导下属开展网络营销工作，有较强的团队凝聚力。

4．客服经理

（1）岗位描述。

① 负责其功能领域内主要目标和计划的制定，参与或协助企业领导执行相关的政策和制度；

② 负责部门的日常管理工作及部门员工的管理、指导、培训及评估；

③ 制定客户服务规范和制度；

④ 设计并优化客户服务各项流程；

⑤ 处理客户的投诉，进行消费者满意度的跟踪与分析，全方位优化客户服务质量。

（2）职业素质与能力要求。

① 具备丰富的客户服务管理工作经验，精通客户服务体系的管理流程；

② 具备高度的责任心和客户服务意识，亲和力强，有耐心；

③ 具备较强的组织、计划、控制、协调能力和人际交往能力与应变能力；

④ 具备良好的协调及沟通能力，有较强的团队合作意识。

实训任务

1．实训目的

通过本次实训，学生能够了解当前就业市场中网络营销人才的需求情况，了解与网络营销相关的岗位要求。

2．实训内容及步骤

调研网络营销人才的需求情况，填写网络营销人才需求情况调研表，如表 1-1 所示。根据本次任务所学的知识和所调研的网络营销人才的需求情况，填写就业岗位所需知识和技能表，如表 1-2 所示。

（1）以小组为单位，进入智联招聘、前程无忧人才网、中华英才网等招聘网站和中国电子商务研究中心调研网络营销人才的需求情况。

表 1-1　网络营销人才需求情况调研表

时间：　　年　　月　　日

序号	需求企业名称	企业主营业务	需求岗位名称	岗位职责描述	岗位能力要求
1					
2					
3					
4					
5					

总结归纳：

（2）以小组为单位，探讨网店运营专员、网络营销专员、网络推广专员、文案专员、客服专员这 5 个岗位所需知识和相应技能，填写就业岗位所需知识和技能表。

表 1-2　就业岗位所需知识和技能表

序号	就业岗位	所需知识	相应技能
1	网店运营专员		
2	网络营销专员		
3	网络推广专员		
4	文案专员		
5	客服专员		

3．实训成果要求

根据实训内容，完成网络营销人才需求情况调研表和就业岗位所需知识和技能表。

项目小结

　　网络营销是企业整体营销战略的一个组成部分，其目的是借助互联网推广企业的品牌，实现企业的营销战略目标。组织开展网络营销活动需要掌握与网络营销相关的理论知识并应用在实践中。据相关调查显示，企业对网络营销方面的人才需求缺口很大。

　　本项目主要由网络营销基础认知、网络营销理论认知、网络营销岗位认知三个任务组成。网络营销基础认知包括网络营销的含义、网络营销的内容、网络营销的特点、网络营销的职能和网络营销与传统营销之间的关系。网络营销理论认知包括直复营销理论、关系营销理论、病毒营销理论和体验营销理论。网络营销岗位认知包括网络营销初始岗位、中层岗位和发展岗位的岗位描述和职业素质与能力要求。

思考与练习

一、不定项选择题

1．（　　）是企业整体营销战略的一个组成部分。

　　A．网络推广　　　　B．网络营销　　　　C．网上销售　　　　D．网上广告

2．网络营销环境可以分为宏观环境和微观环境两部分，网络营销微观环境是（　　）影响企业网络营销能力的各种因素的总称。

　　A．直接　　　　　　B．间接　　　　　　C．对内　　　　　　D．对外

3．（　　）是指采用互联网手段进行宣传推广的活动。

　　A．网络推广　　　　B．网络营销　　　　C．网上销售　　　　D．网上广告

4．整合营销主张以（　　）为中心。

　　A．竞争对手　　　　B．商家　　　　　　C．消费者　　　　　D．企业

5．关系营销遵循的原则有（　　）。

　　A．主动沟通　　　　B．承诺信任　　　　C．互惠　　　　　　D．独特创意

二、简答题

1．网络营销与电子商务有什么关系？

2．网络营销有哪八大职能？各个职能之间又有什么关系？

3．当前网络营销是否能取代传统营销？为什么？

4．网络营销包括哪些理论基础？

5．整合营销包括哪三个方面？对其进行简要描述。

6．病毒营销的特点有哪些？

7．如何实施体验营销来开展网络营销活动？

02 项目二
网络营销环境分析

【项目简介】

　　任何企业都是在一定的外部条件下开展网络营销活动的，同时也受到各种环境因素的影响和制约。而企业所处的外部环境条件时刻都在发生变化，网络环境下企业所处的营销环境更是日新月异。一方面，它既给企业带来新的市场机会；另一方面，它又给企业造成某种威胁。因此，网络营销环境对企业的生存和发展具有重要意义。企业想在快速变化的网络环境中生存，就必须重视对网络营销环境的分析和研究，并根据网络营销环境的变化制定有效的网络营销战略，扬长避短，趋利避害，适应变化，抓住机会，从而实现企业网络营销的战略目标。

　　本项目从网络营销环境的概念、内容及理论基础出发，介绍宏观、微观网络营销环境因素对企业网络营销活动的影响。

【学习目标】

　　知识目标：了解网络营销的概念、内容及理论基础；了解网络营销的微观环境、宏观环境及网络环境；了解各种环境对企业网络营销所产生的影响。

　　技能目标：能够结合实际情况分析企业网络营销环境；能够结合实际分析制约企业网络营销发展的环境因素。

　　素质目标：当企业面对网络营销环境产生不利影响时能总体规划应变对策。

【引导案例】

不要小看"入乡随俗"的重要性：肯德基

　　商海沉浮，世事难料。1973 年 9 月，香港的肯德基公司突然宣布多间家乡鸡快餐店停业，只剩下四间还在勉强支撑。到 1975 年 2 月，首批进入香港的肯德基连锁店全军覆没。

在世界各地拥有数千家连锁店的肯德基为什么唯独在香港遭受如此厄运呢？经过认真总结经验教训，发现是中国人固有的文化观念决定了肯德基的惨败。

首先，在世界其他地方行得通的广告词"好味到舔手指"在中国人的观念里不易被接受。舔手指被中国人视为不卫生的行为，味道再好也不会去舔手指。人们甚至对这种广告感到反感。

其次，家乡鸡的味道和价格不易被接受。鸡是采用当地鸡种，但其喂养方式仍是美国式的。用鱼肉喂养出来的鸡破坏了中国鸡的特有口味。另外家乡鸡的较高价格对于一般市民来说还有点承受不了，因而抑制了需求量。

此外，美国式服务难以吸引回头客。在美国，顾客一般是驾车到快餐店，买了食物回家吃。因此，在店内是通常不设座的。而中国人通常喜欢一群人或三三两两在店内边吃边聊，不设座位的服务方式难寻回头客。

10 年后，肯德基带着对中国文化的了解卷土重来，并大幅度调整了营销策略。广告宣传更低调，市场定价符合当地消费，市场定位于 16 岁至 39 岁之间的年轻人。1986年，肯德基家乡鸡新老分店的总数在中国香港为 716 家，占世界各地分店总数的十分之一强，与麦当劳、汉堡王、必胜客并称四大快餐连锁店。

分析思考

1. 肯德基公司 20 世纪 70 年代为什么会在香港全军覆没？
2. 20 世纪 80 年代该公司为什么又能取得辉煌的成绩？

任务一　网络营销环境概述

任务引入

小李经常在网上看到某传统企业想通过网络营销来扩大自己的客户群，进而增加产品销售额，却不得其法。他非常好奇，想知道网络营销环境到底是什么，它对企业有着怎样的影响。

任务知识点

➢ 网络营销环境的概念

➤ 网络营销环境的内容

知识点讲解

一、网络营销环境的概念

网络营销环境是指影响企业生存和发展、与企业网络营销活动有关联的各种内部和外部条件的集合，即与企业网络营销活动有关联的各种因素的总和，包括企业网站、顾客、网络服务商、合作伙伴、供应商、销售商、相关行业的网络环境等。开展网络营销就是与这些环境建立关系的过程，这些关系处理好了，网络营销才能取得成就。

网络营销环境是一个综合概念，由多方面的因素构成。环境是绝对的、永恒的。随着社会的发展，特别是网络技术在营销中的运用，使得环境变化更快。虽然对营销主体而言，环境及环境因素是不可控的，但它也有一定的规律性，可通过网络营销环境的分析对其发展趋势和变化进行预测和事先判断。因此对网络营销环境进行分析是十分必要的。要进行网络营销环境的分析，首先必须了解构成网络营销环境的5个要素。

互联网自身构成了一个市场营销的整体环境，从环境构成上来讲，它有以下5个方面的要素。

（1）提供信息资源。

信息是各种事物形态、内在规律、与其他事物的联系等各种条件、关系的反映。由于互联网技术的飞速发展，信息的传播速度与效率都大大提高了。不断更新的信息是互联网的生命力之所在，否则，互联网也就失去了存在的必要性。对网络营销而言，信息是营销过程的关键资源，信息能够指导企业的网络营销活动。

（2）全面影响力。

网络营销环境要与该体系内的所有参与者发生相互作用，但这种作用，并非是个体之间的互相作用。例如，企业网络营销人员是网络环境中的一个参与者，他几乎可以接触到网络营销环境的所有方面，但同时在这一过程中又受到网络营销环境的制约与影响。

（3）动态变化。

企业所处的网络营销环境随着企业内部和外部环境的变化而不断变化。网络营销在动态变化中对企业发挥作用和影响。

（4）多因素相互作用。

网络营销环境是一个系统的、多层次的综合概念，是由相互联系的各种因素有机组合而成的。这些因素并不是独立、静止地对网络营销环境产生影响，而是各种因素相互联系、相互作用，共同对网络营销环境产生影响。

（5）反应机制。

网络营销环境可以对其主体的行为产生一定的影响，同时主体行为的改变也会改造网络营销环境。例如，企业将营销信息等通过企业网站、BBS等方式储存并发布到互联网上，同时，企业也可以根据互联网上的有效信息来进行决策。可见，网络营销环境是一个具备反应机制的系统。

二、网络营销环境的内容

网络营销环境的内容既广泛又复杂。不同的因素对网络营销活动各个方面的影响和制约也不尽相

29

同，同样的环境因素对不同的企业所产生的影响和形成的制约也会不同。一般来说，网络营销环境的内容主要包括两方面的构成要素：一是微观环境要素，即与企业紧密相连、直接影响其网络营销活动的各种因素的总称，主要包括企业的供应商、营销中间商、顾客、竞争者以及社会公众和影响营销管理决策的企业内部各个部门；二是宏观环境要素，即对企业网络营销活动影响较为间接的各种因素的总称，主要包括人口、经济、政治、法律、科学技术、社会文化及自然地理等多方面的因素。微观环境直接影响和制约企业的网络营销活动，而宏观环境主要以微观营销环境为媒介间接影响和制约企业的网络营销活动。前者可称为直接网络营销环境，后者可称为间接网络营销环境。两者之间并非并列关系，而是主从关系，即直接营销环境受制于间接营销环境。

实训任务

1．实训目的

了解环境对于企业的影响有哪些，企业应从哪些方面去适应环境。

2．实训内容及步骤

（1）阅读下面一段文字，回答问题。

小李在北京经营了一家大型面馆，生意非常好。一个偶然的机会小李来到南昌，萌生了想在南昌开一家连锁面馆，为周边的上班族提供各种地道面食的念头。北京的面馆生意非常好，他相信，这个连锁面馆肯定也能吸引南昌人成为他的忠实顾客。但是他对南昌的饮食并不了解，比如本地人的饮食习惯是怎样的？他们对于面食有些什么样的要求？在南昌开面馆和在北京开面馆，在装修、食材、口味等一些问题上是否会不同呢？

（2）利用网络了解南昌的一些风土人情，比如人们的生活习惯，爱好等。

（3）了解他们的饮食习惯，对于面食的看法和要求。

（4）分析当地人的饮食习惯是否会影响面馆的经营。

（5）分析要在当地经营好面馆应该从哪些方面下手。

3．实训成果要求

提交实训报告：你了解到的南昌的风土人情、当地人的饮食习惯、对于面食的看法和要求，分析当地人的饮食习惯对于面馆生意的影响以及想要在当地经营好面馆应该从哪些方面下手。

任务二　网络营销宏观环境分析

任务引入

小李在新闻上看到一则关于我国电子商务发展的新规定，心想，这也许就是网络营销环境中的宏观环境吧！他不确定网络营销宏观环境指什么，包括哪些内容，以及宏观环境对于企业的网络营销有什么样的影响。让我们一起来帮助他吧。

任务知识点

- 人口环境
- 经济环境
- 政治、法律环境
- 科学技术环境
- 社会文化环境
- 自然环境

知识点讲解

网络营销环境是指影响企业生存和发展的，直接或间接与企业网络营销活动有关联的因素的总和。网络营销环境包括微观环境和宏观环境。微观环境直接影响和制约企业的网络市场活动，而宏观环境主要以微观环境为媒介，间接影响和制约企业的网络市场营销活动。宏观环境与微观环境是网络市场环境系统中的不同层次，所有的微观环境因素都受宏观环境因素制约，宏观环境则通过微观环境发挥作用。

网络营销宏观环境包括人口、经济、政治、法律、科学技术、社会文化与自然环境等不可控因素。网络营销人员必须了解宏观环境，否则，企业就不能制定正确的网络营销策略。

一、人口环境

人口是构成市场的基本因素，人口规模的大小决定市场规模的大小。人口的特征，如人口规模、人口年龄结构、地理分布及人口迁移等，都会对市场格局产生深刻影响，并直接影响企业的网络营销活动。因此，人口状况是网络营销宏观环境的重要因素。

（一）总体网民规模

截至 2017 年 6 月，全球网民总数达 38.9 亿人，互联网普及率为 51.7%，其中，中国网民规模达 7.51 亿人，居全球第一。

从全球来看，互联网发展水平并不均衡，发达经济体的互联网平均发展水平最高，紧随其后的是欧洲和新兴的亚洲国家，拉丁美洲以及撒哈拉以南非洲发展中国家和地区也在加大发展力度。

截至 2017 年 6 月，中国网民规模达到 7.51 亿人，占全球网民总数的五分之一。互联网普及率为 54.3%，超过全球平均水平 4.6 个百分点。

2017 年 12 月 4 日，第四届世界互联网大会正式发布了《世界互联网发展报告 2017》和《中国互联网发展报告 2017》蓝皮书。这是世界互联网大会举办以来，首次面向全球发布的互联网领域最新学术研究成果。报告指出，中国数字经济规模跃居全球第二，网民规模居全球第一，如图 2-1 所示。

我国网民规模经历近 10 年的快速增长后，随着人口红利逐渐消失，网民规模增长率也趋于稳定。2017 年，中国互联网行业整体向规范化、价值化发展。首先，国家出台多项政策加快推动互联网各细分领域的有序、健康发展，完善互联网发展环境；其次，网民人均互联网消费能力逐步提升，在网购、O2O、网络娱乐等领域人均消费均有增长，网络消费增长对国民生产总值增长的拉动力逐步显现；最后，互联网发展对企业的影响力在逐步提升，随着"互联网+"行动的贯彻落实，企业互联网化步伐进一步加快。

中国网民规模和互联网普及率   单位：万人

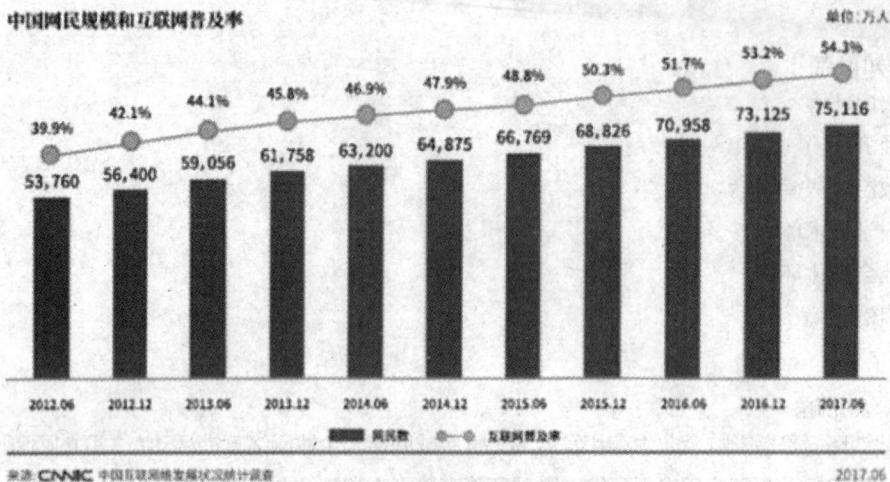

图 2-1　中国网民规模和互联网普及率

（二）手机网民规模

移动互联网发展依然是带动网民增长的首要因素。2017 年，全球移动网民总数达到 27.3 亿人，其中 87.4% 的移动网民使用手机上网，智能手机普及率继续保持两位数的增速，使用人数达到 23.9 亿人，占全球总人口的近 1/3（32.3%）。

截至 2017 年 6 月，我国手机网民数量达 7.24 亿人，较 2016 年底增加 2 830 万人。网民中使用手机上网的比例由 2016 年底的 95.1% 提升至 96.3%。同时，新增网民年龄呈现两极化趋势，19 岁以下、40 岁以上人群占比分别为 45.8% 和 40.5%，互联网向低龄、高龄人群渗透明显。2017 年上半年，各类手机应用的用户规模不断上升，场景更加丰富。其中，手机外卖应用增长最为迅速，用户规模达到 2.74 亿，较 2016 年底增长 41.4%；移动支付用户规模达 5.02 亿，线下场景使用特点突出，4.63 亿网民在线下消费时使用手机进行支付（见图 2-2）。

中国手机网民规模及其占网民比例   单位：万人

图 2-2　中国手机网民规模以及占网民比例

移动互联网的发展推动了消费模式共享化、设备智能化和场景多元化。首先，移动互联网发展为共享经济提供了平台支持，网约车、共享单车和在线短租车等共享模式的出现，进一步减少了交易成本，提高了资源利用效率；其次，智能可穿戴设备、智能家居、智能工业等行业的快速发展，推动智能硬件通过移动互联网互通，"万物互联"时代到来；最后，移动互联网用户的工作场景、消费场景向多元化发展，线上线下不断融合，推动不同使用场景细化，同时推动服务范围向更深、更广扩散。

二、经济环境

一个国家的社会经济运行状况对企业的网络市场营销活动将产生直接或间接的影响，企业的网络营销人员必须关心经济环境，并对经济环境做出反应。

（一）总体经济状况

2017年世界经济增速明显提升，劳动市场持续改善，全球物价水平温和上升，大宗商品价格有所上涨，国际贸易增速提高。同时，国际直接投资增长缓慢，全球债务持续积累，金融市场出现泡沫。

2017年美国GDP增长2.2%，比2016年提高0.7个百分点。欧元区GDP增长2.1%，比2016年提高0.3个百分点。其他发达经济体GDP增长2.6%，比2016年提高0.4个百分点。独联体国家GDP增长率从2016年的0.4%提高到2017年的2.1%。其中俄罗斯经济终于扭转了负增长态势，其GDP增长率从2016年的-0.2%上升到了2017年的1.8%。新兴和发展中亚洲经济体继续强劲增长，其GDP在2017年增长6.5%，与2016年相比提高0.1个百分点。其中，我国2017年GDP预计增长6.9%。

纵观全球电子商务市场，各地区发展并不平衡，呈现出美国、欧盟、亚洲"三足鼎立"的局面。美国是世界最早发展电子商务的国家，同时也是电子商务发展最为成熟的国家之一，一直引领全球电子商务的发展，是全球电子商务的成熟发达地区。欧盟电子商务的发展起步较美国晚，但发展速度快，成为全球电子商务较为领先的地区。亚洲作为电子商务发展的新秀，市场潜力较大，但是近年的发展速度和所占份额并不理想，是全球电子商务的持续发展地区。

（二）消费者储蓄和信贷

消费者的购买力除受消费者的收入影响外，还受消费者储蓄和信贷的直接影响。

通常，消费者的个人收入不可能全部用于当前消费，而是会有一部分以各种方式储蓄起来，这是一种推迟了的潜在购买力。当收入一定时，储蓄越多，现实的消费量就越少，但潜在消费量就越大；反之，储蓄越少，现实的消费量就越大，潜在消费量就越小。

企业营销人员应认真调查消费者的储蓄情况，了解消费者储蓄的目的。储蓄目的的差异，往往会影响潜在消费量、消费模式、消费内容、消费发展方向。如果储蓄是为了买一辆车，或者是买房产，那么这个储蓄有可能是一个经济发展的领先指数，这对于消费市场是很好的指标。如果储蓄是为预防性的目的，那么可以看到，这种储蓄实际上很难转化为现实的消费，这说明人们对未来没有信心。收集与分析消费者储蓄信息，制定有效的营销策略，提供适宜的产品和服务，是企业营销人员的任务和职责。

"开拓国内市场，扩大国内需求"是我国经济发展的基本立足点和长期战略选择，所以有效刺激消费是我国经济保持长期稳定增长的重要保证。现代市场经济社会是信用经济社会，消费者不仅可以用货币购买需要的商品，而且也可以用信贷购买商品。消费者信贷就是消费者凭信用先取得商品使用权，然后按期归还贷款的购买商品的方式。实际上，这就是消费者提前支取未来的收入，提前消费。信贷消费放大了市场需求，为企业提供了市场机会，如住房、汽车、教育等信贷。因此，企业必须重视对消费者的信用调查研究，避免因顾客无法按期还贷，最终导致企业陷入困境。目前我国消费者信贷主要体现为银行对个人提供住房、汽车和耐用品、消费品等的中长期信贷服务。消费者信贷有利于充分挖掘消费者潜力。我国目前从事消费者信贷服务的金融机构类型很少，如商业银行、汽车金融公司等，消费贷款占贷款总额的比例不到 12%。

（三）通货膨胀和经济衰退

通货膨胀是指纸币的发行量超过流通中所需要的数量，从而引起纸币贬值、物价上涨的经济现象，其实质是社会总需求大于社会总供给。通货膨胀之反义为通货紧缩，无通货膨胀或极低度通货膨胀称为稳定性物价。居民消费价格指数（Consumer Price Index，CPI）是反映与居民生活有关的商品及劳务价格统计出来的物价变动指标，通常作为观察通货膨胀水平的重要指标。如果居民消费价格指数升幅过大，表明通胀已经成为经济不稳定的因素，从而造成经济前景不明朗。因此，该指数过高的升幅往往不被市场欢迎。

在通货膨胀较低的情况下，对企业营销活动较为有利，因为消费者的实际工资和购买力都会上升。在低通货膨胀时期，企业应通过提高效率来实现销售利润。大幅度提升价格，将导致客源流失，没有人会购买他们的商品和服务。在通货膨胀率较高的情况下，营销人员应采用适当的价格策略来应对这种局面。通常，企业营销人员应认识到通货膨胀既能建立消费者对品牌的忠诚度，也能消除这种忠诚。在一次市场调研座谈会上，一位消费者代表说："现在花一分钱都需要考虑，所以我要找遍货架，寻找性价比高的物品，而不是一定要买名牌。"通货膨胀迫使消费者在购买时更加精打细算。

为制定应对通货膨胀的营销策略，企业管理者必须意识到无论产品的成本如何变化，购买者都不会购买价格高于自己估计价值的产品。不论涨价的理由多么充分，营销人员都要认真研究它对市场需求的影响。

经济衰退是因收入、生产、就业趋向下降，从而引起的人们对商品和服务需求的下降。不同的国家对衰退有不同的定义，其中美国以经济连续两个季度出现负增长为衰退的定义被人们广泛使用。经济衰退可能会导致多项经济指标同时出现下滑，比如就业、投资和公司盈利，其他伴随现象还包括物价下跌（通货紧缩）。当然，如果经济处于滞胀期，物价也可能快速上涨。经济衰退时期消费者腰包缩水，往往对于娱乐消费、休闲享受、可有可无的消费不那么看重了，但衣食住行、教育、医疗等刚性消费仍将保持较为旺盛的需求。企业需要对自己的营销策略做出相应调整，主要有以下三方面。

（1）改善现有产品并推出新产品。在经济衰退期间，要求企业注意改进供应环节，减少浪费及原材料成本，推出有助于组织简化生产程序及改善客户服务的产品和服务。

（2）维持并增加顾客服务。尽管在经济衰退期间，许多企业会减少原材料及设备采购，但企业应避免减少顾客服务。维持并增加顾客服务是企业保住市场并赢得客源的有效方法。

（3）强调产品的物美价廉。收入因经济衰退而降低的消费者会更多地追求物美价廉的产品。

三、政治、法律环境

政治、法律环境是指一个国家或地区的政治制度、体制、方针政策、法律法规等方面的因素。这些因素常常制约、影响企业的经营行为，尤其是影响企业较长期的投资行为。政治、法律环境是影响企业营销的重要宏观环境因素，包括政治环境和法律环境。政治环境引导企业营销活动的方向，法律环境则为企业规定经营活动的行为准则。政治与法律相互联系，共同对企业的市场营销活动产生影响和发挥作用。企业的网络营销决策必然受到政治与法律环境变化的影响。企业需要政府的法规来保护它们的技术创新，保护社会的总体利益，保护一个企业免受另一个企业的侵害。

企业营销组合的每个方面都受法律法规的影响。营销管理人员或企业法律顾问的职责就是了解并遵守法律法规，否则，将会给企业造成重大损失。

政府对某一新兴产业的重视程度及扶持与否，往往体现在政府制定的政策上，而政府制定的政策确实对一个产业或行业的发展起着重要的推进作用。

（一）国外发展电子商务的政策

（1）美国

美国早在1993年就率先提出"国家信息基础设施"（简称NII）计划，并取消利用互联网进行商业交易活动的限制。1995年美国又提出"全球信息基础设施"（简称GII）计划，鼓励私人投资，推动竞争，实现开放性进入，实行灵活的管理规范，保障普遍性服务。特别强调政府应发挥作用，以政府电子化拉动电子商务的发展。

美国政府支持制定国际统一的贸易规范以促进电子商务发展，以此来鼓励政府对电子合同的认可；鼓励国际普遍接受电子签名以及其他类似授权程序的规则；促进为国际贸易活动制定可替代的争端解决机制；制定可预测的根本原则，使权责明确；让电子注册的使用合理化、简单化。2000年6月，国会以压倒优势通过"电子签名法"，使得电子签名与书面签名具有了同等法律效力。

（2）亚洲

日本在发展电子商务方面，紧跟美国之后。1993年11月，美国媒体发表日美信息化程度比较报告，对日本触动很大。日通产省和邮政省很快做出反应，提出赶上世界信息化发展的措施。2000年，日本修改商法、民法、刑法三大基本法律，把商业计算机软件等信息产品规定为"信息财产"，受法律保护。明确规定有关电子商务等的契约规则，并加大对非法进入计算机系统等高技术犯罪的处罚力度。之后日本提出"信息技术国策"的新国策，用规模高达1 000多亿日元的投资来全面发展信息技术产业，提升产业结构，拉动经济回升。

随着亚洲电子商务的发展，2001年初日本、韩国、新加坡等亚洲国家着手建立亚洲共同的电子商务市场，致力于实现"公开密钥加密系统"（PKI）等技术的标准化，并制定有关的法律制度，现已设立"亚洲PKI论坛"，该论坛致力于创造电子商务国际市场的环境。

（3）欧洲

欧洲在发展电子商务的进程中，更多发挥欧盟的整体力量。1998年和2000年，欧盟委员会两次向欧盟理事会提出关于互联网的管理政策。1999年，欧盟提出"电子欧洲"总战略，目标之一是要在2001年让所有的中小学全部上网；2000年，提出建设"欧洲网络指导框架"设想，投资建设信息基础设施和泛欧乃至联通全球的网络。"欧洲网络指导框架"设想的具体目标是：欧盟每一个企业、每一位研究人员、每一个大学生，都拥有一套能够迅速进入互联网的计算机。

（二）我国发展电子商务的政策

在我国电子商务和网络营销的发展过程中，国家政策的引导起到了至关重要的作用。

2005 年发布的《国务院办公厅关于加快电子商务发展的若干意见》阐明了发展电子商务对我国国民经济和社会发展的重要作用，提出了加快电子商务发展的指导思想和基本原则，还提出了一系列促进电子商务发展的具体措施。

2006 年颁布的《中华人民共和国国民经济和社会发展第十一个五年规划纲要》将"积极发展电子商务"作为一项重要的任务提了出来，强调"建立健全电子商务基础设施、法律环境、信用和安全认证体系，建设安全、便捷的在线支付服务平台"。

2006 年 5 月，中共中央办公厅、国务院办公厅印发了《2006-2020 年国家信息化发展战略》。

2007 年 3 月 6 日，商务部发布了《关于网上交易的指导意见（暂行）》。其目的是贯彻《国务院办公厅关于加快电子商务发展的若干意见》文件精神，推动网上交易健康发展，逐步规范网上交易行为，帮助和鼓励网上交易各参与方开展网上交易，警惕和防范交易风险。

2007 年 6 月，国家发展和改革委员会、国务院信息化工作办公室联合发布我国首部《电子商务发展"十一五"规划》。

2007 年 12 月，商务部出台《商务部关于促进电子商务规范发展的意见》。希望能够促进电子商务规范发展，引导交易参与方规范各类市场行为，防范市场风险、化解交易矛盾、促进电子商务健康发展。

2008 年 4 月，中共中央办公厅、国务院办公厅印发的《国民经济和社会发展信息化"十一五"规划》提出，要放宽市场准入，加强政策引导，鼓励社会资金参与信息化建设。营造良好的财税政策环境，鼓励社会资金投向信息资源公益性开发以及公共信息服务平台建设，进一步完善对信息服务领域的各项扶持政策。

2012 年 1 月 5 日，中国人民银行为规范和促进互联网支付发展，防范支付风险，保护当事人的合法权益，发布了《支付机构互联网支付业务管理办法》。

2012 年 4 月 15 日，国家发展改革委员会发布《关于进一步促进电子商务健康快速发展的有关工作通知》，进一步促进电子商务健康快速发展，继续加快完善支持电子商务创新的法规政策环境。

2013 年 2 月 17 日，为了支持跨境电子商务发展，规范支付机构跨境互联网支付业务，防范互联网渠道外汇支付风险，国家外汇管理局发布《支付机构跨境电子商务外汇支付业务试点指导意见》。

2014 年 5 月，国家发展改革委员会、中国人民银行发布了《关于组织开展移动电子商务金融科技服务创新试点工作的通知》，要求各地推动移动金融安全可信公共服务平台建设，开展国家电子商务示范城市移动电子商务金融科技服务创新试点工作。要求针对移动电子商务支付存在的安全隐患、身份认证标准不一、移动金融服务难以互联互通等问题，加快移动金融可信服务管理设施建设。

2015 年 5 月，国务院发布了《国务院关于大力发展电子商务加快培育经济新动力的意见》（以下简称《意见》），涵盖了降低准入、税收优惠、便利投融资、物流建设、线上/线下 O2O、农村电商、互联网金融、跨境电商、供应链 C2B、信用体系、质量监督等领域。《意见》指出，到 2020 年，统一开放、竞争有序、诚信守法、安全可靠的电子商务大市场基本建成。电子商务与其他产业深度融合，成为促进创业、稳定就业、改善民生服务的重要平台，对工业化、信息化、城镇化、农业现代化同步发展起到了关键性作用。

2016 年 3 月，《政府工作报告》提出：聚焦提质增效，推动产业创新升级，制定实施创新驱动发展战略纲要和意见，出台推动大众创业、万众创新政策举措，落实"互联网+"行动计划，增强经济发展新动力；大力推行"互联网+政务服务"，实现部门间数据共享，让居民和企业少跑腿、好办事、不添堵。

四、科学技术环境

科学技术是推动社会生产力发展因素中最活跃的因素。作为市场营销环境的一部分，科学技术环境不仅直接影响企业内部的生产和经营，同时还与其他环境因素互相依赖、相互作用，尤其与经济环境、文化环境的关系更为紧密。新的技术革命，既给企业的网络营销创造了机会，同时也造成了威胁。与企业网络营销活动相关的科技因素主要包括以下几点。

（一）IPv6

IPv6 是 Internet Protocol Version 6 的缩写，其中 Internet Protocol 译为"互联网协议"。IPv6 是 IETF（Internet Engineering Task Force，互联网工程任务组）设计的用于替代旧版协议（IPv4）的新一代协议。目前全球互联网所采用的协议族是 TCP/IP 协议族。IP 是 TCP/IP 协议族中网络层的协议，是 TCP/IP 协议族中的核心协议。

IPv6 的提出最初是因为随着互联网的迅速发展，IPv4 定义的有效地址空间将被耗尽，地址空间的不足必将影响互联网的进一步发展。为了扩大地址空间，拟通过 IPv6 重新定义地址空间。IPv4 采用 32 位地址长度，只有大约 43 亿个地址，而 IPv6 采用 128 位地址长度，几乎可以不受限制地提供地址。按保守方法估算，IPv6 实际可分配的地址可达到整个地球平均每平方米分配 1000 多个地址。在 IPv6 的设计过程中，除了一劳永逸地解决了地址短缺的问题以外，还考虑了在 IPv4 中解决得不太好的其他问题。IPv6 的主要技术特点有以下几点。

（1）地址空间巨大。IPv6 地址空间由 IPv4 的 32 位扩大到 128 位，形成了一个巨大的地址空间。采用 IPv6 地址后，未来的移动电话、冰箱等智能家电都可以拥有自己的 IP 地址。

（2）地址层次丰富且分配合理。IPv6 的管理机构将某一确定的 TLA 分配给某些骨干网的 ISP（互联网服务提供商），然后骨干网 ISP 再灵活地为各个中小 ISP 分配 NLA，而用户从中小 ISP 获得 IP 地址。

（3）IP 层网络更加安全。IPv6 要求强制实施互联网安全协议 IPSec，并已将其标准化。IPSec 支持验证头协议、封装安全性载荷协议和密钥交换 IKE 协议，这 3 种协议是未来 Internet 的安全标准。

（4）无状态自动配置。IPv6 通过邻居发现协议能为主机自动配置接口地址和缺省路由器信息，使得从互联网到最终用户之间的链接不经过用户干预就能够快速建立起来。

IPv6 为互联网的普及与深化发展提供了基本条件。当然，IPv6 并非十全十美，能一劳永逸地解决所有问题。IPv6 只能在发展中不断完善，但从长远看，IPv6 有利于互联网的持续和长久发展。

（二）4G 手机技术

第四代移动通信技术是第四代移动电话通信标准，缩写为 4G。4G 集 3G 与 WLAN 于一体，能够快速传输数据、音频、视频和图像等。4G 能够以 100Mbit/s 以上的速度下载，比目前的家用宽带 ADSL（4Mbit/s）快 25 倍，并能够满足几乎所有用户对于无线服务的要求。此外，4G 可以在 DSL 和有线电视调制解调器没有覆盖的地方部署，然后再扩展到整个地区。很明显，4G 有着不可比拟的优越性。

从移动通信系统数据传输速率的比较来看，第一代模拟数据仅提供语音服务；第二代数位式移动通信系统传输速率也只有 9.6Kbit/s，最高可达 32Kbit/s，如 PHS；第三代移动通信系统数据传输速率可达到 2Mbit/s；而第四代移动通信系统传输速率可达到 20Mbit/s，甚至最高可以达到 100Mbit/s，这种速度相当于 2009 年最新手机传输速率的 1 万倍左右，第三代手机传输速率的 50 倍。4G 通信使人们不仅可以随时随地通信，更可以双向下载传递资料、图画、影像，当然更可以和从未谋面的陌生人网上聊天或者连线对打游戏。第四代移动通信的智能性高，不仅表现在 4G 通信的终端设备的设计和操作具有智能化，4G 手机更可以被看作手提电脑，可以实现许多功能。

（三）光纤入户

光纤入户（FTTP），又被称为光纤到屋（FTTH），指的是宽带电信系统。它基于光纤电缆并采用光电子将电话三重播放、宽带互联网和电视等多重高档服务传送给家庭或企业。

自 2015 年国务院办公厅印发《关于加快高速宽带网络建设推进网络提速降费的指导意见》以来，国家相关主管部门大力推进宽带提速降费工作，我国宽带网络迎来新一轮高速发展，宽带网速实现持续快速提升。目前，全国所有地市都基本建成光网城市，光纤入户已成为城市家庭的标配。

没有其他划时代意义的技术出现的情况下，光纤入户是未来几年甚至几十年电信网接入宽带化的终极目标，它将带动一系列相关产业的发展，形成数千亿乃至上万亿元的市场规模。因此，光纤入户是电信业保持可持续发展的核心技术之一，也是电信业推进社会信息化的重要利器。

科学技术的进步，将会使人们的生活方式、消费模式和消费需求结构发生深刻的变化。科学技术是一种"创造性的毁灭力量"，它本身创造出来新的东西，同时又淘汰旧的东西。一种新技术的应用，必然导致新的产业部门和新的市场出现，从而使消费对象的品种不断增加，范围不断扩大，消费结构发生变化。信息技术的不断升级换代，必将推动网络营销活动的内容和形式不断变革。

五、社会文化环境

（一）社会文化

企业存在于一定的社会环境中，不可避免地受到社会文化环境的影响和制约。社会文化环境的内容很丰富，在不同的国家、地区、民族之间，差别非常明显。在营销竞争手段向非价值、使用价值型转变的今天，营销企业必须重视对社会文化环境的研究。

社会文化环境是指一个社会的民族特征、生活方式、教育水平、语言文字、价值观念、宗教信仰、风俗习惯、伦理道德、社会结构等的总和。它主要由两部分组成：一是全体社会成员所共有的基本核心文化；二是随时间变化的外界因素影响而容易改变的社会次文化或亚文化。

人类在某种社会中生活，必然会形成某种特定的文化。不同国家、不同地区的人民，不同的社会与文化，代表不同的生活模式，对同一产品可能持有不同的态度，直接或间接地影响产品的设计、包装、信息的传递方法、产品被接受的程度、分销和推广措施等。社会文化因素通过影响消费者的思想和行为来影响企业的市场营销活动。因此，企业在从事网络营销活动时，应重视对社会文化的调查研究，并做出适宜的营销决策。社会文化所包括的内容很多，下面仅就与企业的网络营销关系较为密切的社会文化因素进行讨论。

1. 教育水平

教育水平是指消费者受教育的程度。一个国家和地区的教育水平与经济发展水平往往是一致的。不同的文化修养表现出不同的审美观，购买商品的选择原则和方式也不同。一般来讲，教育水平高的地区，消费者对商品的鉴别力强，容易接受广告宣传和新产品，购买的理性程度高。教育水平高低影响消费者心理，影响企业营销组织策略的选择，以及销售推广方式、方法的差别。因此，在设计产品和制定产品策略时，应考虑当地的教育水平，使产品的复杂程度、技术性能与之相适应。另外，企业分销机构的分销人员受教育的程度，也会对企业的网络营销产生一定的影响。

2. 语言文字

语言文字是人类交流的工具，它是文化的核心组成部分之一。不同国家、不同民族都有自己独特的语言文字，即使同一国家，也可能有多种不同的语言文字；即使语言文字相同，表达和交流的方式也可能不同。

语言文字的不同对企业的网络营销活动有巨大的影响。由于互联网是一个全球性、开放性的平台，如果企业产品的命名与产品销售地区的语言等相悖，就有可能给企业带来巨大损失。因此，企业在开展网络营销时，应尽量了解目标市场国的文化背景，掌握其语言文字的差异，这样才能使网络营销活动顺利进行。

3. 价值观念

价值观念是人们对社会生活中各种事物的态度、评价和看法。网络营销是面向全球市场的，在不同的文化背景下，人们的价值观念差别是很大的，而消费者对商品的需求和购买行为深受其价值观念的影响。因此，对于不同的价值观念，企业在开展网络营销时应采取不同的策略。

4. 风俗习惯

风俗习惯是人们根据自己的生活内容、生活方式和自然环境，在一定的社会物质生产条件下长期形成，并世代相袭而成的一种风尚和由于重复、练习而巩固下来并成为需要的行动方式等的总称。它在饮食、服装、居住、婚丧、信仰、节日、人际关系等方面，都表现出独特的心理特征、伦理道德、行为方式和生活习惯。不同的国家、不同的民族有不同的风俗习惯，它对消费者的消费偏好、消费模式、消费行为等具有重要的影响。我国是一个多民族的国家，各民族都有自己的风俗习惯。企业营销者应了解和注意不同国家、民族的消费习惯和爱好，做到入乡随俗。这是企业做好网络营销的重要条件。

5. 审美观

审美观通常指人们对事物的好坏、美丑、善恶的评价。不同的国家、民族、宗教、阶层和个人，往往因社会文化背景不同，其审美标准也不尽相同。因此，不同的审美观对消费的影响也是不同的，企业应针对不同的审美观所引起的不同消费需求，开展自己的营销活动，特别要把握不同文化背景下消费者的审美观念及其变化趋势，制定良好的网络营销策略以适应市场需求的变化。

（二）生活方式

休闲时间的增加，促使更多的人去享受休假的乐趣。人们将更多的时间和金钱花在旅游、休养、运动、娱乐及阅读上。上述现象体现了生活方式对人们消费活动的影响。网络的虚拟空间成为年轻人的主要活动场所，传统的生活方式逐渐被这种新的生活方式所取代。百度、谷歌等搜索引擎改变了人们获取信息、知识的方式，也改变了人们认识世界的方式，一代人的生活方式因搜索引擎而改变。

"周末我没空，我要参加群里的活动。"年轻的白领经常如此拒绝朋友的邀请。"群"这个字对上网较少的人来说可能还比较陌生，但对于经常上网的人来说已是司空见惯。当 QQ、微信等即时通信软件成为上网者的必备工具后，"群"的生活或者"圈"的生活已成为中国网络生活的新潮流，越来越多的上网者已经成为某个"群"或者好几个"群"的成员。在"群"里，每一个进来的人都要"群主"批准，大家可以随时交流，也可以单独聊天，更能够共享许多资源。相对于社会中的人际交往，在"群"里的生活，少了很多等级色彩和身份界限。在活动中，参与者都是用的网名，来参加活动时彼此也不打听身份，大家平等相处。这种"群"的生活逐渐从网络向现实生活渗透，成为社会生活中一种独特的文化现象。沟通、娱乐、学习、工作、消费，网络为人们勾画了一幅崭新的生活场景。

（三）网络语言

网络语言是在网络这一特定环境中使用和传播的语言，但它的影响已经远远越过了网络的范围，延伸进了社会生活，人们口头在说，报纸、电视等媒体也在用。网络语言自身的特点，即简约性、表音化和形象性，恰好符合语言经济原则，这就使网络语言获得了旺盛的生命力。网络语言简约如"GG（哥哥）"、"PS（Photoshop 图片处理）"，表音如"88（bye-bye 再见）"、"果酱（过奖）"，形象如"^-^（表示高兴的表情）"等。这类语言的出现与传播主要寄生于网络人群。网络聊天中经常能出现"恐龙、美眉、青蛙、东东"等网络语言，在 BBS 上也常从帖子里冒出"楼上、楼下、楼主、潜水、灌水"等"专业"词汇，QQ 聊天中有丰富生动的表情图标，如一个挥动的手代表"再见"，冒气的杯子表示"喝茶"等。

六、自然环境

自然环境是指自然界给人们提供的各种形式的资源，如阳光、空气、水、森林、土地等。自然环境是企业赖以生存的基本环境，自然环境的优劣不仅影响企业的生产经营活动，而且影响一个国家的经济结构和发展水平。随着社会的进步和科学技术的发展，世界各国都在推进工业化进程，这一方面创造了丰富的物质财富，满足了人们日益增长的需求；另一方面，资源短缺、环境污染等成为全球性问题。对营销管理者来说，应该关注自然环境变化的趋势，并从中分析企业营销的机会和风险，制定相应的对策。

（一）自然资源日益短缺

自然资源可分为两类：一类为可再生资源，如森林、农作物等，这类资源可以被再次生产出来；另一类资源是不可再生资源，如石油、煤炭、贵金属等，这种资源的蕴藏量有限，随着人类大量地开采，有的资源已处于枯竭的边缘。自然资源短缺，使许多企业面临原材料价格大涨、生产成本大幅度上升的威胁；但另一方面又迫使企业研究更合理地利用资源的方法，开发新的资源和代用品，这又为企业提供了新的营销机会。

（二）环境污染日趋严重

随着经济的发展，人们对生活质量更加重视。天要蓝、地要绿、水要清，是大众的共同呼声。而工业化、城镇化的发展对自然环境造成了很大的影响，尤其是环境污染问题日趋严重，许多地区的污染已经严重影响人们的身体健康和自然生态平衡。环境污染问题已引起各国政府和公众的密切关注。这对企业的发展是一种压力和约束，要求企业为治理环境污染付出一定的代价，但同时也为企业提供了新的营销机会，促使企业研究控制污染的技术，兴建绿色工程，生产绿色产品，开发环保包装。

人类活动导致全球气候变化已是不争的事实，气候变化在全世界正引起前所未有的重视和关切。在这一背景下，低碳经济进入了人们的视野。低碳经济就是以低能耗、低污染为基础的绿色经济，其实质是能源高效利用、清洁利用和低碳或无碳能源开发。发展低碳经济是我国现在和未来发展的必然选择。随着全球人口和经济规模的不断增长，能源使用带来的环境问题及其诱因不断地为人们所认识，"碳足迹""低碳经济""低碳技术""低碳发展""低碳生活方式""低碳社会""低碳城市""低碳世界"等一系列新概念、新政策应运而生。而"能源与经济"价值观大变革的结果已为人类逐步迈向生态文明指出了一条新的路径，即摒弃 20 世纪的传统增长模式，直接应用 21 世纪的创新技术与创新机制，通过低碳经济模式与低碳生活方式，实现社会可持续发展。

中国正处于需要消耗大量能源来支撑经济快速发展的阶段，探讨在未来半个世纪的时间里，中国如何改变经济增长方式，如何选择和实现新型工业化、城市化、全球化和市场化的发展道路，如何建立经济、清洁、高效、可持续的能源保障供应体系，如何克服可能遇到的资源、资金、机制等各种障碍，在全球一体化的大背景下实现可持续发展和温室气体的减缓排放，走出一条适合中国自己的低碳发展之路，具有重要意义。

（三）政府干预加强

面对上述情况，人们提高了对资源利用和环境保护重要性的认识。政府也加强了对自然资源的管理干预，制定了一系列保护环境及资源的法律法规，这将制约一些企业的营销活动。例如，日本是一个能源资源极度匮乏的国家，石油、煤炭、天然气等一次性能源几乎全部依靠进口，能源消费中对石油的依存度最高时接近 80%。在经历了 1973 年和 1978 年两次石油危机冲击后，日本政府和企业都认识到开发替代石油等的新能源的重要性，从 20 世纪 70 年代中期开始推动新能源的开发和推广利用。日本的新能源路线可以概括为立法先行，把新能源开发置于国家安全的高度；政府主导产学研相结合进行新能源技术开发研究；政府金融支援，推动新能源技术开发和推广普及等几个方面。在政府的大力推动下，日本的研究机构和企业能及时跟踪全球新能源技术的最新动态。以太阳能发电为例，在过去的 10 年间太阳能发电成本下降了 1/3，截至 2007 年年底太阳能发电累计 192 万千瓦时，居全球第二，全球太阳能电池约 1/4 由日本企业生产。

任务实训

1. 实训目的

了解网络宏观环境对企业有什么影响。

2. 实训内容及步骤

（1）利用互联网资源了解 2017 年农村互联网普及情况及利用率。

（2）了解目前农产品的主要销售渠道与方式。

（3）了解目前我国对农产品的扶持态度及政策有哪些。

（4）分析农村电子商务的主要困难有哪些。

3. 实训成果要求

提交实训报告，主要内容包括：2017年农村互联网普及情况及利用率、目前农产品的主要销售渠道与方式、我国对农产品的扶持态度及政策、农村电子商务的主要困难等内容。

任务三　网络营销微观环境分析

任务引入

经过对网络宏观环境的学习，小李了解了网络宏观环境的内容以及对企业的影响，但提起网络微观环境，小李不以为然，认为微观环境应该是微不足道的，对企业不会产生多大的影响。但网络营销微观环境到底是什么，包括哪些内容，他都一无所知。

任务知识点

➤ 企业内部环境分析

➤ 供应商分析

➤ 营销中介分析

➤ 顾客或用户分析

➤ 竞争者分析

➤ 营销公众分析

知识点讲解

微观环境由企业及其周围的活动者组成，直接影响企业为顾客服务的能力。它主要指企业内部环境、供应商、营销、中介、顾客或用户、竞争者、营销公众等因素。

一、企业内部环境分析

企业内部环境是指对企业网络营销活动产生影响而营销部门又无法直接控制或改变的各种企业内部环境因素的总称。企业内部环境指营销部门之外的其他部门，如企业高层决策部门及财务、研究与开发、采购、生产、销售等职能部门。这些部门与营销部门密切配合、协调，完成企业营销的全过程。

（一）企业内部环境分析的主要内容

网络营销活动中，企业内部环境分析主要从以下3个方面的内容来考虑。

（1）企业发展战略对网络营销的重视程度。主要了解企业高层决策者对开展网络营销活动的观念与态度、政策与举措等。具体体现在制定企业发展战略时，是否把网络营销作为企业的投资方向或战略重点，是否有切实可行的战略规划。

（2）网络营销所需资源的保障能力。主要分析企业资源的占有情况、资源的配置政策等问题。占有状况主要分析企业占有的人、财、物、信息和技术等资源的状况，重点分析企业开展网络营销所需软硬件资源的数量、质量、技术水平等内容。

（3）企业其他部门的配合能力。企业系统是由一系列部门构成的有机整体，除营销部门外，还有技术开发部门、原材料采购部门、生产部门、财务部门、人力资源管理部门、物流管理部门等。这些部门的工作是相互联系、相互制约和相互影响的，营销部门围绕满足消费者需求开展的营销活动，离不开其他部门的配合与支持。企业领导、决策层的经营思想、胆略和才干，其他部门的工作质量与效率都直接影响营销部门工作的开展及其效果。因此，网络营销活动的开展还必须考虑企业其他相关部门对网络营销的配合与支持能力。对此，主要分析企业组织结构的模式、企业的管理水平、企业的管理体制等问题。

（二）企业内部环境对网络营销的影响

（1）企业组织结构快速应变能力是网络营销的保障。组织结构是影响企业网络营销效能的重要因素之一。在以往的企业组织结构中，上情下达、下情上传是由中层管理者起作用的，而实施网络营销的企业由网络承担，这就为企业组织结构多元化发展创造了条件。网络营销减少了经济活动的中间层，缩短了相互作用和影响的时间滞差，加快了经济主体对市场的反应能力，使信息传递效率明显提高，市场竞争力显著增强。另外由于网络办公、电脑会议的普及，公司的组织结构将成为一种象征性的虚拟组织结构，类似网络中的一个网站，而这种具有流动性特点的虚拟组织结构将更能适应瞬息万变的信息时代。

（2）人才是网络营销的必要条件。网络营销活动中，企业在市场竞争中能否赢得优势地位，不仅要靠现有的技术、设备、资金等资源，关键是靠那些能有效管理并很好地利用这些资源的高级人才。网络营销系统是现代高科技的结晶，要保证系统软件安全、可靠地运行，没有一批高技术人才显然是不行的。网络营销需要不断创新与动态管理，任何时候都摆脱不了对高技术人才的依赖。由于网络营销的特殊性，开展网络营销活动的企业除了常规的从事市场营销的人员之外，还必须具备3个方面的人才：网络设计与维护人员、网络广告设计人员和文案设计人员。另外，在网络技术的建立和推广过程中，对网络营销的高层管理人员的水平要求也越来越高，最好是通晓商务营销理论又谙熟商务营销实践，既了解网络技术又操作自如的复合型人才。

（3）企业内部管理信息化、网络化是营销的基础。企业内部应在政府基础设施上，加强企业信息化硬件建设，加快企业信息建设的步伐，建立和完善企业管理信息系统，特别是网络营销信息系统，拓展网络业务领域，同时要遵守国家及有关部门制定的相关法律法规、技术标准和安全管理规定。在观念、组织、资金和技术允许的条件下，小规模地率先在标准化程度高、交易量大、批发次数多、顾客流量大的商品或服务领域开展网络营销活动，并以此为突破口带动企业网络营销活动的开展。

二、供应商分析

供应商是指向企业及其竞争者提供生产经营所需原料、部件、能源、资金等生产资源的企业或个人。企业与供应商之间既有合作又有竞争，这种关系既受宏观环境影响，又制约着企业的营销活动。企业一定要注意与供应商搞好关系。供应商对企业网络营销的影响主要表现在以下两个方面。

（一）企业对供应商的依赖性增强

网络营销条件下，企业可以选择的供应商数量虽然大大增加，但企业对供应商的依赖不但没有减弱，反而加强了。这是因为，企业为了达到降低成本、发挥企业优势、增强应变的敏捷性，会对企业的组织结构和业务流程进行重组或再造。企业常常只保留能形成企业核心竞争力的业务，裁去不必要的子公司或业务，将不属于自己的核心业务外包出去。显而易见，在此趋势下，企业面临的供应商大量增加，对供应商的依赖也日益增强。如 NIKE 公司是全球最大的运动鞋制造商，却没有生产过一双鞋，分布全球的 7 000 名员工主要从事市场研究和产品设计。Boeing 公司是世界上最大的飞机制造公司，却只生产座舱和翼尖。

（二）企业与供应商合作性更强

由于互联网的应用，企业和供应商之间共享信息、共同设计产品、合作解决技术难题等变得更加容易，企业和供应商之间更加容易建立起长久合作的关系。如 IBM 公司为我国中小企业和服务性机构提供了有针对性的信息化解决方案，这帮助 IBM 公司占领了巨大的市场。

三、营销中介分析

营销中介是协调企业促销和分销其产品给最终购买者的企业和个人，主要包括中间商、实体分配机构、营销服务机构和金融机构等。

网络技术的运用，给传统的经济体系带来了巨大的冲击，流通领域的经济行为产生了分化和重构。消费者可以通过网上购物和在线销售自由地选购自己需要的商品，生产者、批发商、零售商和网上销售商都可以建立自己的网站并营销商品，所以商品不再按原来的产业和行业分工进行，也不再遵循传统的商品购进、储存、运销业务的流程运转。网上销售，一方面使企业间、行业间的分工模糊化，形成"产销合一""批零合一"的销售模式；另一方面，随着"凭订单采购""零库存运营""直接委托送货"等新业务方式的出现，服务与网络销售的各种中介机构也应运而生。一般情况下，除了拥有完整分销体系的少数大公司外，营销企业与营销中介组织还是有密切合作与联系的。因为若中介服务能力强、业务分部广泛合理，营销企业对微观环境的适应性和利用能力就强。

（一）中间商分析

中间商是协助企业寻找顾客或直接与顾客进行交易的商业企业。网络经济条件下，中间商作用的变化对企业营销活动的影响主要表现为以下几点。

（1）企业对中间商的依赖性减弱。通过互联网，制造商与最终客户可以直接联系，商品流转中直接销售、直复营销的比例增大，批发商的许多职能可以被互联网技术所取代，零售商由于网上购物、无店铺销售的兴起，部分业务也将被取代。中间商在商品流转中的作用因此有所降低。

（2）中小企业市场进入的障碍明显降低。过去由跨国公司建立的国际分销网络的作用日益减弱，对中小竞争者造成的市场进入障碍也会随之减弱。

（3）企业面向顾客的机会增多。网络营销活动中，过去由中间商承担的售前、售中、售后服务，由于中间商的减少而改由制造商自己解决。因此，如何更好地提供这些服务便是网络营销企业不得不面对的问题。

在传统企业实施电子商务、开展网络营销的过程中，需要解决的一个重要问题是如何协调好与中间商的关系。因为中间商常常害怕企业的网上营销对自己造成威胁。大多数传统企业似乎处于这样一个两难境地：或者开展网络营销、抛弃苦心经营多年的由中间商构筑的传统销售渠道，但这在整个社会电子商务环境不成熟和企业电子商务不完善的情况下，无疑是不明智之举；或者固守传统的销售渠道，但这又会丧失网络营销的优势，错过网络经济的众多机会。所以，网络营销活动中，传统企业必须将原有的中间商纳入自己的网络营销系统中，最大限度地利用原有的中间商，实现企业、中间商、消费者的共赢。

（二）物流配送机构

物流配送机构是指协助制造商储存产品或负责把产品从原产地运送到销售地的企业，主要包括仓储企业和运输企业。

物流配送机构对企业网络营销的影响主要表现为企业对物流配送企业的依赖性增强。由于互联网技术的发展，网下物流配送成了制约企业电子商务、网络营销的瓶颈性因素。这对物流配送企业来说无疑提供了良好的发展空间与营销机会。

（三）营销服务机构

营销服务机构是指市场调研企业、广告代理企业、广告媒体机构、营销咨询策划公司等。它们对网络营销活动的影响主要表现为企业对营销服务机构的依赖日益增强。这是因为，网络经济条件下企业面对的市场更加广阔，面临的营销问题也更加复杂，面临的竞争更加激烈，面对的用户要求更加多样化。企业只有依靠这些专业的营销服务机构，才能更好地解决这一系列的问题，它们可以协助企业选择最佳的目标市场，并帮助企业向选定的市场更好地进行产品推广。

（四）金融中介机构

金融中介机构是指对货物购销提供融资、结算或保险的各种企业，主要包括银行、信托公司、保险公司等。电子商务是资金流、信息流、商流、物流的统一体，对于通过网络营销手段达成交易的买卖双方来说，银行等金融机构的介入是必须的。银行等金融机构对网络营销所起的作用是支持和服务。

四、顾客或用户分析

顾客或用户是企业产品的销售对象，是企业直接或最终的营销对象。网络时代的到来，为企业的市场营销活动提供了一个新的市场环境。它不仅给企业提供了广阔的市场营销空间，同时也增强了消费者选择商品的广泛性和可比性。顾客可以通过网络，得到更多的需求信息，使他们的购买行为更加理性。因此，在网络营销中必须形成和扩大企业顾客群体，培育忠诚的顾客也将是网络营销的关键。对这一问题的深入研究将有助于实施网络营销战略时，把握网络营销的实施重点，以提高企业的核心竞争力。

在营销活动中，企业必须重视以顾客需求为核心的顾客关系再造和顾客关系管理。而在网络营销活动中如何与散布在全球各地的顾客群保持密切的关系，并能了解顾客的特性，通过深入细致的消费者教育与企业形象塑造,建立起顾客对网上虚拟企业和网络营销的信任感,是网络营销成功的关键。网络经济条件下,网络营销目标市场、顾客消费观念、消费行为与在传统经济条件下相比,会有很大的差异,如何跨越时空、文化差异,实现顾客关系再造与管理,将是企业网络营销取得成功的关键因素。

在买方市场条件下,企业的一切营销活动都必然以顾客(消费者或用户)的需求为中心。顾客对企业提供的产品或服务是否认可及认可程度的高低,直接反映企业营销活动成绩的大小。因此,如何通过互联网发现顾客、吸引顾客、满足顾客需求、留住顾客并与顾客建立稳固的联系等都是网络营销活动必须重视的因素。

五、竞争者分析

竞争是商品经济的必然规律。在开展网络营销的过程中,不可避免地要遇到业务与自己相同或相近的竞争对手。研究对手,取长补短,是克敌制胜的好办法。

(一)竞争者类型

企业要制定正确的竞争战略和策略,就要深入地分析与研究竞争者。分析与研究竞争者首要的问题就是识别竞争者,即明确谁是企业的竞争者。从消费需求的角度划分,企业所面临的竞争者包括以下几类。

(1)平行竞争者。平行竞争者是提供不同产品满足人们同一需求的、与网络营销企业构成竞争关系的众多企业。如阿里文学网站提供的文学作品阅读与腾讯公司提供的 QQ 聊天服务能满足消费者相同的娱乐消遣的需求,但二者之间也存在争夺网民点击率的关系。同样,音乐网站和电影网站也存在竞争关系。为了满足顾客对交通工具的需求,生产自行车、摩托车、汽车的企业网站也存在竞争关系。

(2)形式竞争者。形式竞争者是提供满足同一需要不同形式的产品的企业间的竞争关系。如同为聊天服务,腾讯公司所提供的 QQ 聊天与其他公司所提供的在线聊天服务存在着形式上的差异,也就构成了这两种不同性质公司之间的竞争关系。以轿车为例,它的基本功能是提供一种安全舒适的交通工具,但是满足这一需求的产品有各种各样的形式,如普通型、经济型和豪华型,它们之间就形成了竞争关系。

(3)品牌竞争者。品牌竞争者是指提供满足同一需求的同种形式,不同品牌产品企业之间的竞争关系。如搜狐、新浪等网站都提供电子邮件服务,这些网站在提供电子邮件服务(特别是收费邮件方面)时也构成了竞争关系。

(二)研究竞争对手

在虚拟空间中研究竞争对手,即可借鉴传统市场中的一些做法,也应有自己的独特之处。

研究网上的竞争对手主要从其主页入手,一般来说,竞争对手会将自己的服务和业务等信息展示在主页上。从竞争的角度考虑,应重点考察以下 8 个方面。

(1)站在顾客的角度浏览竞争对手网站的所有信息,研究其能否抓住顾客的心理,给浏览者留下好印象。

(2)研究其网站的设计方式,体会它如何运用屏幕的有限空间展示企业的形象和业务信息。

(3)注意网站的设计细节。

(4)弄清其开展业务的地理区域,以便能从客户清单中判断其实力和业务的好坏。

（5）记录其网站传输速度特别是图形下载的时间，因为速度是网站能否留住客户的关键因素。

（6）查看在其站点上是否有别人的图形广告，以此来判断企业在行业中与其他企业的合作关系。

（7）对竞争对手的整体实力进行考察，全面考察对手在导航网站、新闻组中宣传网址的力度，研究其选择的类型、使用的介绍文字，特别是图标广告的投放量等。

（8）考察竞争对手开展网上营销所做的工作。定期监测对手的动态变化，时时把握竞争对手的新动向，在竞争中保持主动。

总之，每个企业都需要了解目标市场上自己的竞争者及其营销策略，力求扬长避短，发挥优势，抓住有利时机，开辟新的市场。

六、营销公众分析

（一）营销公众的概念和类型

营销公众是指对企业实现营销目标的能力感兴趣或发生影响的任何团体或个人。一个企业的营销公众主要有以下几种。

（1）金融公众，指那些关心和影响企业取得资金能力的集团，包括银行、投资公司、证券公司、保险公司等。

（2）媒介公众，指那些联系企业和外界的大众媒介，包括报纸、杂志、广播、电视、互联网等。

（3）政府公众，指负责企业的业务、经营活动的政府机构和企业的主管部门，如主管有关经济立法及经济政策、产品设计、定价、广告及销售方法的机构；工商行政管理局、税务局、各级物价局等。

（4）公民行动公众，是指有权指责企业经营活动破坏环境质量、企业生产的产品损害消费者权益、企业经营的产品不符合民族需求特点的团体和组织，包括消费者协会、环境保护团体等。

（5）地方公众，主要指企业周围居民和团体组织，他们对企业的态度会影响企业的营销活动。

（6）一般公众，是指对企业产品并不购买，但深刻地影响消费者对企业产品及其产品的看法的个人。

（7）内部公众，指企业内部全体员工，包括董事长、经理、中层管理人员与普通职工。处理好内部公众关系是搞好外部公众关系的前提。

营销公众对企业的生存和发展会产生巨大的影响。营销公众可能有增强企业实现其营销目标的能力，也有可能会产生妨碍企业实现其营销目标的能力。所以，企业必须采取积极适当的措施，主动处理好同营销公众的关系，树立企业的良好形象，促进网络营销活动的顺利开展。

（二）营销公众对网络营销的影响及企业的对策

由于全球经济的一体化，任何一个企业都不可能在所有业务上都成为领先者，必须考虑联合该行业中其他上下游企业，建立一条业务关系紧密、经济利益相连的行业供应链，使多个企业能在一个整体的 ERP（企业资源计划）管理下实现协作经营和协作运作，实现优势互补，共同增强市场竞争实力。网络营销在这方面有先天的优势。互联网可以把供应商、制造商、客户及金融机构等紧密地联系在一起，形成一个一体化的大系统。在发达的市场经济国家，为了加速流通，往往是以一个配送中兴为核心，上与生产加工领域相连，下与批发商、零售商、连锁超市相连，建立一个企业联盟，把他们全部都纳入供应链进行管理，从而最有效地规划和使用整体资源，从此实现其业务跨行业、跨地区甚至是跨国经营，对大市场的需求做出快速反应。在它的作用下，供应链上的产品可实现及时生产、及时交付、及时配送、及时满足消费者需求，快速实现资本循环和价值链增值，基本上可以实现零库存管理。互联网使得上下游企业（包括顾客）的整合成为可能。基于互联网的电子商务可以在更大范围内实现营销集成。

任务实训

1. 实训目的

了解网络营销微观环境包括哪些内容，对于企业有些什么影响。

2. 实训内容及步骤

（1）利用网络资源查看江西赣南脐橙去年的市场销售情况。

（2）了解赣南脐橙的主要销售渠道与方式。

（3）分析在脐橙营销过程中哪些因素会影响脐橙的销量？企业的竞争对手有哪些？

（4）总结分析企业在进行产品营销时，应如何应对可能会影响产品销量的这些微观环境因素，以保证企业营销的顺利开展。

3. 实训成果要求

提交实训报告，实训报告主要内容：赣南脐橙去年的市场销售情况以及主要销售渠道与方式，脐橙销售过程中会影响销量的因素分析，竞争对手分析，以及如何应对影响企业营销因素的策略等内容。

任务四　制约我国网络营销发展的因素

任务引入

了解了网络营销的宏观环境和微观环境之后，小李对我国企业进行网络营销信心满满，他认为，合理地利用好网络宏观和微观环境，我国企业都可以借用网络平台为自己的企业更好地服务，赢得更多的企业利润。那么我国企业在发展电子商务，进行网络营销的道路上是否真的就顺风顺水，毫无障碍了呢？

任务知识点

➢ 网络营销的法规环境

➢ 网络营销的技术与基础设施环境

➢ 网络营销的社会文化环境

知识点讲解

当前，研究我国网络营销发展中的环境问题，其目的在于充分认识环境因素对网络营销的影响，从而有利于企业更好地把握网络营销的内涵，使网络营销真正成为我国企业竞争的利器，为企业制定有效、实用的网络营销策略提供指导。从目前国内网络营销实践的角度看，网络营销的发展受到法规环境、技术与基础设施环境、社会文化环境等因素的制约。

一、网络营销的法规环境

作为一种崭新的营销活动方式，网络营销不可避免地会出现一些现有法规所不能解决的问题。因此，我国应加强网络营销相关法律的立法，借鉴并吸收国际上比较通行、成熟的做法与经验，立法先行，才能防患于未然。从目前来看，市场准入、安全认证、电子支付、用户隐私权、知识产权保护、税收征管和电子广告等法规问题迫切需要得到解决。例如，《中华人民共和国经济合同法》并不承认网上交易合同，这使得网上交易缺乏法律的认可与保护，导致电子合同、数字签名缺乏应有的法律效力，网上交易的经济纠纷问题、计算机犯罪层出不穷。因此，政府须用立法的方式切实保护消费者和经营者的权益。再如，由于我国网上交易的安全技术与法律保障尚有许多不尽如人意的地方。从电子支付的实践来看，虽然有一些传统的法律法规对其进行规范，但这些法律、法规的适用程度、定性标准对消费者、企业和监督执法机构都是模糊不清的，没有任何法律法规对电子支付业务进行明确的业务规范。电子支付业务的确定、电子活动的监督、客户应尽的义务与银行应承担的责任等，政府还缺乏相应的法律法规加以规范。因此，用传统法律来解决电子支付问题会遇到很多问题。电子支付业务常涉及银行法、证券法、消费者权益保护法、财务披露制度、隐私保护法和货币银行制度等，是一个完整的体系，不能割裂开来。因此，网络营销的诸多方面存在一些法律风险，已严重损害消费者的权益，削弱了企业开展网络营销的积极性。这些问题已引起了政府的高度重视，相关部门正逐步通过立法加以规范，保护用户的权益。

二、网络营销的技术与基础设施环境

从我国网络营销的实际来看，网络营销的技术与基础设施环境制约因素主要有以下几个方面。

（一）网络基础设施的不完善问题

网络营销的起步与发展是以网络技术为基础的，它要求网络传输具备较快的响应速度，此外还要求信息传输的快捷与畅通。虽然我国的网络基础设施正在逐步改善，但我国对网络基础设施建设的有效投入还不够，已建成的主要网络之间尚未实现互联互通。同时，互联网用户的急剧膨胀使得宽带拥挤不堪、速度太慢，这些离网络营销的要求还有距离。因此，政府应重视网络竞争问题，整合网络基础设施，避免重复建设和资源的浪费。

（二）电子支付体系存在相关问题

经济的快速发展带来了支付行业的持续繁荣，智研咨询发布的《2017—2023年中国电子支付行业深度调研及投资战略研究报告》显示，2016年，银行业金融机构共处理电子支付业务1 395.61亿笔，金额为2 494.45万亿元。其中，网上支付业务461.78亿笔，金额为2 084.95万亿元；移动支付业务257.1亿笔，金额为157.55万亿元。非银行支付机构处理网络支付业务1 639.02亿笔，金额为99.27万亿元。以目前第三方支付企业收取0.1%的服务费测算，2016年中国第三方支付服务业的营收规模为993亿元。

2016 年开始，越来越多的线下商家开始接入微信支付和支付宝支付，百度钱包、苏宁易付宝等也开始向线下渗透，还有很多没有刷卡机的小商家也将二维码作为客户消费结账的支付方式。支付宝和微信支付在跨境支付业务中也较之前有了大幅增长，韩国、泰国、日本、德国等地均成为无现金出境消费的热门目的地。2016 年 8 月，中国人民银行公布了首批非银行支付机构牌照续展结果，并明确表达了"总量控制，结构优化，提高质量，有序发展"的审慎监管态度。截至 2016 年 10 月，全国共有 267 家支付机构获准从事支付业务，3 家企业已被注销支付许可。严格执行行业法规，重塑行业信用，成为 2016 年央行对第三方支付行业监管的重要思路。

纵然如此，我国的电子支付还是存在很多问题。

1. 电子支付规范制度缺失

相关法律缺失问题、交易市场规范制度不够严谨问题以及消费者权益缺失问题，通过网络进行合同签订和资金交易服务等电子商务行为仍存在许多尚需完善之处，这些问题不仅抑制了电子商务的绿色、健康发展，更导致了电子支付产业发展偏离目标的现状。

2. 网络用户对电子支付的信任度不够

（1）身份是否真实可靠。网上交易的买卖双方相隔甚远，互不了解，支付方对卖家的相关信息并不了解，卖家也不能确认买家的支付手段是否真实可靠，以及交易成功后资金是否会到账的问题。这就给了不法商家和个人可乘之机。因此保证交易双方身份信息的真实可靠在电子支付过程中尤为重要。

（2）信息是否完整。网上交易将传统交易过程中的看货、挑货、付款、收货以及验证进行了简化。卖家将商品相关数据进行上传，买家通过不同商家对同种商品提供的数据便可进行对比，选购心仪的商品。如果商家在上传数据的过程中产生了差错或是欺诈行为，这些都会导致数据的不完整甚至是缺失。如果被不法分子加以利用，势必会对网上交易市场产生不良的影响。

（3）数据是否得到保密。商品买卖过程中收款人和付款人的身份信息、家庭住址、联系电话、交易的内容和数量等。这些信息若泄露给别有用心之人，势必会造成一些不必要的麻烦。

所以，电子支付过程中的数据保密问题非常重要。

3. 电子支付市场仍缺乏有效的管理

自 2007 年起，我国的电子支付产业进入了迅速发展期。随着淘宝网等商业网站的出现，支付宝、网上银行、手机银行等业务应运而生。据悉，2017 年"双十一"当天，仅天猫销售额就突破了 1682 亿元，同比上年增长 39.4%，交易额比去年增长 475 亿元。电子支付的一种表现手段——"网购"已经占据了中国销售市场的大半份额。

由于电子支付产业的快速发展，各类电子支付平台如雨后春笋，破土而出。用户人群的有限，导致各大平台之间产生了激烈的商业竞争。电子支付涉及的部门和机构极多，造成了电子支付市场的混乱。由于缺少有效的管理，商家之间的良性竞争也逐渐发展成了威胁到客户切身利益的恶性竞争。其中最为突出的是对客户信息资料的泄露，大麦网用户数据遭售卖等事件层出不穷，电子支付的受益者已由用户转变成了支付平台。大树的枝叶若及时修剪会促成大树的茁壮生长，电子支付市场也是如此，及时且行之有效的管理才能促进电子支付市场的蓬勃发展。

（三）物流配送的能力问题

到 2017 年为止，我国社会物流虽然已经有了快速的发展，但与国民经济发展的需求相比，仍难满足高速增长的物流需求。

据统计，在我国，物流费用占商品总成本的 3%，运输成本比西方发达国家高出 3 倍。另外，从产品的供应链结构来看，9% 的时间消耗在流通环节，在生产环节的时间只占 1%。尽管目前我国社会物流需求持续高速增长，物流业增加值稳步上升，物流服务在我国仍占主导地位，但物流发展的总体水平还比较低，问题比较突出，主要体现在以下两个方面。

（1）物流基础设施的"瓶颈"现象。就 2016 年来说，测算的社会物流总额增长率如剔除价格因素，需要运输的实物量增长 2% 左右。而实际完成的货运总量只增长了 1.6%，与需求增幅之间至少存在 0.4 个百分点的差距。而这又集中体现在铁路运力偏紧和沿海水路运力偏紧两个方面。我国铁路总营业里程居世界第三，完成工作量居世界第二，每公里完成的货运量居世界第一，但仍然不能满足社会物流需求。全国各地每天向铁路部门申请车皮 15 万～16 万辆，实际只能满足 9 万多辆的要求。同年，煤炭、石油、焦炭、金属矿石、钢铁及有色金属、水泥等大宗基础原材料资源总量高达 52 亿吨，增幅高达 44.5%，这些产品通过铁路运输不到 16 亿吨，只增长 1.1%。其他部分只能通过公路、水路运输解决，既增大了物流费用，也由于运输批量小、速度慢，加剧了运力紧张的局面，同时也造成产品滞压，库存增长的现象。港口接卸进口铁矿石 2 亿吨，同比增长 38%，由于疏运能力不配套形成了压库压港，2016 年 7 月全国主要港口铁矿石港存达到 34 万吨，同比增长了 146%，年末仍高达 24 万吨。

（2）物流模式粗放，供需不平衡依然存在。企业物流运作模式受"大而全""小而全"的思想影响，习惯于自成体系、自我服务，大量潜在的物流需求还不能转化为有效的市场需求，同时物流企业规模小、实力弱、功能单一，服务质量和效率难以满足社会化物流的需要。这几年，我国第三方物流发展很快，但真正能够提供一体化服务的企业还不多。物流社会化、专业化、组织化程度低，造成物流效率低下，现有资源利用不足，社会物流依然粗放。我国物流业的粗放发展也明显地表现在物流市场不成熟。我国物流外包业务绝大多数还只是集中在传统的运输、仓储业务，一些新兴的物流业务外包比重很低。物流企业一哄而上，而且绝大多数都涌向运输领域，造成我国运输能力，特别是公路运输能力极为分散，恶性竞争，导致运价过低，超载超限现象严重。

（四）企业信息化管理水平不高的问题

现代企业管理的实质就是对信息的处理和使用的过程。信息化管理水平的高低已成为衡量一个行业或一个企业管理水平高低的重要标志。但对于我国许多企业而言，企业的信息化管理水平不尽如人意，离网络营销的要求还有一定的差距。因此，企业必须建立一套高效、先进的管理信息系统，充分利用计算机和现代网络技术，为企业在生产管理、库存管理、财务管理和客户管理等诸多环节提供相应的信息支持与资源共享，网络营销活动的开展才会顺利进行。

三、网络营销的社会文化环境

社会文化环境通过间接的方式深刻地影响着企业的网络营销活动。当前影响我国企业网络营销活动的社会文化环境因素有以下几个方面。

（一）企业对网络营销的认知问题

网络营销作为一种新型的营销方式，引入我国的时间并不是很长。虽然有一部分企业认识到网络营销在获取企业竞争优势等方面的重要性，但也有一些企业在认识上仍然犹豫不决，认为由于外部环境不成熟，企业开展网络营销尚为时过早。即使是一些已经开展网络营销的企业，也简单地认为网络营销就是一个网站，在网上销售企业的产品与服务，而且在网站的设计上常常存在着目标不明确、目标用户模糊和网络功能简单等问题。在网站的内容更新上，由于缺乏管理，网络内容单调乏味，信息不能及时更新，对用户发出的信息往往不能做出及时的回应，访问率低，使得所建网站俨然成了企业追赶潮流的一种摆设。

（二）消费者对网络营销的认知问题

目前网络营销发展中存在的诸多问题（如安全问题、支付问题和配送问题）都尚未得到彻底且有效的解决，这些不规范的市场行为所带来的负面效应让众多消费者望而却步，虽然我国网民人数居世界第一，但参与网络营销活动的人却很少。同时，许多网民受根深蒂固的传统消费思想的影响，认为网络中的产品或服务只能看不能摸，没有实际之感，对企业产品与服务的质量心存怀疑，因而消费者更愿意接受传统的面对面交易模式，制约了网络营销的发展。

（三）网络诚信问题

从网络技术的角度来讲，若网络本身具有高度的可靠性与安全性，企业开展网络营销活动就可以提升企业的良好形象，可以和不讲信用的竞争者区别开来，然而网络营销在我国的实践并没有深入人心，消费者对这种营销模式还心存顾虑。由于我国的市场机制还未健全，法规体系尚不完整以及技术力量还不够雄厚，致使我国的网络营销市场还存在着欺诈、假冒伪劣和拖欠贷款等现象，严重影响了企业和消费者的交易与消费热情，极大地削弱了消费者对于网络购物的信心，制约了我国网络营销业的发展。网络诚信问题的解决不仅要依靠道德层面和政府层面的努力，还应该在法律层面上给予支持与保护。

（四）网络营销人才的问题

企业网络营销活动的有效开展，不仅仅需要企业在经营理念更新、软硬件配置与业务流程改造等方面具备相应条件，还应具有各方面的专业人才。虽然众多的高校都开设了电子商务、计算机、市场营销和信息管理等专业课程，也为社会输送了很多的专业人才，但从企业实际的网络营销来看，仍然感觉专业人才严重匮乏，尤其是那些具有全新信息观念和新型知识结构的复合型人才更是难得，导致许多企业由于人才匮乏放弃网络营销，而继续沿用传统的营销模式。这样一来，企业缺乏既懂网络技术又懂营销管理的复合型人才，这成为制约网络营销发展的又一大障碍。

任务实训

1．实训目的

学生能对网络营销环境进行调查与分析。

2．实训内容及步骤

根据具体案例（教师给定案例或学生自己寻找项目）分析所处的网络营销环境。

3．实训成果要求

（1）在对具体网络营销环境分析的基础上，制定网络营销方案。

（2）通过实施网络营销方案，分析影响网络营销的各种环境因素。

项目小结

　　本项目主要介绍了网络营销环境的内容和制约我国网络营销发展的环境因素，具体包括以下内容：网络营销环境概述，包括网络营销环境的概念、内容；网络营销宏观环境分析包括人口、经济、政治、法律、科学技术、社会文化与自然等不可控因素；网络营销微观环境分析包括企业内部环境分析、供应商分析、营销中介分析、顾客或用户分析、竞争者分析以及竞争对手研究、营销公众分析；制约我国网络营销发展的因素，包括网络营销的法规环境、网络营销的技术与基础设施环境以及网络营销的社会文化环境。

思考与练习

一、不定项选择题

1. 下面属于网络营销环境构成要素的是（　　　）。
   A. 反应机制　　　　B. 动态变化　　　　C. 静态变化　　　　D. 全面影响力
2. 网络营销的宏观环境包括下面哪几项？
   A. 教育状况　　　　B. 价值观　　　　C. 法律环境　　　　D. 人口性别
3. 下面属于网络营销微观环境的是（　　　）。
   A. 企业文化　　　　B. 供应商　　　　C. 竞争者　　　　D. 地理气候
4. 我国网络营销发展的现状是（　　　）。
   A. 处于世界领先地位　　　　　　　　B. 存在很多制约因素
   C. 法律法规有待进一步规范　　　　　D. 物流配送体系完善

二、简答题

1. 简述网络营销环境的概念。
2. 网络营销的网络环境包括哪些内容？
3. 网络营销的宏观环境包括哪些内容？
4. 简述网络营销微观环境的内容。
5. 简述网络营销社会文化环境的制约因素。

03 项目三
网络市场和网络消费者分析

【项目简介】

网络市场是网络营销实施的场地。企业进行网络营销之前，一定要对它的潜在市场进行一定的了解和调研，必须掌握潜在消费者的购物动机、消费习惯和消费偏好，做到有针对性地实施网络营销策略，这样才能帮助企业以最节省资源的方式获取最大的利益。

本项目主要由认知网络市场、我国网络市场现状分析、网络消费者分析三大任务组成。通过本项目的学习，学生应对网络市场和网络消费者有进一步认识，了解网络市场和网络消费者的特性，为以后网络营销策略、网络营销推广方式的学习奠定基础。

【学习目标】

知识目标：了解网络市场的概念和内涵；了解网络市场的基本特征和功能；了解我国目前网络市场的规模特征；掌握网络消费者的消费特征，能够比较网络消费者与传统消费者需求的差异；掌握网络消费者的消费动机及消费过程。

技能目标：学生能够对目前的网络市场有更深入的认识，能够站在网络消费者的角度转变网络营销思维。

素质目标：激发学生学习的主动性，培养良好的沟通和交流表达能力，发挥学生的主观能动性和团队精神。

【引导案例】

"还记得周末她（他）给你烧的糖醋排骨吗？"

"还记得寒假回家妈妈烧的红烧肉吗？"

"还记得大年夜外婆做的梅干菜蒸肉吗？"

"今年的年货就是它了！团块放心肉回家过年！"

时近年关，各大商家纷纷绞尽脑汁、推陈出新，利用各种各样的促销活动来吸引消费者的眼球。作为食品行业的龙头企业，江苏雨润集团也"时尚"了一把，适时推出了雨润感恩季上海首站"过新年，团猪肉"活动，引起了广大网民的高度关注和参与。"过新年，团猪肉"

活动首日业绩斐然，据雨润集团市场部负责人介绍：12月19日—12月20日的24小时时间里，共计卖出肋排等猪肉产品3 380多份，总量近7吨，销售额达到30万元，创下雨润进军电子商务领域以来的历史新高。

"过新年，团猪肉"活动是食品行业龙头雨润集团与淘宝团购网站聚划算联合推出的一项活动，是聚划算"聚年货"活动的重要组成部分。在雨润淘宝商城的官方旗舰店，与润集团打出了"腿部、背部、胸部，步步惊心！团雨润猪肉送上海亲们"的"彪悍"广告词。据悉，上海是"过新年，团猪肉"活动的首站，之后会陆续在各大城市开展活动，为广大消费者献上新年年货盛宴。

"网上团猪肉，确实很新鲜！"一位参与此次活动的网友评价道，"这是一种创新的营销模式，既方便，又安全。"另外，通过微博的广泛传播，活动的影响力出乎举办者的意料。

据电子商务专业人士介绍，雨润网上"过新年，团猪肉"活动开了国内同行的先河，这是一种采用线上购买、线下提货有机结合的新型"O2O"网络销售模式。线上购买，下单和支付非常方便；线下提货，又能确保产品安全，线上线下有机结合在了一起。该专业人士认为：未来，网购猪肉的市场会越来越大，而随着生活节奏的加快，这种新兴、时尚的消费方式将会影响越来越多的人群。雨润集团为了做好此次活动，一方面，让利于民，首次网络直销，推出全网最低价；另一方面，有全程冷链的保障，确保将优质、新鲜、放心的冷鲜肉送到消费者手中。

事实证明，这次活动的推出和试水，也得到了广大网民的积极反馈。活动当天，新浪微博的分享和转发就达数百条，评论更是高达上千条。博友"多余的边角料"说："没想到在网上也能团购新鲜的猪肉了，很好玩，很便宜，很强大，还是雨润品牌，果断买了。"而一位北京的网友则抱怨道："为啥只有上海能团？期待北京也能团猪肉！"

（文章来源：《每日经济新闻》，作者：农博网）

思考：

1. 网络"团猪肉"的流程是怎样的？

2. 百度CEO李彦宏认为团购网站盈利模式太单一，难以实现持续盈利，你怎么看团购网站以后的发展？

任务一　认知网络市场

任务引入

小明是江西某职业技术学院电子商务专业的大一的学生，为响应国家"大众创业，万众创新"口号，他一入校就在考虑如何利用电子商务网络创业，以学以致用。但他对网络市场环境还知之甚少。因此，他打算先了解现在网络市场有多大，有何特点，网络市场能带来哪些好处。

任务知识点

➤ 网络市场的内涵

➤ 网络市场的特征

➤ 网络市场的功能

知识点讲解

一、网络市场的含义

从市场营销学的角度来看，其不同发展时期，对市场的界定也不相同，我们可以从下列角度来界定网络市场。

（一）网络市场是网上商品交换的场所

早期市场营销学界对市场的界定沿用了经济学的定义，将市场定义为"买主和卖主发生作用的场所（地点）或地区"（美国市场营销协会定义委员会，1948）。"场所论"对市场的研究主要是对参与市场交换活动的买卖双方及其交易条件的研究，在商品经济不发达时期，这一研究或在某些具体物的营销中是可取的。从这个角度出发，网络市场可定义为网上商品交换的场所。

（二）网络市场是某种商品的网上购买者集合

市场营销学从企业营销的角度，从微观上去研究企业所经营的某种特定产品的市场。传统市场营销学单纯以顾客需求为导向，认为"市场是指一种商品或劳务的所有潜在购买者的需求总和"。这个层面上的网络市场，就是在某一时空条件下，对某种商品或服务具有现实期望和潜在需求的网上用户群。

网络市场由互联网上具有购买意向、具有支付能力的人群组成，网上人群、购买意向和购买能力是构成网络市场的不可或缺的三个基本要素。

"购买者论"认为商品的供应者（卖方）构成行业，商品的购买者才构成市场。按照网络市场上购买者的属性和购买目的可以将网络市场划分为网上消费者市场、网上生产者市场、网上中间商市场和网上政府市场四种类型。

（三）网络市场是网上利益攸关者的集合

从"关系营销"的角度可以将网络市场界定为"网络市场是由互联网上所有利益攸关者构成的集合"。企业营销中所要研究的网络市场主要包括以下六类：网上顾客市场、网上供应商市场、网上内部市场、网上竞争者市场、网上分销商市场和网上相关利益者市场。

二、网络市场的基本特征

随着互联网技术发展越来越成熟，利用无国界、无区域界限的互联网来销售商品或提供服务，成为买卖通路的新选择。互联网上的网络市场成了 21 世纪最有发展潜力的新兴市场。从市场运作的机制看，网络市场具有以下基本特征。

56

（一）无店铺的经营方式

运作于网络市场上的是虚拟商店，它不需要店面、装潢、摆放的货品和服务人员等，它使用的媒体为互联网络。如韩都衣舍电商集团创立于 2008 年，是中国最大的互联网时尚品牌运营集团，凭借"款式多，更新快，性价比高"的产品理念，深得全国消费者的喜爱和信赖。2010 年，韩都衣舍一年销售额 8 700 万元，获得当年"全国十大网货品牌"的荣誉；到 2016 年，实现销售额达 14 亿元，净赚 8 509 万元；2016 年 7 月获批成为互联网服饰品牌第一股。

（二）无存货的经营形式

网上商店可以在接到顾客订单后，再向制造厂家订货，而无须将商品陈列出来以供顾客选择，只需在网页上打出货物菜单以供选择。这样一来，店家不会因为存货而增加成本，其售价比一般的商店要低，这有利于增加网络商家的魅力和竞争力。

（三）成本低廉的竞争策略

网络市场上虚拟商店的成本主要涉及自设 Web 站费用、软硬件费用、网络使用费以及后期的维护费用。它通常比普通商店的运营成本要低得多，这是因为普通商店需要昂贵的店面租金、装潢费用、水电费、营业税及人事管理费用等。Cisco 在其官网中建立了一套专用的电子商务订货系统，销售商与客户能够通过此系统直接向 Cisco 公司订货。此套订货系统不仅能够提高订货的准确率，避免多次往返修改订单的麻烦；最重要的是缩短了出货时间，降低了销售成本。据统计，电子商务的成功应用使 Cisco 每年在内部管理上能够节省数亿美元的费用。

EDI（电子数据交换）的广泛使用及其标准化使企业与企业之间的交易走向无纸贸易。在无纸贸易的情况下，企业可将购物订单过程的成本缩减 80% 以上。在美国，一个中等规模的企业一年要发出或接受订单 10 万张以上，大企业则在 40 万张左右。因此，对企业，尤其是大企业，采用无纸交易就意味着节省少则数百万美元，多则上千万美元的成本。

（四）无时间限制的全天候经营

虚拟商店不需要雇用经营服务人员，可不受劳动法的限制，也可摆脱因员工疲倦或缺乏训练而引起顾客反感所带来的麻烦。而一天 24 小时，一年 365 天的持续营业，对于平时工作繁忙、无暇购物的人来说有很大的吸引力。

（五）无国界、无区域界限的经营范围

互联网创造了一个即时全球社区，它消除了同其他国家客户做生意的时间和地域障碍。面对提供无限商机的互联网，国内的企业可以加入网络行业，开展全球性营销活动。如浙江省海宁市皮革服装城把男女皮大衣、皮夹克等 17 种商品的式样和价格信息发布到网上，不到两小时，就分别收到英国"威斯菲尔德有限公司"等十多家海外客商发来的电子邮件和传真，表示了订货意向。服装城通过网上交易仅半年时间，就吸引了美国、意大利、日本、丹麦等 30 多个国家和地区的 5 600 多个客户，仅仅雪豹集团一家就实现外贸供货额 1 亿多元。

（六）精简化营销环节

顾客可以自行查询信息。现在的顾客需求不断增加，对欲购商品资料的了解、对产品本身的要求

有更多的发言权。于是精明的营销人员能够借助互联网所固有的互动功能，鼓励顾客参与产品的更新换代，让他们选择颜色、装运方式，并且自行下订单。在定制、销售产品的过程中，为满足顾客的特殊要求，让他们参与越多，售出产品的机会就越大。总之，网络市场具有传统的实体市场所不具有的特点，这些特点正是网络市场的优势。

三、网络市场的基本功能

网络公司利用网络市场的功能主要体现在利用它实现公司多元化的目标价值链：树立先锋形象、发展公共关系、与投资者保持良好关系、选择最合适的顾客群体、与客户及时在线交流、让客户记住公司的网络通道。

（一）树立公司先锋形象

利用互联网改善公司形象，使其成为一个先锋的、高科技型的公司，是现代企业开拓网络市场最具有说服力的理由。在网络市场竞争中，作为一个拥有实力可以在竞争中制胜的公司，必须率先进网络市场，以先发制人的姿态去了解普通计算机使用者的需求，满足他们追求个性化产品及服务的欲望。先锋者形象赋予公司一种财力充足、不断创新的表象，这是公司最稀缺的、最珍贵的无形资产。如北京城乡华懋商厦是京城较早开设网上商城的零售企业，该公司负责人张女士认为公司这样做的目的是要通过网上商城来扩大知名度，使公司时刻站在信息高速公路的前沿阵地，成为网上行销的先锋。公司的先锋者形象对于提高公司的人力资本的效用有巨大的作用，它对于想成为先锋成员的雇员来说具有莫大的吸引力，也有利于公司在网上公开招聘一流的人才，使公司的人力资源更加雄厚。一个顽强、机敏、能力值高、热情值高的员工队伍，将大大增强公司在网络市场和现实市场这双重市场上的开拓力。

（二）发展公共关系

网络公司必须在网络空间的公共关系网中占有绝对的优势。在具体的做法上，一是公司可以在电子广告栏中描述公司发展的历史、公司的目标价值、公司的管理队伍、公司的社会责任及其对社区发展的贡献，以提高公司的社会知名度；二是公司能够利用多媒体技术（如图片、音频、视频等）提供一种更为独特的服务，为顾客提供有价值的咨询信息，使访问者主动地进入你的网址，并进一步详细地阅读所有新近的资料。对于访问者来说，能获得有价值的信息是令人兴奋的事，获得有价值的信息越多，访问的次数也就越多，访问的频率也随之提高，被访问的网络公司在访问者心目中的知名度也随之提高，访问者对被访问的网络公司的忠诚度也随之增强。总之，网络公司通过不断地向顾客提供有价值的咨询信息来吸引访问者的注意力以及访问者对网络公司的忠诚度。

（三）与投资者保持良好的关系

对于现代公司来讲，与投资者关系的好坏对公司的发展至关重要。公司可以利用网站来建立与投资者保持良好的信息沟通的渠道，最大限度地降低信息的不对称性，从而降低投资者对公司可能存在的"道德风险""机会主义行为"的担心，提高公司与投资者之间的信任度，保持长期的、双向的合作关系。

（四）选择最合适的顾客群体

对于一个网络公司来讲，选择最合适的顾客群体是公司实现网络营销战略的关键。公司通过互联网，可以大大地缩小销售的范围，而以特色的产品和特色的服务来选择最合适的、最忠实的目标顾客群体，从而实现优良的客户服务。例如，在纽约有一家专营珠宝的在线零售商——JewelryWeb，其站点出售几乎所有种类的珠宝首饰，从 K 金饰物、白金首饰到珠宝与银器。该公司的顾客主要分为两类：一类是自用顾客，大多为女性，年龄在 35～55 岁，她们通常会再次光顾 JewelryWeb；另一类是礼品顾客，多为男性，年龄在 30～45 岁。JewelryWeb 的总裁认为，该公司成功的秘诀首先在于选择了最合适的顾客群体；其次在于优良的客户服务，这种服务是一对一式的，在顾客收到货品之后，公司通常会发出电子邮件来询问顾客是否满意；最后在于保证产品的质量和随时保持有新的商品供顾客挑选。

（五）与客户及时在线交流

公司的网站中提供了许多可以填写的表格，以解答顾客的疑问并进行有效的建议。它们就像电子邮件，便于公司与客户沟通。同时顾客也可以向公司发来他们的忠告与建议，供公司及其他所有客户阅读。通过这种方式，公司可以同所有的顾客共同分享有关产品的有效信息。在线上，公司可以与顾客更为自由地进行信息往来，并允许目标顾客发出更多的反馈意见。第一件产品的发展、定位和提高全依赖于那些聪明、有经验的顾客们的往来信息，这是公司不可或缺的一个强大的推动力。更重要的是，顾客在网络上完成互动，如果他觉得很满意，就会与好朋友分享。

（六）让客户记住公司的网络通道

产品销售中的宣传效应告诉我们，应尽可能地使产品的名字醒目地出现于人们面前。产品给人们留下的印象越深，人们越有可能记住它们，进而产生信任，并最终买下。一些设计很好的网站能使公司的形象深深地嵌入人们的记忆之中。

任务实训

1．实训目的

通过此次实训，学生能够更深入、直观地认识网络市场的特征和功能。

2．实训内容及步骤

（1）小组选定成员熟悉的知名公司，浏览该公司网站。

（2）通过公司网站及其他渠道，了解该公司网络营销实施情况。

（3）小组讨论分析网络市场对该公司发展的作用。

3．实训成果要求

根据实训内容，撰写实训报告，要有具体的分析及总结。

任务二　我国网络市场的现状分析

任务引入

小明确定网络创业之后，与几位同学组队，初步计划在网上销售二手手机。在确认计划是否可行之前，他们打算先对国内二手手机网络市场进行初步了解分析。

知识点讲解

一、我国网络市场的规模

（一）我国网民的总体规模

截至 2017 年 6 月，我国网民规模达 7.51 亿人，2017 年上半年新增网民 1 992 万人，增长率为 2.7%。我国互联网普及率达到 54.3%，与 2016 年底相比提高 1.1 个百分点，如图 3-1 所示。

互联网基础设施建设的不断完善、利好政策的持续出台，以及互联网对于各个行业的渗透，共同促进网民规模持续增长。伴随着我国互联网的高速发展，相关行业监管体系也逐步完善。2017 年上半年，国家互联网信息办公室出台《互联网新闻信息服务许可管理实施细则》，对互联网站、应用程序、即时通信工具、微博、直播等服务提出规范化管理要求，进一步提高互联网服务管理规范化、科学化水平，促进互联网服务行业健康有序发展。以互联网为代表的数字技术正在加速与经济社会各领域深度融合，成为促进我国消费升级、经济社会转型、构建国家竞争新优势的重要推动力。同时，在线政务、共享出行、移动支付等领域的快速发展，成为改善民生、增进社会福祉的强力助推器。

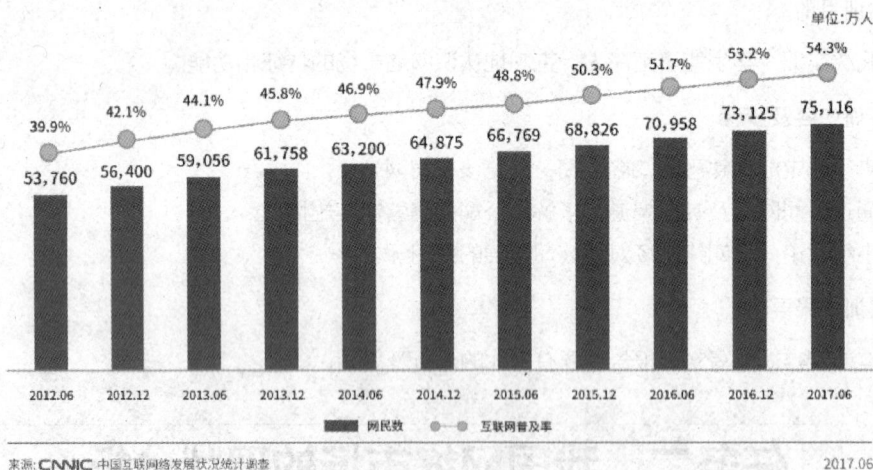

图 3-1　中国网民规模和互联网普及率

当前网民增长进入了一个相对平稳的阶段，互联网在易转化人群和发达地区居民中的普及率已经达到较高水平。下一个阶段，中国互联网的普及将转向受教育程度较低的人群及发展相对落后地区的居民，因而需要关注互联网在这些人群中普及的障碍。

网络营销与策划实务

（二）手机网民的规模

截至 2017 年 6 月，我国手机网民规模达 7.24 亿人，较 2016 年底增加 2 830 万人。网民中使用手机上网的人群占比由 2016 年底的 95.1%提升至 96.3%，如图 3-2 所示。手机上网比例持续提升。2017 年上半年，各类手机应用的用户规模不断上升，场景更加丰富。其中，手机外卖应用增长最为迅速，用户规模达到 2.74 亿人，较 2016 年底增长 41.4%；移动支付用户规模达 5.02 亿人，线下场景使用特点突出，4.63 亿网民在线下消费时使用手机进行支付。

来源：CNNIC 中国互联网络发展状况统计调查   2017.06

图 3-2 中国手机网民规模及其占网民比例

随着我国移动互联网进入稳健发展期，行业整体向内容品质化、平台一体化和模式创新化方向发展。首先，各移动应用平台进一步深化内容品质提升，专注细分，寻求差异化竞争优势；其次，各类综合应用不断融合社交、信息服务、交通出行及民生服务等功能，打造一体化服务平台，扩大服务范围和影响力；最后，移动互联网行业从业务改造转向模式创新，引领智能社会发展，从智能制造到共享经济，移动互联网的海量数据及大数据技术的应用，为社会生产优化提供了更多可能。

（三）农村网民的规模

农村互联网普及率保持稳定（见图 3-3），截至 2017 年 6 月，我国网民中农村网民占比 26.7%，规模为 2.01 亿人；城镇网民占比 73.3%，规模为 5.50 亿人，较 2016 年底增加 1 988 万人，半年增幅为 3.7%。但是，城镇地区互联网普及率超过农村地区 36.6 个百分点，城乡差距仍然较大。普及接入层面，农村互联网普及率上升至 34.0%，但低于城镇 35.4 个百分点；互联网应用层面，城乡网民在即时通信使用率方面差异最小，在 2 个百分点左右，但商务交易类、支付、新闻资讯等应用使用率方面差异较大，其中网上外卖使用率差异最大，为 26.8%。农村互联网市场的发展潜力依然较大。

对互联网知识的缺乏以及认知不足，导致的对互联网使用需求较弱，仍是造成农村网民不上网的主要原因。

调查显示，因不懂电脑/网络、不懂拼音等知识水平限制而不上网的比例分别为 52.6%和 26.9%；

由于不需要/不感兴趣而不上网的比例为11.2%；受没有计算机，当地无法连接互联网等上网设施限制而无法上网的比例分别为9.3%和6.2%。，如图3-4所示。要解决农村非网民"不会上网"和"不愿上网"的问题，一方面，要发挥乡镇村委会、活动中心、学校教育资源的作用，开展农村计算机和网络知识培训，推动互联网知识普及与应用的提升；另一方面，以需求为导向、以地区为维度，推行更符合地域特征、更贴近农民生活的措施及服务，解决农村非网民的上网痛点，引导农村非网民使用互联网。

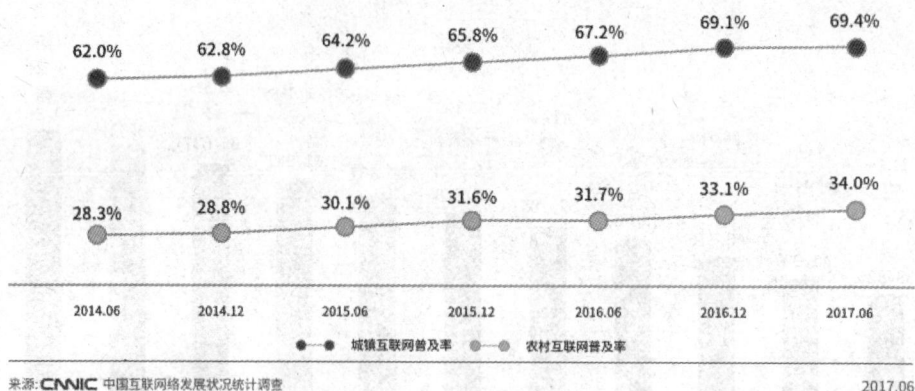

图 3-3　中国城乡互联网普及率

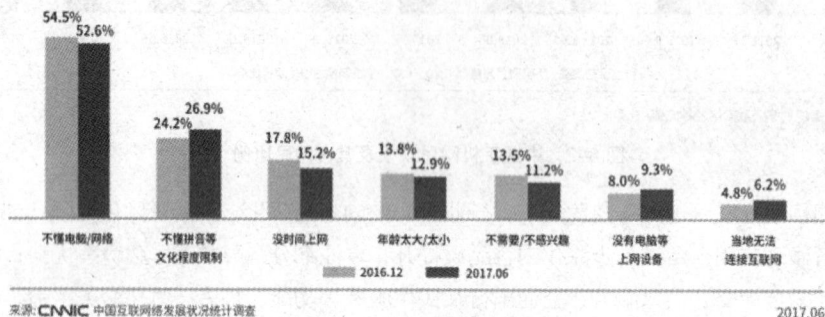

图 3-4　农村非网民不上网原因

二、中国网络市场结构

（一）网民性别结构

截至 2017 年 6 月，中国网民男女比例为 52.4 : 47.6，同期全国人口男女比例为 51.2 : 48.8，网民性别结构趋向均衡，且与人口性别比例基本一致，如图 3-5 所示。

（二）网民年龄结构

截至 2017 年 6 月，我国网民仍以 10～39 岁群体为主，占整体的 72.1%，其中 20～29 岁年龄段的网民占比最高，达 29.7%，10～19 岁、30～39 岁群体占比分别为 19.4%、23.0%。与 2016 年底相比，40 岁以上中高龄群体占比增长 1.7 个百分点，互联网继续向这个年龄群体渗透，如图 3-6 所示。

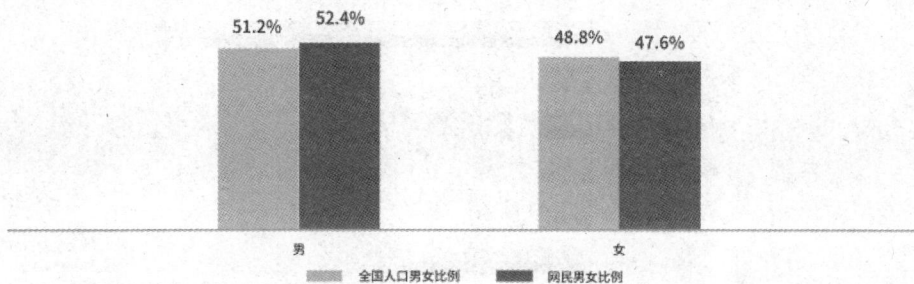

51.2% 52.4%   48.8% 47.6%

男   女

全国人口男女比例   网民男女比例

来源：CNNIC 中国互联网络发展状况统计调查   2017.06

图 3-5 中国网民性别结构

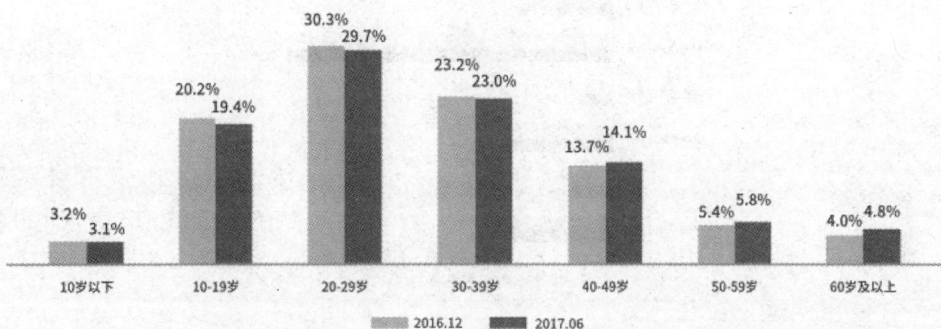

3.2% 3.1%   20.2% 19.4%   30.3% 29.7%   23.2% 23.0%   13.7% 14.1%   5.4% 5.8%   4.0% 4.8%

10岁以下   10-19岁   20-29岁   30-39岁   40-49岁   50-59岁   60岁及以上

2016.12   2017.06

来源：CNNIC 中国互联网络发展状况统计调查   2017.06

图 3-6 中国网民年龄结构

（三）网民学历结构

截至 2017 年 6 月，我国网民依然以中等学历群体为主，初中、高中/中专/技校学历的网民占比分别为 37.9%、25.5%。与 2016 年底相比，网民的学历结构变化不大，如图 3-7 所示。

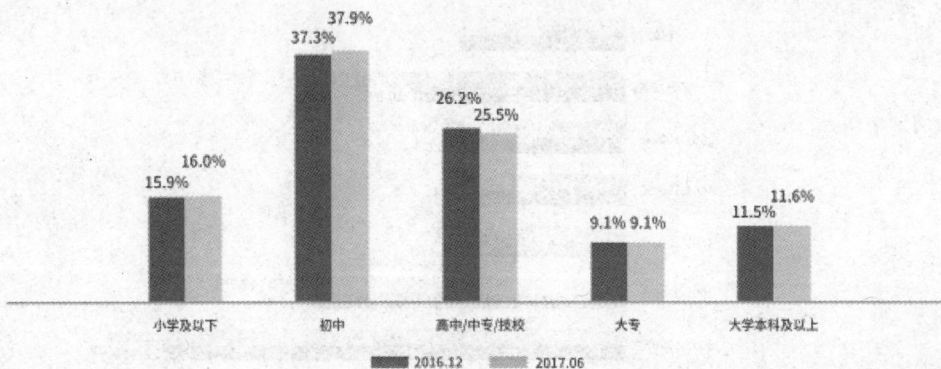

15.9% 16.0%   37.3% 37.9%   26.2% 25.5%   9.1% 9.1%   11.5% 11.6%

小学及以下   初中   高中/中专/技校   大专   大学本科及以上

2016.12   2017.06

来源：CNNIC 中国互联网络发展状况统计调查   2017.06

图 3-7 中国网民学历结构

（四）网民职业结构

截至 2017 年 6 月，中国网民中学生群体占比仍然最高，为 24.8%；其次为个体户/自由职业者，比例为 20.9%；企业/公司的管理人员和一般职员占比合计达到 15.1%，如图 3-8 所示。

63

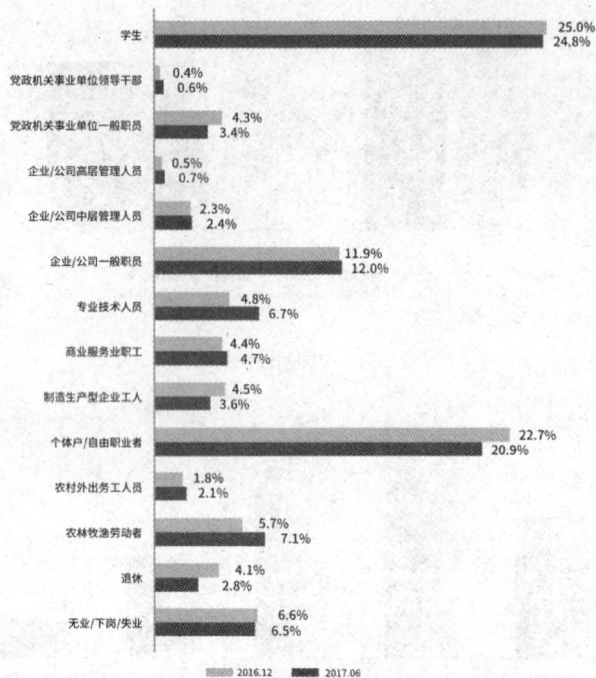

来源: CNNIC 中国互联网络发展状况统计调查

图 3-8　中国网民职业结构

（五）网民收入结构特征

截至 2017 年 6 月，网民中月收入在 2 001～3 000 元及 3 001～5 000 元的群体占比较高，分别为 15.8% 和 22.9%。随着社会经济的不断发展，网民的收入水平也逐年增长，对比 2016 年底，收入在 5 000 元以上的网民人群占比提升了 2.1 个百分点，如图 3-9 所示。

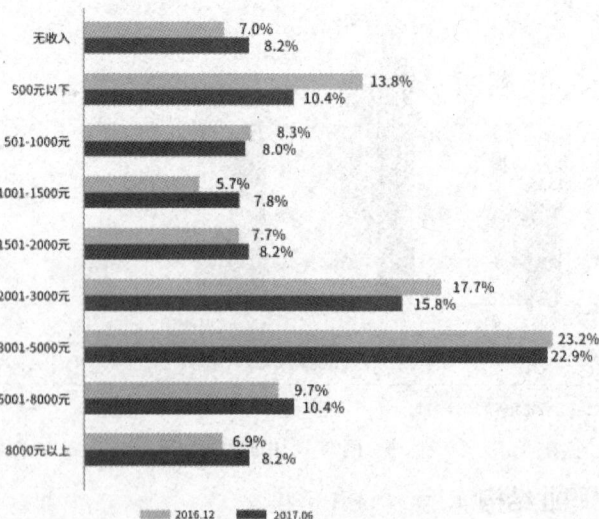

来源: CNNIC 中国互联网络发展状况统计调查

图 3-9　中国网民个人月收入结构

三、我国网络市场用户行为特征

2017 年上半年，我国个人互联网应用保持稳健发展，各类应用用户规模均呈上升趋势，其中网上外卖和互联网理财是增长最快的两个应用，半年增长率分别为 41.6%和 27.5%；网络购物也保持较快增长，半年增长率为 10.2%。手机端大部分应用均保持快速增长，其中手机网上外卖和手机在线教育课程用户规模增长最为明显，半年增长率为 41.4%和 22.4%

（一）基础应用用户规模趋于稳定，提供精准优质内容服务为重点方向

即时通信、搜索引擎、网络新闻作为基础的互联网应用，用户规模在 2017 年上半年趋于稳定。即时通信市场差异化进一步凸显，领先企业着力流量入口潜力挖掘、内容服务连接能力和商业模式成熟度培养三方面；搜索引擎应用继续保持移动化趋势，人工智能实际应用效果尚未对用户体验带来明显提升，市场成长面临较大压力；网络新闻应用呈现出信息聚合平台化、跨界竞争激烈化和技术核心化三方面趋势；社交应用内外发力，内部聚焦优质内容生产，外部积极与多产业拼接融合。

（二）商务交易类应用保持高速增长，带动国民消费升级

2017 年上半年，商务交易类应用持续高速增长，网络购物、网上外卖和在线旅行预订用户规模分别增长 10.2%、41.6%和 11.5%。网络购物市场消费升级特征进一步显现，用户偏好逐步向品质、智能、新品类消费转移，线上线下融合向数据、技术、场景等领域深入扩展，各平台积累的庞大用户数据资源进一步得到重视；外卖行业发展进一步成熟，平台深耕现有业务与横向拓展，但食品和送餐交通安全仍是发展挑战；国民消费升级带动旅行预订需求增长，"提直降代"力度加大，平台在机票业务方面沦为流量入口，酒店预订方面不断对外拓展国际酒店业务，提升盈利能力。

（三）互联网理财市场趋向规范化，线下支付拓展仍是热点

2017 年上半年，互联网理财领域线上线下正在整合各自在流量、技术和金融产品服务的优势，步入从对抗竞争走向合作共赢的发展阶段。网贷理财产品收益率持续下降，行业朝向规范化发展；线下支付领域依旧是市场热点，网民在超市、便利店等线下实体店使用手机网上支付结算的习惯进一步加深，在深耕国内市场的同时，我国网络支付企业纷纷拓展市场潜力巨大的海外市场。

（四）网络娱乐类应用用户规模稳步增长，行业不断向正规化发展

2017 年上半年，网络娱乐类应用进一步向移动端转移，手机网络音乐、视频、游戏、文学用户规模增长率均在 4%以上，其中手机网络游戏增长率达到 9.6%。网络游戏行业营收规模显著增长，游戏与 IP 其他环节产业的联动日益加深；逐步推进的生态化和崭露头角的国际化是网络文学行业 2017 年上半年的两大主要发展特征，版权收入有望成为行业营收增长的核心；网络视频行业，各大视频网站均布局包括文学、漫画、影视、游戏及其衍生产品的泛娱乐内容新生态，生态化平台的整体协同能力正在逐步凸显；以秀场直播和游戏直播为核心的网络直播业务保持了蓬勃发展趋势，运营正规化和内容精品化是当前发展的主要方向。

（五）在线教育、网约车服务规模保持增长，共享单车丰富出行方式

截至 2017 年 6 月，公共服务类各细分领域应用用户规模均有所增长，在线教育、网约出租车、网约专车或快车和共享单车用户规模分别达到 1.44 亿人、2.78 亿人、2.17 亿人和 1.06 亿人。在线教

育市场迅速发展，人工智能技术驱动在线教育产业升级；网约车市场经历资本驱动的急速扩张阶段，回归以全局为重的规范化发展道路；共享单车丰富市民出行方式，技术与资本推动行业蓬勃发展，如图 3-10、图 3-11 所示。

应用	2017.06		2016.12		
	用户规模(万)	网民使用率	用户规模(万)	网民使用率	半年增长率
即时通信	69,163	92.1%	66,628	91.1%	3.8%
搜索引擎	60,945	81.1%	60,238	82.4%	1.2%
网络新闻	62,458	83.1%	61,390	84.0%	1.7%
网络视频	56,482	75.2%	54,455	74.5%	3.7%
网络音乐	52,413	69.8%	50,313	68.8%	4.2%
网上支付	51,104	68.0%	47,450	64.9%	7.7%
网络购物	51,443	68.5%	46,670	63.8%	10.2%
网络游戏	42,164	56.1%	41,704	57.0%	1.1%
网上银行	38,262	50.9%	36,552	50.0%	4.7%
网络文学	35,255	46.9%	33,319	45.6%	5.8%
旅行预订	33,363	44.4%	29,922	40.9%	11.5%
电子邮件	26,306	35.0%	24,815	33.9%	6.0%
论坛/bbs	13,207	17.6%	12,079	16.5%	9.3%
互联网理财	12,614	16.8%	9,890	13.5%	27.5%
网上炒股或炒基金	6,848	9.1%	6,276	8.6%	9.1%
微博	29,071	38.7%	27,143	37.1%	7.1%
地图查询	46,998	62.6%	46,166	63.1%	1.8%
网上订外卖	29,534	39.3%	20,856	28.5%	41.6%
在线教育	14,426	19.2%	13,764	18.8%	4.8%
网约出租车	27,792	37.0%	22,463	30.7%	23.7%
网约专车或快车	21,733	28.9%	16,799	23.0%	29.4%
网络直播	34,259	45.6%			
共享单车	10,612	14.1%			

图 3-10　中国网民互联网应用的使用率

应用	2017.06		2016.12		
	用户规模(万)	网民使用率	用户规模(万)	网民使用率	半年增长率
手机即时通信	66,778	92.3%	63,797	91.8%	4.7%
手机网络新闻	59,615	82.4%	57,126	82.2%	4.4%
手机搜索	59,271	81.9%	57,511	82.7%	3.1%
手机网络音乐	48,929	67.6%	46,791	67.3%	4.6%
手机网络视频	52,523	72.6%	49,987	71.9%	5.1%
手机网上支付	50,185	69.4%	46,920	67.5%	7.0%
手机网络购物	48,042	66.4%	44,093	63.4%	9.0%
手机网络游戏	38,546	53.3%	35,166	50.6%	9.6%
手机网上银行	35,013	48.4%	33,357	48.0%	5.0%
手机网络文学	32,668	45.1%	30,377	43.7%	7.5%
手机旅行预订	29,897	41.3%	26,179	37.7%	14.2%
手机邮件	21,539	29.8%	19,713	28.4%	9.3%
手机论坛/bbs	11,260	15.6%	9,739	14.0%	15.6%
手机在线教育课程	11,990	16.6%	9,798	14.1%	22.4%
手机微博	25,860	35.7%	24,086	34.6%	7.4%
手机地图、手机导航	44,091	60.9%	43,123	62.0%	2.2%
手机网上订外卖	27,412	37.9%	19,387	27.9%	41.4%

图 3-11　中国网民各类手机应用的使用率

四、网络市场的商务交易特征

（一）网络购物

截至 2017 年 6 月，我国网络购物用户规模达到 5.14 亿人，与 2016 年底相比增长 10.2%，其中，手机网络购物用户规模达到 4.80 亿人，半年增长率为 9.0%，使用比例由 63.4% 增至 66.4%，如图 3-12 所示。

单位：万人

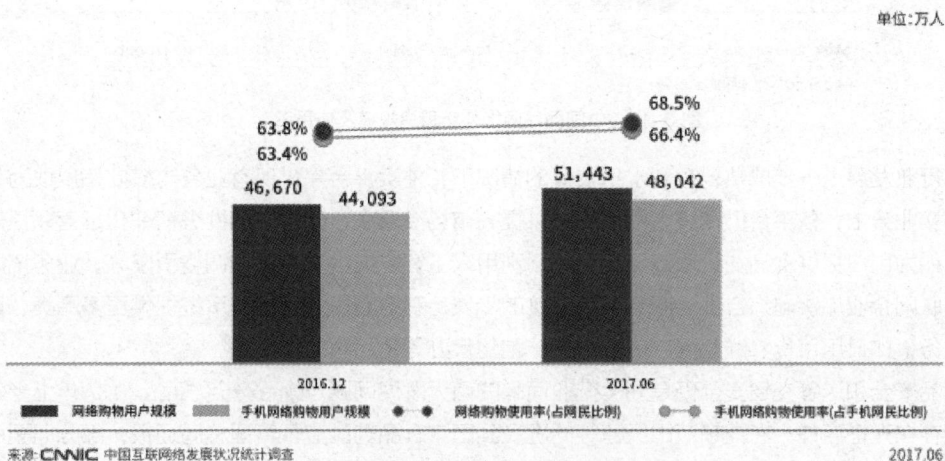

图 3-12　中国网民网络购物用户规模及使用率

网络购物市场消费升级特征进一步显现。一是品质消费，网民愿意为更高品质的商品支付更多溢价，如乐于购买有机生鲜、全球优质商品等；二是智能消费，智能冰箱、动感单车等商品网络消费规模与去年相比有大幅度增长；三是新商品消费，扫地机器人、洗碗机等新商品消费增长迅猛。除国民人均收入提升、年轻群体成为网络消费主力等因素外，电商企业渠道下沉和海外扩张带动了农村电商和跨境电商的快速发展，使农村网购消费潜力和网民对全球优质商品的消费需求进一步得到释放，进一步推动了消费升级。线上线下融合向数据、技术、场景等领域深入扩展。2017 年上半年，电商企业加快与实体零售企业投资合作，探索在数据、供应链、支付、物流、门店、场景、产品等全方位实现整合互通和优势互补。同时，以便利店为代表的线下零售业态成为市场布局热点，多家便利店企业获得巨额融资。伴随着融合不断深入，线上线下边界模糊化、零售业态碎片化、消费场景智能化的全新商业形态正在形成。

数据资源竞争白热化，数据安全与数据开放共享成为企业和政府面临的发展挑战。菜鸟物流与顺丰物流数据接口之争、线上平台与线下企业开展投资合作等市场行为无不反映出数据已经成为互联网时代商业竞争中企业重要的无形资产和制高点。而企业如何获取数据以及界限，如何构建开放、公平、安全的数据信息共享机制已成为需要政府和企业共同面对的问题。

（二）网上外卖

截至 2017 年 6 月，我国网上外卖用户规模达到 2.95 亿人，较 2016 年底增加 8 678 万，增长率达到 41.6%。其中，我国手机网上外卖用户规模达到 2.74 亿人，增长率为 41.4%，使用比例达到 37.9%，提升了 10 个百分点，如图 3-13 所示。

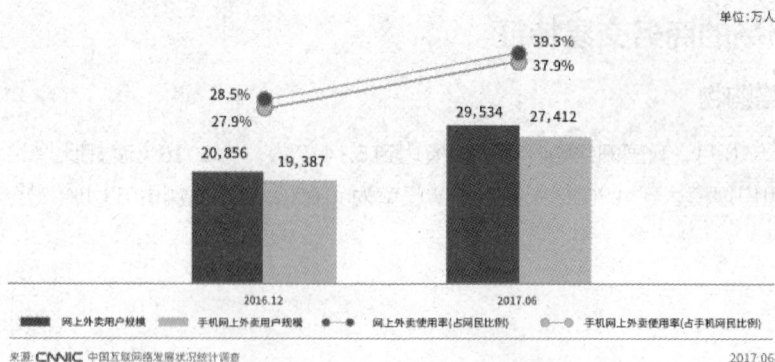

单位:万人

图 3-13 中国网民网上外卖用户规模及使用率

在行业发展进一步成熟，盈利水平较低的情况下，外卖平台深耕现有业务与横向拓展成为必然选择。外卖业务上，各平台仍在投入巨额补贴以提高市场渗透率，同时继续推进精细化运营以提升用户体验，如为用户提供食品安全理赔保险服务、利用人工智能技术升级物流调度引擎等。业务拓展上，外卖互联网企业加快向综合生活服务平台过渡的步伐，开始利用外卖物流系统提供更多品类、场景的配送服务，如日用百货、鲜花蛋糕以及送药、跑腿代办等生活服务。

食品安全和送餐交通安全仍是外卖行业面临的两大发展问题。食品安全方面，2017 年上半年多家平台因存在无证店铺、商铺超范围经营等问题受到国家食品药品监督管理总局通报，部分问题商铺被下线。送餐安全方面，由于外卖平台主要采用众包模式运营，配送体系缺乏统一规范和管理，配送员超速行驶、驶入机动车道、闯红灯等情况时有发生。外卖平台在超出自身运营维护能力的情况下大肆扩张、过分强调业绩指标是导致外卖行业食品和交通安全问题出现的重要因素。

（三）旅行预订

截至 2017 年 6 月，在网上预订过机票、酒店、火车票或旅游度假产品的网民规模达到 3.34 亿人，较 2016 年底增长 3 441 万人，增长率为 11.5%。在网上预订火车票、机票、酒店和旅游度假产品的网民分别占比 37.6%、19.1%、20.5% 和 9.3%。其中，手机预订机票、酒店、火车票或旅游度假产品的网民规模达到 2.99 亿人，较 2016 年底增长 3717 万人，增长率为 14.2%。我国网民使用手机在线旅行预订的比例由 37.7% 提升至 41.3%。其中，手机预订酒店的使用率提升幅度最大，如图 3-14 所示。

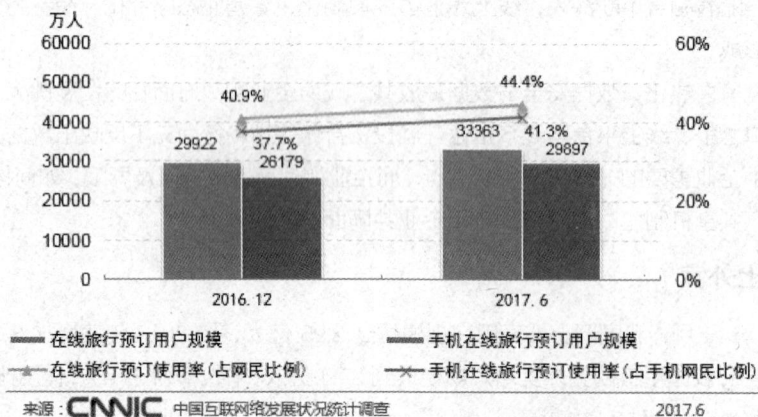

图 3-14 中国网民在线旅行预订用户规模及使用率

国民消费升级激发更多潜在需求，旅行预订企业竞逐市场，拓展盈利空间。

在线机票领域，"提直降代"力度加大，OTA（在线旅行社）平台机票业务成为流量入口。继国内航空公司着手落实国资委"直销业务提升至50%"任务后，OTA平台机票业务收益渐渐趋向于"零佣金"，盈利空间被不断挤压。与航空公司相比，OTA平台能够一站式提供更多航空公司和航班选择以及接送机、酒店等搭配服务，其机票代理仍为彼此不可或缺的战略业务，更多承担着流量入口职责。

酒店预订领域，对外拓展国际酒店业务，对内向二三线城市渗透，提升盈利能力。中国已成为世界第一大出境旅游客源国和全球第四大入境旅游接待国，OTA平台或投资并购海外旅游公司或与海外酒店直连合作，加速布局全球酒店业务。与此同时，国内旅游自由行模式兴起，小长假周边游发展迅速，二三线城市酒店预订需求攀升，OTA平台从营利性最高的区域拓展，下沉渠道、服务，深挖二三线城市酒店预订市场潜力。

旅游度假产品预订领域，OTA推进线上线下融合，定制游成平台布局重点。随着在线流量红利消失，线上获取客户成本变高，而二三线城市居民门店消费习惯仍在，OTA平台频繁并购线下旅行社进行实体店布局，拓展新的客源空间。此外，消费升级背景下，定制游需求大幅增加，其国内市场处于培育阶段并分化成双重格局。一方面，创业型企业面临资源整合和流量获取压力，开始转向企业客户求生存；另一方面，大型OTA平台开发新旅游度假产品，在定制游市场中展开竞争。同时，小型旅游电商借助社交平台挖掘用户消费潜力，以巴士游切入目的地最后一公里市场。

任务实训

1. 实训目的

通过此次实训，学生能够更深入、直观地了解网络市场的发展现状。

2. 实训内容及步骤

（1）小组成员合理分配，利用搜索引擎收集二手手机交易的相关信息。

（2）通过网站及其他渠道，了解几大品牌手机的回收和处理流程。

（3）小组成员线下了解本地二手手机市场的回收处理流程。

（4）小组讨论分析，二手手机网络市场是否值得创业。

3. 实训成果要求

按照实训内容提交实训报告，报告要有具体的分析及总结内容。

任务三　网络消费者分析

任务引入

小明和几位同班同学确定每人投资2000元进行二手手机网络销售创业。创业进行一个月后，团队几个人虽然都很积极主动，网店的浏览量每天有100人次左右，但仍然没有一单生意，所以小组成员打算从消费者入手，试图找出症结所在。

任务知识点

➢ 网络消费者类型

➢ 网络消费者购买动机

➢ 网络消费者需求特征

知识点讲解

网络消费者是推动网络营销发展的主要动力，其消费心理和行为决定了网络营销的发展趋势和道路。要成为一名成功的网络营销管理者，就必须对网络消费者的类型、需求特征、购买动机、影响网络消费者购买决策的因素等进行深入细致的分析，以便采取相应的网络营销策略。

一、网络消费者类型分析

网络消费者是指通过互联网在电子商务市场中进行消费和购物等活动的消费者人群。对网络消费者有多种分类方式，如果按照上网目的来分类，网络消费者可以分为六种类型：简单型、冲浪型、接入型、议价型、定期型和运动型。

（一）简单型网络消费者

简单型网络消费者需要的是方便直接的网上购物。他们或许每月只花 7 小时上网，但他们进行的网上交易却占了总交易量的一半。零售商们必须为这一类型的人提供真正的便利，让他们觉得在你的网站上购买商品会节约更多的时间。要满足这类人的需求，首先要保证订货付款系统的安全、方便，最好设有购买建议的界面。另外，提供一个易于搜索的产品数据库是保持顾客忠诚度的一个重要手段。

（二）冲浪型网络消费者

冲浪型的网络消费者占网民总数的 8%，而他们在网上花费的时间却占 32%，并且他们访问的网页是其他网民的 4 倍。冲浪型网民对常更新、具有创新设计特质的网站很感兴趣。

（三）接入型网络消费者

接入型的网民是刚接触网的新手，占网民总数的 36%，他们很少购物，而喜欢网上聊天和发送免费问候卡。那些有着著名传统品牌的公司应对这群人保持足够的重视。因为网络新手们更相信生活中他们所熟悉的品牌。另外，这类消费者的上网经验不是很丰富，一般对于网页中的简介、常见问题的解答、名词解释、站点结构之类的链接会更感兴趣。

（四）议价型网络消费者

议价者们有一种趋向购买便宜商品的本能，eBay 网站一半以上的顾客属于这一类型，他们喜欢讨价还价，并有强烈的愿望在交易中获胜。企业在自己的网站上打出"大减价""清仓处理""限时抢购"之类的字眼能够很容易吸引到这类消费者。

（五）定期型的网络消费者

定期型的网络消费者通常都会被网站的内容吸引。目前，网络商面临的挑战是如何吸引更多的网民，并努力将网站访问者变为消费者。对于这种类型的消费者，网站必须保证自己的站点能给他们提供所需要的和感兴趣的信息，否则他们会很快跳过这个网站转入下一个网站。

（六）运动型的网络消费者

运动型的网民对运动和娱乐类的网站情有独钟，他们的网络消费大部分都花在运动和娱乐类商品方面。

二、网络消费者购买动机分析

动机是推动人从事某种活动，并朝一个方向前进的内部动力，是为实现一定目的而行动的原因。动机是个体的内在过程，行为是这种内在过程的表现。购买动机是直接驱使消费者实行某种购买活动的内部动力，反映了消费者在心理、精神和感情上的需求，实质上是消费者为达到需求采取购买行为的推动力。购买动机是一种内部心理过程，不能直接观察，但可以通过任务选择、努力程度、活动的坚持性和言语表示等行为进行推断。购买动机必须有目标，目标引导个体行为的方向，并且提供原动力。购买动机要求购买活动有目的，购买活动则会促使个体实现他们的目标。动机和需要是有区别的。需要是人们对某种目标的渴求或欲望，主要与人的主观愿望相联系。动机在需要的基础上产生，主要与人的行动相联系。也就是说，需要并不能直接产生行动，而必须先产生动机才能引起人的行动。动机是需要与行动之间必经的一个中间环节。此外，动机虽然是在需要的基础上产生的，但并非所有的需要都能成为动机。这是因为，需要必须达到一定强度并有相应的诱因条件才能成为动机。而动机行动的结果，或是实现目标产生新的需要，或是遭受挫折。

（一）购买动机源自于需要

客户的购买行为源于购买动机，而购买动机又源于需要，客户之所以会产生需要，是因为对现状不满，期望改变现状，以达到一个新的高度。如运动员训练完之后，生理上会出现口渴的自然反应，由于运动员不满于该现状想要改变，因此产生需要，需要水来解决该现状，对水的需要诱发了购买水的动机。

美国著名心理学家马斯洛认为，人类的需要是分层次的，由高到低表现为：自我实现需要、尊重需要、社交需要、安全需要、生理需要。马斯洛认为这五种需要层次都是人最基本的需要。这些需要都是天生的、与生俱来的，分为不同的等级或水平，成为激励和指引个体行为的力量。在此我们重点探讨网络消费者这个群体的网络购买动机来源，包括对网络的需要和购物的需要。马斯洛的需求理论可以解释网络消费者的购物需要，而网络的需要主要表现为对网络的兴趣、网络聚集和网络交流。

1. 兴趣

分析畅游在虚拟网络中的网民，我们可以发现，网民之所以热衷于网络漫游，是因为对网络活动抱有极大的兴趣。这种兴趣的产生，主要来自于两种内在驱动。一是探索的内在驱动力。人们出于好奇的心理想要探究秘密，驱动自己沿着网络提供的线索不断地探索，希望能够找出符合自己预想的结果，有时甚至到了不能自拔的境地。二是成功的内在驱动力。当人们在网络上找到自己需要的资料、软件、游戏等时，自然就会产生成功的满足感。

2. 聚集

互联网提供了具有相似经历的人们聚集的机会，这种聚集不受时间和空间的限制，形成富有意义的个人关系。通过网络而聚集起来的群体是一个极具民主性的群体。在这样一个群体中，所有成员都是平等的，每个成员都有独立发表自己意见的权利，使得在现实社会中经常处于紧张状态的人们渴望在虚拟社会中寻求解脱。网络上随处可见的围绕某一话题、某一人物、某一产品所产生的虚拟社区，满足了网民群体聚集的需要。

3. 交流

聚集起来的网民自然会产生交流的需要。随着这种信息交流的频率增加，交流的范围也在不断地扩大，从而产生示范效应，带动对某些种类的产品和服务有相同兴趣的成员聚集在一起，形成商品信息交易的网络，即网络商品交易市场。这不仅是一个虚拟社会，而且是更高一级的虚拟社会。在这个虚拟社会中，参加者大都是有目的的，所谈论的问题包括工作、学习、生活，也包括商品质量的好坏、价格的高低、新产品的种类等，如经营者交流的一般是买卖的信息和经验，以便最大限度地占领市场，降低生产成本，提高劳动生产率。人们对于上述信息交流的需要，是无止境的，这是网络营销出现之后迅速发展的根本原因之一。企业必须重视网络已经成为人们交流的重要平台这一社会现象，调整自己的营销手段和策略，做好网络社区营销工作。

（二）网络消费者的购买动机

1. 情绪动机

情绪动机是由人的喜、怒、哀、欲、爱、恶、惧等情绪引起的动机。例如，为了增添家庭欢乐气氛而购买音响产品。这类动机常常被外界刺激信息影响，使得消费者所购商品并不是生活必需或急需的，事先也没有购买计划。情绪动机推动下的购买行为，具有冲动性、即景性的特点。

2. 情感动机

情绪动机和情感动机都属于感情动机。情绪动机是低级形态的感情购买动机，而情感动机则是高级形态的感情购买动机。情感动机是由于人们的道德感、美感、群体感所引起的，具有较大的稳定性、深刻性的特点。例如，由于爱美而在网络上购买化妆品，为交际而在网络上为友人订购鲜花和礼品等。

3. 理智动机

理智动机是建立在人们对商品的客观认识基础之上，经过比较分析而产生的动机。这类动机对欲购商品有计划性，经过深思熟虑，购买前通常做过一些调查研究。例如，经过对质量、功能、价格、保修期的比较分析，有的消费者在众多品牌电冰箱中，决定购买某品牌电冰箱。理智动机推动下的购买行为，具有客观性、计划性和控制性的特点。互联网由于能够为网民提供充分的商品、服务信息，消费者就可以通过对购物网站的商品、服务进行细致比较，产生理智的购买动机。

4. 惠顾动机

惠顾动机是指基于情感与理智的经验，消费者对特定的商店、品牌或商品产生特殊的信任和偏好而重复地、习惯性地前往购买的动机。例如，有的消费者几十年一贯地使用某种品牌的牙膏；有的消费者总是到某几个商店去购物等。这类动机推动下的购买行为，具有经验性和重复性的特点。由惠顾动机产生的购买行为，一般是网络消费者在做出购买决策时心中已首先确定了购买目标，并在购买时克服和排除其他同类产品的吸引和干扰，按原计划确定的购买目标实施购买行动。惠顾动机的存在，要求网络营销者必须确保产品质量并提供优质高效的服务，以此提升顾客满意度，使网络消费者对自己的网上商店、网站、品牌等产生信任和偏好，最终大幅度增加企业网上经营的利润。

三、网络消费者的需求特征分析

首先，消费者主权时代已到来。互联网商用发展使商品生产者、供给者与消费者的距离消失了，加之消费的信息极为丰富和极易传播，促进了消费者主权地位的提高。

其次，基于信息的消费者开始出现。在互联网上，消费者极易快速、低成本掌握丰富的信息，类比和旁比极为方便，这使得消费行为有充分的信息依据，消费质量大大提高。

最后，向资源节俭型消费转变。工业化时期物质产品极大丰富或过度消费特征，必将过渡到后工业文明时期的按需供给的资源节俭型消费，或叫合理消费。在工业化社会，物质极度丰富的另一面是极易出现生产过剩。而合理消费是符合可持续发展要求的。在互联网商用发展推动下，企业对市场和消费者的反应极为快速，虚拟商店的无库存或低库存经营，以及中间环节的减少，消费者与生产者的直接交流与互动，促进了消费类型转变。

这种消费观念、消费方式和消费者地位的变化，使得当今的企业面临前所未有的激烈竞争，市场正由卖方市场向买方市场演变，消费者主导的营销时代已经来临。在买方市场上，消费者将面对更为纷繁复杂的商品和品牌选择，这一变化使当代消费者心理与以往相比呈现出新的特点和趋势。

（一）个性消费的回归

在过去相当长的一个历史时期内，工商业都是将消费者作为单独个体进行服务的。在这一时期，个性消费是主流。只是到了近代，工业化和标准化的生产方式才使得消费者的个性淹没于大量低成本、单一化的产品洪流之中。另外，在短缺经济或近乎垄断的市场中，消费者可以挑选的商品本来就很少，因而个性不得不被压抑。但当市场经济发展到今天，多数产品无论在数量还是品种上都已极为丰富，消费者能够以个人心理愿望为基础挑选和购买商品或服务。更进一步，他们不仅能做出选择，而且还渴望选择。他们的需求更多了，需求的变化也更多了。从理论上看，没有两个消费者的心理是完全一样的，每一个消费者都是一个细分市场。心理上的认同感已成为消费者做出购买产品决策的先决条件，个性化消费正在也必将再度成为消费的主流。

（二）消费需求的差异性

不仅仅是消费者的个性化消费使网络消费需求呈现差异性，不同的网络消费者因所处的时代、环境不同也会产生不同的需求，不同网络消费者在同一需求层次上的需求也会有所不同。这是因为网络消费者来自世界各地，国别不同、民族不同、信仰不同，生活习惯也不同，因而产生了明显的需求差异性。这种差异性导致消费活动的差异。

（三）消费主动性增强

在社会分工日益细分化和专业化的趋势下，消费者对购买的风险感随选择的增多而上升，而且对单向的"填鸭式"营销沟通感到疲惫和不信任。在许多日常生活用品的购买中，尤其在一些大件耐用消费品的购买上，消费者会主动通过各种可能的途径获取与商品有关的信息并进行分析比较。这些分析也许不够充分和准确，但消费者却可从中获得心理上的平衡，以减轻风险感或减少购物后产生后悔感的可能，增加对产品的信任感和心理上的满足感。消费主动性的增强来源于现代社会不确定性的增加和人类追求心理稳定和平衡的欲望。

（四）对购买方便性的需求与购物乐趣的追求并存

一部分工作压力较大、紧张度高的消费者会以购物的方便性为目标，追求时间和劳动成本的尽量节省，特别是对于需求和品牌选择相对稳定的日常消费者，这点尤为突出；然而另一些消费者则恰好相反，由于劳动生产率的提高，人们的自由时间增加，一些自由职业者或家庭主妇希望通过购物来为他们带来乐趣，满足心理需求，这两种相反的心理将会在今后较长时间内并存和发展。

（五）价格仍然是影响消费心理的重要因素

虽然营销工作者倾向于以各种差异化来减弱消费者对价格的敏感度，避免恶性削价竞争，但价格始终对消费心理有重要影响。例如微波炉降价战，虽然作为市场领导者的格兰仕拥有技术、质量和服务等多方面的优势，但到最后却也被迫宣布降价，为市场占有率而战。

（六）网络消费仍然具有层次性

网络消费本身是一种高级的消费形式。但就其消费内容来说，仍然可以分为由低级到高级的不同层次。需要注意的是，在传统的商业模式下，人们的需求一般是由低层次向高层次逐渐发展的，只有当低层次的需求满足之后，才会产生高层次的需求。而在网络消费中，人们的需求是由高层次向低层次扩展的。在网络消费的开始阶段，消费者侧重于精神产品的消费，通过网络书店购书，通过网络光盘商店购买光盘。到了网络消费的成熟阶段，消费者在完全掌握了网络消费的规律，并且对网络购物有了一定的信任感后，他们才会从侧重于精神消费品的购买转向日用消费品的购买。

（七）网络消费者的需求具有交叉性

在网络消费中，各个层次的消费不是相互排斥的，而是具有紧密联系的，需求之间广泛存在交叉现象。例如，在同一张购物单上，消费者可以同时购买最普通的生活用品和昂贵的饰品，以满足生理需求和精神需求。这种情况的出现是因为网络虚拟商店可以囊括几乎所有商品，人们可以在较短的时间里浏览多种商品，因此产生交叉性购买需求。

（八）网络消费需求的超前性和可诱导性

网络消费者的主流是具有一定超前意识的中青年，他们对新事物反应灵敏，接受速度很快。网络营销构造了一个世界性的虚拟大市场，在这个市场中，最先进的产品和最时髦的商品会以最快的速度与消费者见面。具有创新意识的网络消费者必然很快接受这些新的商品，从而带动周围消费者新一轮的消费热潮。从事网络营销的厂商应当充分发挥自身优势，采用多种行销方法，启发、刺激网络消费者的购买动机。在影响市场的三要素中，人口和收入因素主要是影响市场的总容量。而在市场容量一定的条件下，不同的购买动机就会导致消费者购买行为的多样化，从而必然形成不同的市场。

四、网络消费者网络购买过程分析

网络消费者的购买过程，也就是网络消费者购买行为形成和实现的过程。网络消费者的购买过程可以粗略地分为五个阶段：诱发需求、收集信息、信息筛选、购买决策、购后评价，如图 3-15 所示。

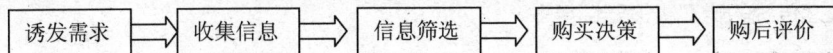

诱发需求 ⟹ 收集信息 ⟹ 信息筛选 ⟹ 购买决策 ⟹ 购后评价

图 3-15　网络消费者购买过程的五个阶段

（一）消费需求被诱发

诱发需求的因素是多方面的，有来自人体内部所形成的生理刺激，如冷暖饥渴；有来自外部环境所形成的心理刺激。

（二）收集商品信息

消费者对信息的收集主要来自个人渠道、商业渠道和公共渠道。由于消费层次的不同，网络消费者大都具有敏锐的购买意识，始终领导着消费潮流。网络消费者进行网上购物时不能亲眼看到，也不能触摸到，更不可能试用产品，因此在网上购物带有一定的风险性。在网上销售的产品中，那些技术比较成熟，有国家标准的技术指标限制的产品比较容易获得消费者的认同；消费者对那些自己没有把握的商品，一般会到传统的渠道去采集产品的信息，选定自己所喜欢的产品，然后在网上购买，因为网上的售价通常要比传统渠道低。

（三）进行信息筛选

信息筛选是购买过程中必不可少的环节。消费者的综合评价主要考虑商品的功能、质量、可靠性、样式、价格和售后服务等。消费者对一般消费品和低值易耗品较易选择，而对耐用消费品的选择比较慎重。

1．看发布渠道

一般在著名站点上发布广告的厂商，其经济实力较强，可信度较高，反之可信度较低。

2．看主页更换的频率

网络营销成功的企业，其主页内容必定经常更换，不时推出新的信息和产品。而不重视网络营销的企业，对主页的内容漠不关心，主页总是以老面孔展示在网民面前。因此一个好的独立的销售平台是非常重要的，可以找一些信誉较好的专业公司制作。

3．看广告用语

广告对消费者的第一印象很重要。制作精良的广告是对企业的有效宣传。

4．尝试性购买

消费者在有了购买意向后，会挑选一些价值较低的产品进行尝试性购买，这时，网商不要失望，为他们提供好后续服务，将会得到更大的订单。

（四）做出购买决策

首先，网上购买者理智动机所占比重较大，而感情动机的比重较小，这是因为消费者在网上寻找商品的过程本身就是一个思考的过程。他有足够的时间分析商品的性能、质量、价格和外观，从容地做出自己的选择。

其次，网上购买受外界影响小。购买者常常是独自坐在计算机前上网浏览、选择，与外界接触较少，决策范围有一定的局限性，大部分购买决策是自己做出或与家人商量后做出的。因此，网上购物的决策行为较之传统的购买决策要快得多。

（五）进行购后评价

商品的价格、质量和服务与消费者的预料相匹配，消费者会感到心理上的满足，否则就会产生厌烦心理，无论是满意还是不满意，他们都会对本次网络购物做出购后评价。购后评价为消费者表达自己对商品的意见提供了一个非常好的渠道。企业为加强竞争力，最大限度占领市场，必须倾听顾客反馈的意见和建议。

五、影响网络消费者购买的主要因素

（一）产品的特征

首先，由于网络市场不同于传统市场，网络消费者有着区别于传统消费者的消费需求特征，因此，并不是所有的产品都适合在网上销售和开展网上营销活动的。根据网络消费者的特征，网上销售的产品一般要考虑产品的新颖性，即产品是新产品或者时尚类产品，比较能吸引人的注意。追求商品的时尚和新颖是许多消费者，特别是年轻消费者重要的购买动机。

其次，考虑产品的购买参与程度。一些产品要求消费者的参与程度比较高，消费者一般需要现场购物体验，而且需要很多人提供参考意见，这些产品不太适合网上销售。对于消费者需要购买体验的产品，可以采用网络营销推广手段，辅助传统营销活动进行，或者将网络营销与传统营销进行整合。可以通过在网上宣传和展示产品，消费者在充分了解产品的性能后，可以到相关商场再进行选购。

（二）产品的价格

从消费者的角度说，价格不是决定消费者购买的唯一因素，但却是消费者购买商品时重要的参考因素。对一般商品来讲，价格与需求量之间经常表现为反比关系，同样的商品，价格越低，销售量越大。网上购物之所以具有生命力，重要的原因之一是网上销售的商品价格普遍低廉。此外，消费者对互联网上的商品有价格心理预期，那就是网上商品的价格应该比传统渠道的价格要低。这一方面是因为互联网的起步和发展都依托了免费策略，因此，互联网的免费策略深入人心，而且免费策略也得到了成功的商业运作。另一方面，互联网市场作为新兴市场可以减少传统营销中的中间费用和一些额外的信息费用，可以大大削减产品的成本和销售费用，这也是互联网商业应用的巨大增长潜力所在。

（三）购物的便捷性

购物便捷性是消费者选择购物的首要考虑因素之一。一般而言，消费者选择网上购物时考虑的便捷性，一是时间上的便捷性，可以不受时间的限制并节省时间；二是可以足不出户，在很大范围内选择商品。

（四）安全可靠性

网络购物必须考虑的是安全性和可靠性。由于在网上消费，消费者一般需要先付款后送货，这与过去购物的一手交钱一手交货的现场购买方式不同，网上购物的时空发生了分离，消费者有失去控制的离心感。因此，为减低网上购物的这种失落感，在网上购物各个环节必须加强安全措施和控制措施，保护消费者购物过程的信息传输安全和个人隐私保护，以及树立消费者对网站的信心。

（五）心理影响因素

消费者的个性心理包括消费者的需求、动机、兴趣、理想、信念、世界观等个性心理倾向以及能力、气质、性格等个性心理特征，这是影响消费者行为的内在因素。消费者在购买决策上受到4种主要心理因素的影响，包括动机、知觉、学习、信念与态度。

（六）收入影响因素

市场营销的经济环境主要是指企业市场营销活动所面临的外部社会经济条件。具体来说，主要是指社会购买力。通常影响购买力水平的因素有：消费者收入、消费者支出和居民储蓄及消费信贷。

（七）社会影响因素

社会影响因素指的是消费者周围的人对他所产生的影响，其中以参考群体、家庭以及角色地位最为重要。

（八）文化因素

文化指人类从生活实践中建立起来的价值观念、道德、理想和其他有意义的象征的综合体。文化是决定人类欲望和行为的基本因素。

任务实训

1．实训目的

通过本次实训，学生以自身购物过程为例，了解网络消费者的消费动机来源、购买动机、购买过程，掌握网络消费者的心理变化和行动变化。

2．实训内容及步骤

学生以3人为一小组，探讨小组目前学习中的最大需求，为满足该需求，小组成员通过网络添置一些物资以解决该需求，并记录下所有讨论结果和添置该物资的理由及购买过程。

3．实训成果要求

按照实训内容提交实训报告，要有具体的分析及总结。

项目小结

本项目主要由认知网络市场、我国网络市场的现状分析和网络消费者分析三大部分组成。通过本项目的学习，我们了解了网络市场的内涵和网络市场的特征，认识了网络市场的功能，对我国网络市场的现状有了全面的了解；对网络消费者的需求特征、购买动机、购买过程及影响因素有了一定的了解。这些信息和数据对企业制定营销目标和针对消费者开展营销服务都有积极的影响。

一、不定项选择题

1. 网络市场的基本功能包括（　　　）。
   A. 树立企业先锋形象和发展公共关系
   B. 与投资者保持良好关系
   C. 选择最合适的顾客群体
   D. 与客户在线交流并让客户记住公司网络通道

2. 按照上网目的分类，网络消费者可以分为以下哪些类型？（　　　）
   A. 简单型　　　　　　　　　　　　　　B. 冲浪型
   C. 接入型和议价型　　　　　　　　　　D. 定期型和运动型

3. 以下哪种网络消费者类型容易受网站上的"大减价""清仓处理"等字眼吸引？（　　　）
   A. 接入型　　　　　B. 议价型　　　　　C. 定期型　　　　　D. 简单型

4. 网络消费者对网络的需求主要表现为（　　　）。
   A. 网络成就满足　　B. 网络社区　　　　C. 交流买卖信息　　D. 网络信息交流

5. 网民 A 每次心情不好，就会被网络上的促销信息所打动，购买一堆暂时用不上的优惠商品，这属于以下哪种购买动机？（　　　）
   A. 情绪动机　　　　B. 理智动机　　　　C. 情感动机　　　　D. 惠顾动机

二、简答题

1. 如何理解网络市场的内涵？
2. 与传统市场比较，网络市场的特征有哪些？
3. 网络消费者有哪些类型？
4. 网络消费者的购买过程是怎样的？
5. 影响消费者网络消费的因素有哪些？

04 项目四
网络市场调查

【项目简介】

市场调查对于营销管理来说十分重要。若不做系统客观的市场调查与预测，仅凭经验或不够完备的信息，就制定种种营销决策是非常危险的，也是十分落后的行为。作为市场营销活动的重要环节，市场调查给消费者提供了一个表达自己意见的机会，使他们能够把自己对产品或服务的意见、想法及时反馈给企业或供应商。通过市场调查，产品生产或提供服务的企业可以了解消费者对产品或服务质量的评价、期望和想法。

本项目主要围绕如何开展网络市场调查展开，内容包括认知网络市场调查、网络市场调查的方法与步骤、网络市场调查问卷的设计、网络市场调查报告的撰写 4 个任务。通过本项目的学习，营销人员可更好地了解网络市场及消费者的需求，把握市场需求动向，为企业决策提供依据。

【学习目标】

知识目标：掌握有关网络市场调查的基础知识，了解网络调查信息获取的渠道，能够进行网络市场调查问卷的设计及调查报告的撰写，提高网络市场调查的质量。

技能目标：能够对网络市场的有效信息进行收集和整理，能够精准分析网络市场，并获取准确的市场信息。

素质目标：具备进行网络市场调查所需的组织能力及策划能力，能够客观地进行数据分析。

【引导案例】

吉利公司的"刮胡刀"

男人长胡子，因而要刮胡子；女人不长胡子，自然也就不必刮胡子。然而，美国的吉利公司却把"刮胡刀"推销给了女人，而且还大获成功。吉利公司创建于 1901 年，其产品因使男人刮胡子变得方便、舒适、安全而大受欢迎。进入 20 世纪 70 年代，吉利公司的销售额已达 20 亿美元，成为世界著名的跨国公司。然而吉利公司的领导者并不满足于此，而是想方设法继续拓展市场，争取更多用户。在 1974 年，吉利公司推出了面向妇女的专用"刮毛刀"。这一决策看似荒谬，却是建立在坚实可靠的市场调查基础之上的。

吉利公司先用一年的时间进行了周密的市场调查，发现在美国 30 岁以上的女性中，有 65%的人为保持美好形象，要定期刮除腿毛和腋毛。这些女性除使用电动刮胡刀和脱毛剂之外，主要靠购买各种男用刮胡刀来满足此项需要，她们在这方面的花费一年高达 7500 万美元。相比之下，美国女性一年花在眉笔和眼影上的钱仅有 6300 万美元，花在染发剂上的钱仅有 5500 万美元。毫无疑问，这是一个极有潜力的市场。

根据调查结果，吉利公司精心设计了新产品，它的刀头部分和男用刮胡刀并无两样，都采用一次性使用的双层刀片，但是刀架则选用了色彩鲜艳的塑料，并将握柄改为弧形以利于女性使用，还在握柄上印压了一朵雏菊图案。这样一来，新产品立即具备了女性用品的特征。为了使"雏菊"刮毛刀迅速占领市场，吉利公司还拟定了几种不同的"定位观念"并向消费者征求意见。这些定位观念包括：突出刮毛刀的"双刀刮毛"特点，突出其创造性的"完全适合女性需求"特点，强调价格"不到 50 美分"，以及表明产品使用了安全的"不伤玉腿"等设计。

最后，公司根据多数女性消费者的意见，选择了将"不伤玉腿"作为推销时的突出重点，刊登广告进行重点宣传。结果，"雏菊"刮毛刀一炮打响，迅速畅销全球。

思考：

1. 为什么吉利公司的女士刮毛刀能够迅速占领市场？
2. 结合案例，分析吉利公司开展了哪些方面的市场调查。

80

任务一　认知网络市场调查

任务引入

小明家有大量的自家传统手工熬制的红糖，一直通过传统线下渠道销售，但销量不高，于是他想通过网络进行销售。但是小明不知道该如何开拓网络市场，他想先了解红糖在网络上的需求及销售情况，这就需要他先学习有关网络市场调查的知识。

任务知识点

➤ 网络市场调查的概念

➤ 网络市场调查的特点

➤ 网络市场调查的内容

一、网络市场调查的概念

市场调查是企业营销前期工作中重要的环节之一，是发现顾客需求的最佳方法。通过市场调查，企业可以获得竞争对手的资料，摸清目标市场和营销环境，为经营者细分市场、识别顾客需求、确定营销目标等提供相对准确的决策依据；通过市场调查，企业还可以了解顾客的潜在需求、顾客的消费习惯和生活方式等。

网络市场调查又称网上调查或在线调查，是指企业利用互联网作为沟通和了解信息的工具，对消费者、竞争者以及整体市场环境等与营销有关的数据系统进行调查分析研究。这些相关的数据包括顾客需求、市场机会、竞争对手、行业潮流、分销渠道以及战略合作伙伴方面的情况。这些数据信息有助于企业根据顾客的需求来更新产品的设计，使得产品能够更贴近顾客的需求。如果这一切都在竞争对手之前完成的话，企业就可以在竞争中占得先机，从而提高公司的收入和利润。

二、网络市场调查的特点

网络市场调查与传统的市场调查相比有着无可比拟的优势，如调查费用低、效率高、调查数据处理方便、不受时间地点的限制。因此，网络市场调查成为网络时代企业进行市场调查的主要手段。

（一）网络市场调查信息的及时性和共享性

网络的传输速度非常快，网络信息能够快速地传送给网络用户，而且网上投票信息经过统计分析软件初步处理后，可以马上显示阶段性结果，而传统的市场调查得出结论则需经过很长一段时间。同时，网上调查是开放的，任何网民都可以参加投票和查看结果，这又让网络市场调查具备了共享性。

企业网络站点的访问者一般来说对该企业的产品有一定的兴趣，一般会对企业市场调查的内容作认真的思考之后进行回复，而不像进行传统的市场调查时，受访者往往处于被动地位，所以网络市场调查的结果是比较客观和真实的，能够反映消费者的真实需求和市场发展的趋势。

（二）网络市场调查方式的便捷性和经济性

在网络上进行市场调查，无论是调查者还是被调查者，只需要拥有一台能上网的计算机就可以进行网络沟通交流。调查者在企业站点上发出电子调查问卷，提供相关的信息，或者及时修改、充实相关信息，被调查者只需在计算机前按照自己的意愿轻击鼠标或填写问卷，之后调查者利用计算机对访问者反馈回来的信息进行整理和分析即可。这种调查方式十分便捷。

同时，网络市场调查非常经济，它可以节约传统调查中大量的人力、物力、财力和时间的耗费，省去了印刷调查问卷、派访问员进行访问、电话访问、留置问卷等工作；调查也不会受到天气、交通、工作时间等的影响；调查过程中最繁重、最关键的信息收集和录入工作也将分布到众多网上用户的终端上完成；信息检验和信息处理工作均由计算机自动完成，所以网络市场调查能够以最经济、便捷的手段完成。

（三）网络市场调查过程的交互性和充分性

网络的最大优势在于交互性，这种交互性也充分体现在网络市场调查中。网络市场调查在某种程度上具有人员面访的优点，在网上调查时，被访问者可以及时就问卷相关的问题提出自己的看法和建议，可减少因问卷设计不合理而导致的调查结论出现偏差等问题。消费者一般只能针对现有产品提出意见和建议，但是对于尚处于概念阶段的产品则难以涉足，通过网络市场调查则有机会让消费者对从产品设计到定价和服务等一系列问题发表意见。这种双向互动的信息沟通方式提高了消费者的参与性和积极性，更重要的是能使企业的营销决策有的放矢，从根本上提高消费者的满意度。同时，网络市场调查又具有留置问卷或邮寄问卷的优点，被访问者有充分的时间对问卷问题进行思考，并可以自由地在网上发表自己的看法。把这些优点集合于一身，形成了网络市场调查的交互性和充分性的特点。

（四）网络市场调查结果的可靠性和客观性

相比传统的市场调查，网络市场调查的结果比较可靠和客观，主要是基于以下原因：首先，企业站点的访问者一般都对企业产品有一定的兴趣，被调查者是在完全自愿的前提下参与调查的，调查的针对性强。而传统的市场调查使用的拦截询问法，实质上是带有一定的"强制性"的。其次，被调查者主动填写调查问卷，说明填写者对调查内容有一定的兴趣，回答问题时就会相对认真，所以问卷填写的可靠性高。此外，网络市场调查可以避免传统市场调查中因人为因素干扰所造成的调查结论的偏差，因为被访问者是在完全独立思考的环境中接受调查的，能最大限度地保证调查结果的客观性。

（五）网络市场调查无时空和地域的限制

传统的市场调查往往会受到地域与时间的限制，而网络市场调查可以 24 小时全天候进行，同时也不会受到地域的限制。

（六）调查信息的可检验性和可控制性

利用互联网进行网上调查收集信息，可以有效地对所采集信息的质量进行系统的检验和控制。首先，网络市场调查问卷可以附加全面规范的指标解释，有利于消除被访者因对指标理解不清或调查员解释口径不一而造成的调查偏差。其次，问卷的复核检验由计算机依据设定的检验条件和控制措施自动实施，可以有效地保证对调查问卷 100%的复核检验，从而保证检验与控制的客观公正。最后，通过对被调查者的身份验证技术可以有效地防止信息采集过程中的舞弊行为。

三、网络市场调查内容

（一）市场需求调查

市场需求调查的目的在于掌握市场需求量、市场规模、市场占有率以及运用有效的经营策略和手段。

1. 市场需求量

市场需求量是指某一产品在某一地区和某一时期内，在一定的营销环境和营销方案的作用下，愿意购买该产品的顾客群体的总数。

市场需求量共包括 8 个因素。

（1）产品。产品范围非常广泛，即使是同一类产品，其实际需求也存在多种差异。在企业进行需求测量时，要明确规定产品的范围。

（2）总量。它通常表示需求的规模，可用实物数量、金额数量或相对数量来衡量。例如，全国手机的市场需求可被描述为 8000 万台或 1600 亿元，广州地区的手机市场需求占全国总需求的 15%。

（3）消费者群体。在对市场需求进行测量时，不仅要着眼于市场的总需求，还要分别对各细分市场的需求加以确定。

（4）地理区域。在一个地域较广的国家里，不同地域间存在差异。

（5）时间周期。企业的营销计划一般有长期、中期和短期之分，与之相对应的也有对不同时期的市场需求的测量。

（6）营销环境。在进行市场需求测量时，应注意进行各类因素的相关分析。

（7）购买。只有购买需求才能转变成真正的市场需求。

（8）营销努力。某一产品的市场总需求，是指在一定的营销努力水平下，一定时期内在特定地区、特定营销环境中，特定顾客群体可能购买的该种产品总量。

2．市场规模

市场规模即市场容量。市场规模主要研究目标产品或行业的整体规模，可能包括目标产品或行业在指定时间内的产量、产值等，一般根据人口数量、人们的需求、年龄分布、地区的贫富度调查来获得结果。市场规模大小与竞争性直接决定了对新产品设计开发的投资规模。

市场规模的主要研究方法较多，常用的几种方法如下：从供应端和专家处得到信息和数据，并以此进行市场推测，这个方法适用于下游应用领域众多、消费不集中的情况；从消费端进行分层抽样再进行数据汇总，该方法适用于下游市场比较单一，应用领域相对集中的市场；同时采集供应端和消费端数据，并进行数据交叉验证，该方法适用于产品或行业相对垄断，供应和消费行业都较为集中的产品或行业。

3．市场占有率

市场占有率即市场份额，指一个企业的销售量（或销售额）在市场同类产品中所占的比重。市场份额是企业的产品在市场上所占的份额，也就是企业对市场的控制能力。

市场份额具有两个方面的特性：数量和质量。市场份额数量也就是市场份额的大小，一般有两类表示方法：一类是用企业销售占总体市场销售的百分比表示，另一类是用企业销售占竞争者销售的百分比表示。市场份额质量是指市场份额的含金量，是市场份额能够给企业带来的利益总和。这种利益除了现金收入之外，也包括无形资产增值所形成的收入。衡量市场份额质量的标准主要有两个：一个是顾客满意率，另一个是顾客忠诚率。顾客满意率和顾客忠诚率越高，市场份额质量也就越好，反之，市场份额质量就越差。

市场份额的大小只是市场份额在数量方面的特征，是市场份额在宽广度方面的体现。市场份额还有另外一个特征，这就是市场份额的质量，它是对市场份额优劣的反映。

4．经营策略和手段

所谓经营策略，就是在企业经营管理中，为了实现某一经营目标，在一定的市场环境条件下，所有为实现经营目标采取的行动及其行动方针、方案和竞争方式等。经营策略不能一成不变，必须随内部条件、外部环境的变化而调整。管理也必须根据企业的特点、企业发展的不同阶段而采取不同的管理模式。在世界大环境瞬息万变的时代，以变应变，随时调整服务于经营战略的经营策略是经营管理的真谛。

（二）消费者购买行为调查

消费者购买行为是指消费者为满足其个人或家庭生活而发生的购买商品的决策过程。消费者的购买行为是复杂的，其购买行为的产生受到其内在因素和外在因素的相互影响。企业营销通过对消费者购买行为的研究，来掌握其购买行为的规律，从而制定有效的市场营销策略，实现企业营销目标。消费者购买行为调查的具体内容包括消费者的家庭、所在地区、经济状况等基本情况，消费者的购买动机，消费者喜欢在何时何地购买等。

（三）营销因素调查

营销因素调查具体包括产品的调查、价格的调查、分销渠道的调查、广告策略的调查和促销策略的调查等。

实训任务

1. 实训目的

学习网络市场调查的概念及其相关知识，对网络市场调查有一定的认识；能够利用搜索引擎提炼有效的网络市场调查信息，并能够根据有效的调查信息提出营销建议。

2. 实训内容及步骤

（1）通过百度搜索"红糖市场调查"，查询与红糖市场调查相关的网页，提炼你认为有用的红糖市场调查信息。

（2）根据你提炼的红糖市场调查信息，结合本节的任务引入，分析这些信息能为小明进行红糖网络销售提供哪些帮助。

（3）总结利用百度搜索市场调查信息的优点和不足。若存在不足，想想还有什么其他的市场调查方式。

3. 实训成果要求

提交实训报告，要有具体的分析及总结。

任务二　网络市场调查的方法与步骤

任务引入

小明学习了网络市场调查的基本知识后，想进行网络市场调查，了解红糖的网络市场，并且根据红糖的市场情况进行网上销售，但是他不知道该如何开始网络市场调查，以及进行网络市场调查的具体方法有哪些。

任务知识点

➢ 网络市场调查的方法

➢ 网络市场调查的步骤

知识点讲解

一、网络市场调查的方法

网络市场调查的方法一般来说分为网络直接调查法和网络间接调查法。

（一）网络直接调查法

网络直接调查是指调查主体利用互联网直接进行问卷调查来搜集一手资料的方法，包括网上观察法、专题讨论法、在线问卷法、网上实验法、电子邮件调查法等方法。我们较常使用在线问卷法辅助以电子邮件调查法等方法开展网络市场调查。

1. 网上观察法

网上观察法是指研究者根据一定的研究目的、研究提纲或观察表，用自己的感觉器官和辅助工具利用互联网直接观察被研究对象，从而获得资料的一种方法。

2. 专题讨论法

专题讨论法可通过新闻组、电子公告牌、邮件列表或讨论组进行，论坛、博客、微信等也是常用的方法。其基本步骤为：第一步，确定要调查的目标市场；第二步，识别目标市场中要加以调查的讨论组；第三步，确定可以讨论或准备讨论的具体话题；第四步，登录相应的讨论组，通过过滤系统发现有用的信息，或创建新的话题让大家讨论，从而获得有用的信息。

3. 在线问卷法

在线问卷法即请求浏览其网站的每个人参与调查的方法。在线问卷法可以委托专业调查公司进行。其基本步骤为：第一步，向若干相关的讨论组邮去简略的问卷；第二步，在自己的网站上放置简略的问卷；第三步，向讨论组送去相关信息，并把链接指向放在自己网站上的问卷。目前常用的网上调查网站有问卷星、问卷网、腾讯问卷、调查派、调查宝和第一调查网等平台。

4. 网上实验法

网上实验法是研究者通过有意改变或设计的社会过程从而了解研究对象的外显行为的调查方法。

5. 电子邮件调查法

电子邮件调查法是通过给被调查者发送电子邮件的形式，将调查问卷发给一些特定的网上用户，由用户填写后，以电子邮件的形式再反馈给调查者的调查方法。

（二）网络间接调查

网络间接调查是指利用互联网的媒体功能，从互联网上收集二手资料的调查方法。网络间接调查主要利用互联网收集与企业营销相关的市场、竞争者、消费者以及宏观环境等信息。企业用得最多的还是网络间接调查法，因为它的信息来源广泛，能满足企业管理决策需要。网络间接调查法有搜索引

85

擎检索、网站跟踪访问、数据库查找等方法。

1. 搜索引擎检索

搜索引擎检索是互联网上使用最普遍的网络信息检索技术,主要包括主题分类检索和关键词检索。主题分类检索主要是指通过各搜索引擎的主题分类目录查找信息。用户通过输入关键词来查找所需信息的方法,称为关键词检索。目前常用的搜索引擎有百度、谷歌、雅虎、搜狗、爱问、搜搜、360搜索等。

使用关键词检索查找资料一般分为三步:第一步,明确检索目标,分析检索课题;第二步,采用一定的逻辑关系组配关键词,输入搜索引擎检索框,单击"搜索"按钮;第三步,如果检索效果不理想,可调整检索策略,直到获得满意的结果。

2. 网站跟踪访问

如果知道某一专题的信息主要集中在哪些网站,可直接访问这些网站获得所需资料。与传统媒体的信息相比,网上信息一般具有数据全、实时性强等特点。

3. 数据库查找

数据库查找指借助互联网上公开的一些数据库来查找有关的信息。中文网上数据库有中国知网、万方数据资源系统、重庆维普资讯网、超星图书馆、人大复印资料等。

(三)网上调查样本的选择

1. 随机抽样

随机抽样是指调查对象总体中每个部分都有同等被抽中的可能,是一种完全依照机会均等的原则进行的抽样调查。随机抽样有四种基本形式,即简单随机抽样、等距抽样、分层抽样和整群抽样。

(1)简单随机抽样也被称为单纯随机抽样、纯随机抽样、SRS抽样,是指从总体N个单位中任意抽取n个单位作为样本,使每个可能的样本被抽中的概率相等的一种抽样方式。

(2)等距抽样,先将总体的全部单元按照一定顺序排列,采用简单随机抽样抽取第一个样本单元(或称为随机起点),再顺序抽取其余的样本单元。根据总体单位排列方法,等距抽样的单位排列可分为三类:按有关标志排队、按无关标志排队以及介于按有关标志排队和按无关标志排队之间的按自然状态排列。按照具体实施等距抽样的做法,等距抽样可分为:直线等距抽样、对称等距抽样和循环等距抽样三种。

(3)分层抽样也叫类型抽样,就是将总体单位按其属性特征分成若干类型或层,然后在类型或层中随机抽取样本单位。分层抽样的特点是:通过划类分层,增大了各类型中单位间的共同性,容易抽出具有代表性的调查样本。该方法适用于总体情况复杂,各单位之间差异较大,单位较多的情况。

(4)整群抽样又称聚类抽样,是将总体中各单位归并成若干个互不交叉、互不重复的集合,称之为群,然后以群为抽样单位进行单纯随机抽样抽取个体的一种抽样方式。

2. 非随机抽样

非随机抽样指抽样时不是遵循随机原则,而是按照研究人员的主观经验或其他条件来抽取样本的一种抽样方法，主要包括任意抽样、判断抽样和配额抽样等。

（1）任意抽样是指调查人员本着随意性原则去选择样本的抽样方式。

（2）判断抽样又称立意抽样，是指根据调查人员的主观经验从总体样本中选择那些被判断为最能代表总体的单位作为样本的抽样方法。

（3）配额抽样也称定额抽样，是指调查人员将调查总体样本按一定标志分类或分层，确定各类（层）单位的样本数额，在配额内任意抽选样本的抽样方式。

二、网络市场调查的步骤

网络市场调查应遵循一定的程序，一般而言应经过 6 个步骤：明确问题与调查目标、确定市场调查的对象、设计调查方案、收集信息、信息整理和分析、撰写调查报告。

（一）明确问题与调查目标

为保证网络市场调查的成功和有效，一定要明确所需调查的问题，即对问题的界定既不要太宽，也不要过于狭窄。首先要明确调查的问题是什么；调查的目标是什么；谁有可能在网上查询你的产品或服务；什么样的客户最有可能购买你的产品或服务；在这个行业，都有哪些竞争者，他们在干什么；客户对竞争者的印象如何，等等。具体要调查哪些问题事先应考虑清楚，不能盲目地去调查。

（二）确定网络市场调查的对象

根据调查的目标分析主要的调查对象有哪些。一般网络市场调查的对象主要分为企业产品的消费者、企业的竞争者及企业合作者和行业内的中立者 3 大类。

1. 企业产品的消费者

根据现代营销学的观点，营销是以消费者需求为中心的，因此及时了解消费者的需求很重要。通过对消费者购买行为的分析和需求的了解，有助于企业在产品开发及服务等方面的提升。

2. 企业的竞争者

美国哈佛大学著名的战略学家、研究企业竞争战略理论的专家迈克尔·波特提出了行业竞争的结构模型，他指出："在任何产业里，无论是国内还是国外，无论是生产一种产品还是提供一种服务，竞争规则都寓于以下 5 部分力量之中，即新竞争者的加入、替代产品的威胁、现有企业之间的竞争、购买方的讨价还价能力以及供应方的讨价还价能力。"

现有企业之间的竞争、新竞争者的加入与替代品的出现形成了主要的行业竞争力，它们之间互相影响，互相制约。通过对行业竞争力的分析可以了解本企业在行业中所处的地位、所具有的竞争优势与不足，以便企业制定战胜各种竞争力量的对策。

3. 企业合作者和行业内的中立者

营销人员还应时常关注企业合作者和行业内中立者的网站，有时这些企业可能会提供一些极有价值的信息和评估分析报告。

（三）设计调查方案

设计调查方案的内容包括确定资料来源，选择调查方法、调查手段和接触方式。

（四）收集信息

在确定调查方案后，市场调查人员即可通过电子邮箱向互联网上的个人主页、新闻组或者邮箱清单发出相关查询，之后就进入收集信息阶段。与传统的调查方法相比，网络调查收集和录入信息更方便、快捷。

（五）信息整理和分析

收集得来的信息本身并没有太大意义，只有进行整理和分析后信息才变得有用。整理和分析信息这一步非常关键，需要使用一些数据分析技术，如交叉列表分析技术、概况技术、综合指标分析和动态分析等。目前国际上较为通用的分析软件有 SPSS、SAS、BMDP、Minitab 和电子表格软件。

（六）撰写调查报告

撰写调查报告是整个调查活动的最后一个重要阶段。调查报告不能是数据和资料的简单堆积，调查人员不能只把大量的数字和复杂的统计技术扔到管理人员面前。撰写调查报告的正确的做法是把与网络营销决策有关的主要调查结果按一定的结构、格式和写作原则呈现出来。

实训任务

1. 实训目的

本实训的目的是使学生能够理解网络市场调查的方法，能够将调查方法运用到实际的项目调查中。

2. 实训内容及步骤

（1）在网络直接调查的方法中，选择一种调查方法对"红糖"进行网络市场直接调查。

（2）在网络间接调查的方法中，选择一种调查方法对"红糖"进行网络市场间接调查。

（3）整理对"红糖"进行直接调查和间接调查的资料，并总结网络市场直接调查和间接调查的个人体会。

3. 实训成果要求

提交实训报告，要求内容完整，排版规范。

任务三　网络市场调查问卷的设计

任务引入

小明通过初步调查了解了红糖的网上市场情况，但他还想更加深入地了解红糖的网络消费者需求，包括消费者能接受的价格、消费者喜爱的红糖品牌以及红糖产品包装等信息。他想获取这些一手资料，以便更好地开展网上销售工作。

任务知识点

➢ 网络市场调查问卷设计概述

- 网络市场调查问卷的基本结构
- 网络市场调查问卷设计的过程

知识点讲解

一、网络市场调查问卷设计概述

网络市场调查问卷（以下简称问卷）是调查者根据一定的调查目的精心设计的一份调查表格，是现代社会用于收集资料的一种最为普遍的工具。网络市场调查问卷是在互联网上制作，并通过互联网来进行调查的问卷类型。此种问卷不受时间、空间限制，便于获得大量信息，特别是对于敏感性问题，相对而言更容易获得满意的答案。

（一）问卷的分类

根据网络市场调查中使用问卷方法的不同，可将网络市场调查问卷分为自填式问卷和访问式问卷两大类。

所谓自填式问卷，是指由调查者发送给被调查者，由被调查者自己填写的问卷。访问式问卷则是由调查者按照事先设计好的问卷或问卷提纲向被调查者提问，然后根据被调查者的回答进行填写的问卷。一般而言，访问式问卷要求简便，最好采用两项选择题进行设计；而自填式问卷由于可以借助于视觉功能，在问题的制作上相对更详尽、全面。

（二）问卷设计应遵循的原则

（1）目的性原则。即询问的问题与调查主题密切相关，重点突出。

（2）可接受性原则。即在填写问卷时，被调查者回复哪一项，是否回复，有自己的自由。故问卷设计要容易让被调查者所接受，涉及个人隐私的问题不应出现在调查问题中，以免引起被调查者的反感。

（3）简明性原则。即询问的内容要简单扼要，使被调查者易读、易懂，而且回复简短、省时。

（4）匹配性原则。即要使被调查者回复的问题便于检查、数据处理、统计和分析，以提高调查工作效率。

二、网络市场调查问卷的基本结构

（一）问卷的基本要求

一份完善的网络市场调查问卷应能从形式和内容两个方面同时取胜。

从形式上看，要求版面整齐、美观、便于阅读和作答，这是总体上的要求，具体的版式设计、版面风格与版面要求应根据调查内容来设定。

从内容上看，一份好的问卷至少应该满足以下几方面的要求。

（1）问题具体、表述清楚、重点突出、整体结构好。

（2）确保问卷能完成调查任务与目的。

（3）问卷应该有正确的政治方向，把握正确的舆论导向，注意对群众可能造成的影响。

（4）便于统计整理。

（二）问卷的基本结构

问卷的基本结构一般包括三个部分，即卷首说明、调查内容和结束语。其中调查内容是问卷的核心部分，是每一份问卷都必不可少的内容。

1. 卷首说明

卷首说明是调查者向被调查者写的问卷简要说明，主要说明调查的目的、意义、选择方法以及填答说明等，一般放在问卷的开头。

2. 调查内容

调查内容是调查问卷的主体，主要包括各类问题、问题的回答方式及其指导语。这是问卷的主体，也是问卷设计的主要内容。一般问卷的题目不要超过 20 个，题目太多可能会让受访者没有耐心填完问卷。

问卷中的问答题，从形式上看，可分为开放式、封闭式和混合型三大类。

开放式问答题只提问题，不给具体答案，要求被调查者根据自己的实际情况自由作答。

封闭式问答题则既提问题，又给出若干答案，被调查中只需在选中的答案后打"√"即可。

混合型问答题，又称半封闭型问答题，是在采用封闭型问答题的同时，最后再附上一个开放式问题。

指导语，即填答说明，用来指导被调查者填答问题的各种解释和说明。

3. 结束语

结束语一般放在问卷的最后，用来简短地对被调查者的合作表示感谢，也可征询一下被调查者对问卷设计和问卷调查本身的看法和感受。

三、网络市场调查问卷设计的过程

网络市场调查问卷设计的过程一般包括十大步骤，即确定所需信息、确定问卷的类型、确定问题的内容、确定问题的类型、确定问题的措辞、确定问题的顺序、问卷的排版和布局、问卷的测试、问卷的定稿、问卷的评价。

（一）确定所需信息

确定所需信息是问卷设计的前提工作。调查者必须在问卷设计之前就能把握所有达到研究目的和验证研究假设所需要的信息，并决定所有用于分析使用这些信息的方法，比如频率分布、统计检验等，并按这些分析方法所要求的形式来收集资料，把握信息。

（二）确定问卷的类型

制约问卷选择的因素很多，而且研究课题不同，调查项目不同，主导制约因素也不一样。在确定问卷类型时，先必须综合考虑这些制约因素：调查费用、时效性要求、被调查对象、调查内容。

（三）确定问题的内容

确定问题的内容似乎是一项比较简单的工作，然而事实上不然，这其中还涉及一个个体的差异性问题，也许你认为容易的问题在他却是困难的问题；你认为熟悉的问题在他却是生疏的问题。因此，确定问题的内容，最好与被调查对象联系起来。分析一下被调查者群体，有时比盲目分析问题的内容效果要好。

（四）确定问题的类型

问题的类型归结起来分为四种：自由问答题、两项选择题、多项选择题和顺位式问答题，其中后三类均可以称为封闭式问题。

1. 自由问答题

自由问答题，也称开放式问答题，只提问题，不给具体答案，要求被调查者根据自身实际情况自由作答。自由问答题主要限于探索性调查，在实际的调查问卷中，这种问题不多。自由问答题的主要优点是被调查者的观点不受限制，便于调查者深入了解被调查者的建设性意见、态度、需求等；主要缺点是难以被编码和统计。自由问答题一般应用于以下几种场合：作为调查的介绍；某个问题的答案太多或根本无法预料时；由于研究需要，必须在调查报告中原文引用被调查者的原话。

2. 两项选择题

两项选择题，也称是非题，是多项选择的一个特例，一般只设两个选项，如"是"与"否"，"有"与"没有"等。两项选择题的特点是简单明了，缺点是所获信息量太小，两种极端的回答类型有时往往难以了解和分析被调查者群体中客观存在的不同态度层次。

3. 多项选择题

多项选择题是从多个备选答案中选择二个以上的答案。这是各种调查问卷中采用最多的一种问题类型。多项选择题的优点是便于回答，便于编码和统计，缺点主要是答案的排列次序可能引起偏见。

4. 顺位式问答题

顺位式问答题，又称序列式问答题，是在多项选择的基础上，要求被调查者对询问的问题答案，按自己认为的重要程度和喜欢程度顺位排列。

在实际的网络市场调查问卷中，往往几种类型的问题同时存在，单纯采用一种类型问题的问卷并不多见。

（五）确定问题的措辞

很多人可能不太重视问题的措辞，而把主要精力集中在问卷设计的其他方面，这样做有可能降低问卷的质量。

下面是几条措辞法则，可以参考。

（1）问题的陈述应尽量简洁。

（2）避免提带有双重或多重含义的问题。

（3）最好不用反义疑问句，避免否定句。

（4）注意避免问题的从众效应和权威效应。

（六）确定问题的顺序

问卷中的问题应遵循一定的排列次序。问题的排列次序会影响被调查者的兴趣、情绪，进而影响其合作的积极性，所以一份好的问卷应对问题的排列进行精心的设计。

一般而言，问卷的开头部分应安排比较容易的问题，这样可以给被调查者一种轻松、愉快的感觉，以便于他们继续答下去。中间部分最好安排一些核心问题，即调查者需要掌握的资料，这一部分是问卷的核心，应该妥善安排。结尾部分可以安排一些个人背景资料，如职业、年龄、收入等。个人背景资料虽然也属事实性问题，也十分容易回答，但有些问题，如收入、年龄等属于敏感性问题，因此一般安排在末尾。当然在不涉及敏感性问题的情况下也可将背景资料安排在开头。还有一点就是注意问题的逻辑顺序，有逻辑顺序的问题一定要按逻辑顺序排列，可以打破上述规则。这实际上是一个灵活机动的原则。

（七）问卷的排版和布局

问卷的设计工作基本完成之后，便要着手问卷的排版和布局。问卷的排版和布局总的要求是整齐、美观，便于阅读、作答和统计。

（八）问卷的测试

问卷的初稿设计完毕之后，不要急于投入使用，特别是对于一些大规模的问卷调查，最好的办法是先组织问卷的测试，如果发现问题，再及时修改。测试通常选择 20～100 人，样本数不宜太多，也不要太少。如果第一次测试后有很大的改动，可以考虑组织第二次测试。

（九）问卷的定稿

当问卷的测试工作完成，确定没有必要再进一步修改后，可以考虑定稿。问卷定稿后就可以准备正式投入使用。

（十）问卷的评价

问卷的评价实际上是对问卷的设计质量进行一次总体性评估。对问卷进行评价的方法很多，包括专家评价、上级评价、被调查者评价等。

专家评价一般侧重于技术性方面，比如说对问卷设计的整体结构、问题的表述、问卷的版式风格等方面进行评价。

上级评价则侧重于政治性方面，比如说从政治立场、舆论导向及可能对群众造成的影响等方面进行评价。

被调查者评价可以采取两种方式：一种是在调查工作完成以后再组织一些被调查者进行事后评价；另一种方式则是调查工作与评价工作同步进行，即在调查问卷的结束语部分安排几个反馈性题目，比如："您觉得这份调查表设计得如何？"

实训任务

1．实训目的

本实训的目的是使学生能够掌握调查问卷的基本结构以及设计方法，能够根据调查目标完成调查问卷的设计。

2．实训内容及步骤

（1）为了了解网络消费者对你家乡特产的需求，设计关于你家乡特产的网络调查问卷（也可以根据你自己的兴趣，选择调查的对象）。

（2）设计好网络调查问卷后，至少让 5 名同学完成调查并评价问卷，根据意见修改网络调查问卷中的不足。

（3）确定问卷没有问题后，选择一个网络调查问卷平台发布问卷，并要求至少50人参与问卷调查。

3. 实训成果要求

提交你设计的调查问卷并附上网址。

任务四　网络市场调查报告的撰写

任务引入

小明通过第一调查网发布了他关于红糖的调查问卷，发现有258人参与了问卷调查。在第一调查网可以直接查看问卷的调查结果，他想把这些问卷的结果整理成一份网络市场调查报告，但是他不知道该如何撰写网络市场调查报告。

任务知识点

➢ 网络市场调查报告的格式与内容
➢ 网络市场调查报告范例

知识点讲解

一、网络市场调查报告的格式与内容

（一）封面

封面主要包括调查的项目名称、委托单位、承办单位、项目负责人、日期等主要信息。

（二）内容摘要

调查报告的主要内容简介，长度在300~500字，内容可以包括背景、目的、意义、主要调查方法、结论和建议等。

（三）正文

网络市场调查报告的正文一般包括调查背景、调查内容、相关说明、调查结果、调查方法、数据分析和主要结论与建议，也可以挑选或合并其中部分内容进行撰写。

第一部分：网络市场调查项目概述。

主要说明网络市场调查项目的背景、目的、要求提交成果、委托人、项目负责人、项目主要组成人员、时间限制、资金限制、质量要求、样本数量、主要方法等方面的内容。

第二部分：网络市场调查报告主体。

可以分为情况介绍、结论和预测、建议和决策3部分，情况介绍包括有关事实和统计数字；结论和预测是通过对情况的分析研究，得出规律性认识；建议和决策是在规律认识的基础上得出的对应该采取的经营策略的意见和建议。

第三部分：附件

将有关的调查方法、调查问卷及与调查关系密切的资料作为附件附在网络市场调查报告的后面。

二、网络市场调查报告范例

《第 40 次中国互联网络发展状况统计报告》节选如下，完整版调查报告可到中国互联网络信息中心下载。

（一）封面

The 40th China Statistical Report on Internet Development

第40次中国互联网络发展状况
统计报告

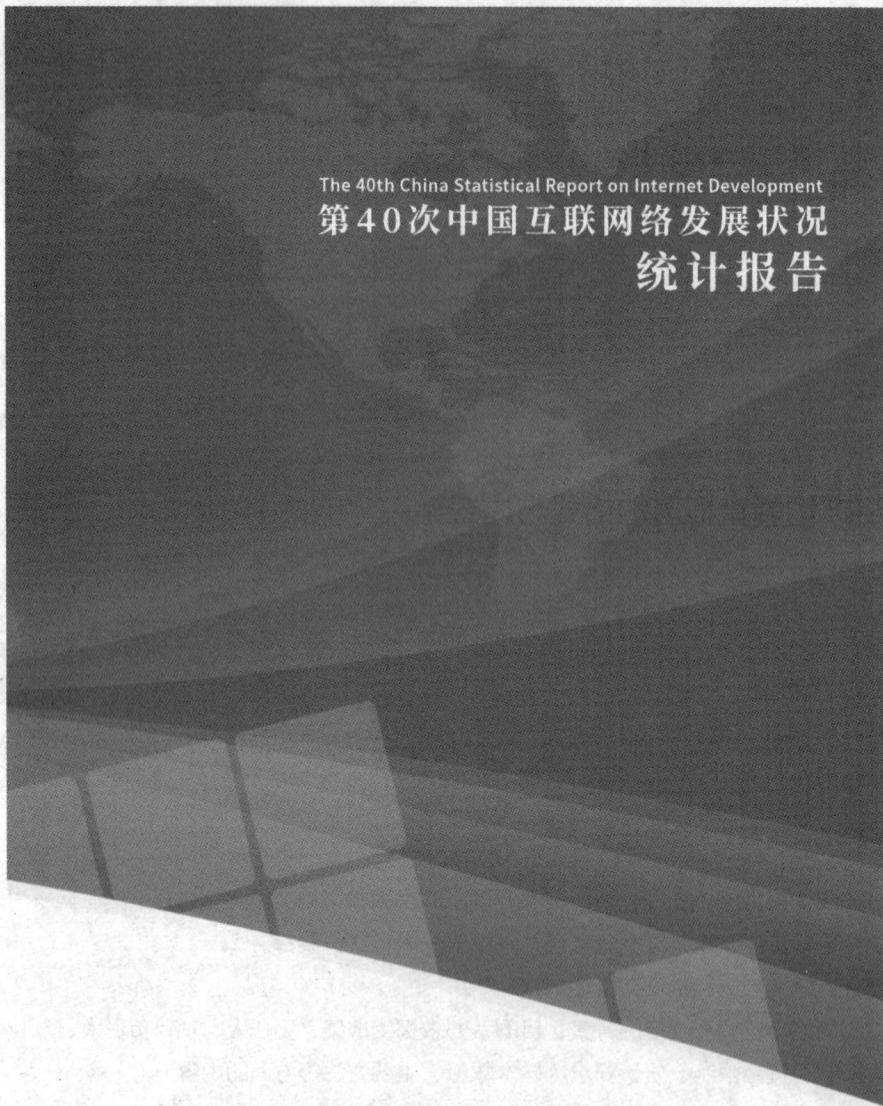

中央网络安全和信息化领导小组办公室　中国互联网络信息中心
国 家 互 联 网 信 息 办 公 室

2017年7月

（二）前言

前言 / Preface

1997 年，国家主管部门研究决定由中国互联网络信息中心（CNNIC）牵头组织有关互联网单位共同开展互联网行业发展状况调查，自 1997 年至今 CNNIC 已成功发布 39 次全国互联网发展统计报告，本次是第 40 次报告。CNNIC 的历次报告见证了中国互联网从起步到腾飞的全部历程，并且以严谨客观的数据，为政府、企业等各界了解中国互联网络发展动态、制定相关决策提供重要支持。

自 1998 年以来，中国互联网络信息中心形成了每年年初和年中定期发布《中国互联网络发展状况统计报告》的惯例。随着互联网对于整体社会稳定、经济发展及文化建设等各方面影响日益深入，以及国家"网络强国"战略的推进，作为互联网发展的见证者，CNNIC 也提升了互联网对于整体社会应用调查的广度与深度。本次报告主体部分由基础资源和个人应用两个部分构成：基础资源篇主要介绍中国互联网基础资源发展情况；个人应用篇主要介绍网民规模和结构、互联网接入环境、个人互联网应用的发展状况。我们希望通过以上两方面内容，准确、客观地反映我国 2017 年上半年互联网及信息化发展状况。

最后，向接受第 40 次互联网发展状况统计调查的朋友表示最诚挚的谢意！同时也向在本次《报告》的数据采集工作中，给予支持的政府、企业以及其他相关机构，表示衷心的感谢！

中国互联网络信息中心

2017 年 7 月

（三）目录

（四）报告摘要

一、基础数据

◇ 截至 2017 年 6 月，中国网民规模达 7.51 亿，半年共计新增网民 1992 万人。互联网普及率为 54.3%，较 2016 年底提升了 1.1 个百分点。

◇ 截至 2017 年 6 月，中国手机网民规模达 7.24 亿，较 2016 年底增加 2830 万人。网民中使用手机上网人群占比由 2016 年底的 95.1% 提升至 96.3%。

◇ 截至 2017 年 6 月，中国网民中农村网民占比 26.7%，规模为 2.01 亿。

◇ 截至 2017 年 6 月，中国网民通过台式电脑和笔记本电脑接入互联网的比例分别为 55.0% 和 36.5%；手机上网使用率为 96.3%，较 2016 年底提高 1.2 个百分点；平板电脑上网使用率为 28.7%；电视上网使用率为 26.7%。

◇ 截至 2017 年 6 月，中国网站总数为 506 万个，".CN"下网站数为 270 万个。

二、趋势特点

基础资源保有量居世界前列，出口带宽大幅增长

截至 2017 年 6 月，我国 IPv4 地址数量达到 3.38 亿个、IPv6 地址数量达到 21283 块 /32 地址，二者总量均居世界第二；中国网站数量为 506 万个，半年增长 4.8%；国际出口带宽达到 7 974 779Mbps，较 2016 年底增长 20.1%。

中国网民规模达 7.51 亿，数字技术助推经济社会转型

截至 2017 年 6 月，我国网民规模达到 7.51 亿，半年共计新增网民 1992 万人，半年增长率为 2.7%。互联网普及率为 54.3%，较 2016 年底提升 1.1 个百分点。以互联网为代表的数字技术正在加速与经济社会各领域深度融合，成为促进我国消费升级、经济社会转型、构建国家竞争新优势的重要推动力。

手机网民占比达 96.3%，移动互联网主导地位强化

截至 2017 年 6 月，我国手机网民规模达 7.24 亿，较 2016 年底增加 2830 万人。网民中使用手机上网的比例由 2016 年底的 95.1% 提升至 96.3%，手机上网比例持续提升。上半年，各类手机应用的用户规模不断上升，场景更加丰富。其中，手机外卖应用增长最为迅速，用户规模达到 2.74 亿，较 2016 年底增长 41.4%；移动支付用户规模达 5.02 亿，线下场景使用特点突出，4.63 亿网民在线下消费时使用手机进行支付。

商务交易类应用保持高速增长，促进消费带动转型升级

2017 年上半年，商务交易类应用持续高速增长，网络购物、网上外卖和在线旅行预订用户规模分别增长 10.2%、41.6% 和 11.5%。网络购物市场消费升级特征进一步显现，用户偏好逐步向品质、智能、新品类消费转移。同时，线上线下融合向数据、技术、场景等领域深入扩展，各平台积累的庞大用户数据资源进一步得到重视。

互联网理财市场趋向规范化，线下支付拓展仍是热点

2017 年上半年，互联网理财用户规模达到 1.26 亿，半年增长率为 27.5%，互联网理财领域线上线下正在整合各自在流量、技术和金融产品服务的优势，步入从对抗竞争走向合作共赢的发展阶段，网贷理财产品收益率持续下降，行业朝向规范化发展；线下支付领域依旧是市场热点，网民在超市、便利店等线下实体店使用手机网上支付结算的习惯进一步加深，网民中在线下购物时使用过手机网上支付结算的比例达到 61.6%。在深耕国内市场的同时，我国网络支付企业纷纷拓展市场潜力巨大的海外市场。

在线教育、网约车服务规模保持增长，共享单车丰富出行方式

截至 2017 年 6 月，公共服务类各细分领域应用用户规模均有所增长，在线教育、网约出租车、网约专车或快车和共享单车用户规模分别达到 1.44 亿、2.78 亿、2.17 亿和 1.06 亿。在线教育市场迅速发展，人工智能技术驱动产业升级；网约车市场经历资本驱动的急速扩张阶段，进入规范化发展道路；共享单车丰富市民出行方式，技术与资本推动行业蓬勃发展。

（五）报告内容

第一章　互联网基础资源

一、互联网基础资源概述

截至 2017 年 6 月，我国 IPv4 地址数量为 3.38 亿个，IPv6 地址 21283 块 /32。

我国网站总数为 506 万个，半年增长 4.8%；".CN"下网站数为 270 万个。

国际出口带宽为 7 974 779Mbps，半年增长 20.1%（如表4-1所示）。

表4-1　2016年12月—2017年6月中国互联网基础资源对比

	2016年12月	2017年6月	半年增长量	半年增长率
IPv4（个）	338 102 784	338 451 968	349 184	0.1%
IPv6（块/32）	21 188	21 283	95	0.4%
网站（个）	4 823 918	5 057 808	233 890	4.8%
其中.CN下网站（个）	2 587 365	2 702 141	114 776	4.4%
国际出口带宽（Mbps）	6 640 291	7 974 779	1 334 488	20.1%

······

第二章　网民规模与结构

一、网民规模

（一）总体网民规模

截至 2017 年 6 月，我国网民规模达到 7.51 亿，半年共计新增网民 1992 万人。互联网普及率为 54.3%，较 2016 年底提升 1.1 个百分点（如图4-1所示）。

中国网民规模和互联网普及率　单位：万人

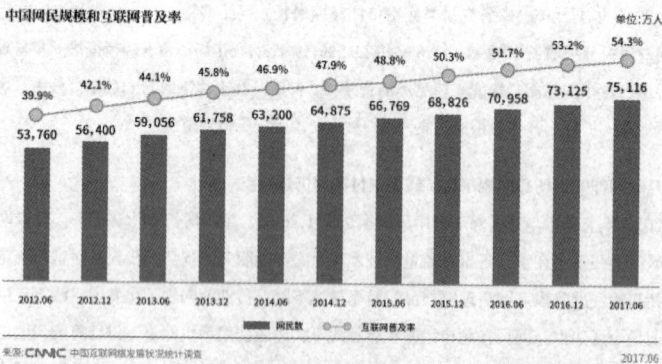

2012.06	2012.12	2013.06	2013.12	2014.06	2014.12	2015.06	2015.12	2016.06	2016.12	2017.06
53,760	56,400	59,056	61,758	63,200	64,875	66,769	68,826	70,958	73,125	75,116
39.9%	42.1%	44.1%	45.8%	46.9%	47.9%	48.8%	50.3%	51.7%	53.2%	54.3%

来源：CNNIC 中国互联网络发展状况统计调查　　2017.06

图4-1　中国网民规模和互联网普及率

······

第三章　互联网接入环境

一、上网设备

2017 年上半年，网民使用手机和电视上网的比例较 2016 年底均有所提升。截至 2017 年 6 月，我国网民使用手机上网的比例达到 96.3%，较 2016 年底增长了 1.2 个百分点；智能家居行业快速发展，智能电视作为家庭娱乐设备的上网功能进一步显现，使用电视上网的比例为 26.7%，较 2016 年底增长了 1.7 个百分点；与此同时，使用台式电脑、笔记本电脑、平板电脑上网的比例分别为 55.0%、36.5%、28.7%，较 2016 年底分别下降了 5.1、0.3 和 2.8 个百分点（如图 4-2 所示）。

互联网络接入设备使用情况

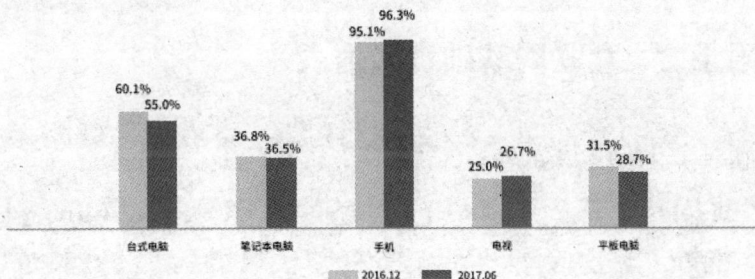

图4-2

$\cdots\cdots$

第四章　个人互联网应用发展状况

2017 年上半年，我国个人互联网应用保持快速发展，各类应用的用户规模均呈上升趋势，其中网上外卖和互联网理财是增长最快的两类应用，半年增长率分别为 41.6% 和 27.5%，网络购物仍保持较快增长，半年增长率为 10.2%；手机应用方面，手机外卖、手机在线教育课程的用户规模增长最为明显，半年增长率分别为 41.4% 和 22.4%。

基础应用的用户规模趋于稳定，提供精准优质内容服务为重点方向

即时通信、搜索引擎、网络新闻作为基础的互联网应用，用户规模在 2017 年上半年趋于稳定。即时通信市场差异化进一步凸显，领先企业着力流量入口潜力挖掘、内容服务连接能力和商业模式成熟度培养三方面；搜索引擎应用继续保持移动化趋势，人工智能实际应用效果尚未对用户体验带来明显提升，市场成长面临较大压力；网络新闻应用呈现出资讯聚合平台化、跨界竞争激烈化和技术核心化三方面趋势；社交应用内外发力，内部聚焦优质内容生产，外部积极与多产业拼接融合。

$\cdots\cdots$

（六）附录

附录1　调查方法

一、调查方法

（一）网民个人调查

1.1 调查主体

中国有住宅固定电话（家庭电话、宿舍电话）或者手机的 6 岁及以上常住居民。

◇ 样本规模

调查总体样本 30 000 个，样本覆盖中国大陆 31 个省、自治区、直辖市。

◇ 调查总体细分

附录2　互联网基础资源附表

附表2:中国大陆 IPv4 地址按分配单位表

单位名称	地址量	IPv4 地址总量
中国电信集团公司	125,763,328	7A+126B+255C
中国联合网络通信有限公司	69,866,752 [注1]	4A+42B+21C
CNNIC IP 地址分配联盟	61,581,056 [注2]	3A+171B+167C
中国移动通信集团公司	35,294,208	2A+26B+140C
中国教育和科研计算机网	16,649,728	254B+14
中国铁通集团有限公司	15,796,224 [注3]	241B+8C
其他	13,500,672	206B+1C
合计	338,451,968	20A+44B+94C

实训任务

1．实训目的

本实训的目的是使学生能够掌握网络市场调查报告的格式以及撰写方法，能够从网络市场调查报告中获取企业决策的有效信息。

2．实训内容及步骤

（1）针对你家乡特产的网络市场调查问卷结果，撰写网络市场调查报告。

（2）总结网络市场调查报告中的有效信息，为以后的营销策略提供依据。

3．实训成果要求

提交完整的网络市场调查报告。

项目小结

本项目主要由认知网络市场调查、网络市场调查的方法与步骤、网络市场调查问卷的设计、网络市场调查报告的撰写 4 个任务组成。

认知网络市场调查主要通过对网络市场调查的概念、特点和内容的介绍，让学生能够对网络市场调查有初步的认识和理解。

网络市场调查的方法主要包括网络直接调查法和网络间接调查法。网络市场调查的步骤包括明确问题与调查目标、确定网络市场调查的对象、设计调查方案、收集信息、信息整理和分析以及撰写调查报告。

网络市场调查问卷的设计包括概述、网络市场调查问卷的基本结构和网络市场调查问卷设计的过程。网络市场调查问卷的基本结构包括卷首说明、调查内容和结束语。网络市场调查问卷设计的过程包括确定所需信息、确定问卷的类型、确定问题的内容、确定问题的类型、确定问题的措辞、确定问题的顺序、问卷的排版和布局、问卷的测试、问卷的定稿和评价。

网络市场调查报告的撰写主要包括封面、前言、目录、内容摘要和报告内容等部分。

思考与练习

一、不定项选择题

1. 网络市场调查实施过程中的首要工作是（　　）。

   A. 调查对象的确定　　　　　　　　B. 调查方法选择与设计

   C. 调查问题确定和目标陈述　　　　D. 数据收集

2. 以下网络市场调查步骤的顺序哪一个是正确的？（　　）

   A. 制定调查计划→确定调查目标→收集资料→资料分析→撰写调查报告→跟踪反馈

   B. 确定调查目标→收集资料→资料分析→制订调查计划→撰写调查报告→跟踪反馈

   C. 确定调查目标→制订调查计划→收集资料→资料分析→撰写调查报告→跟踪反馈

   D. 制订调查计划→收集资料→确定调查目标→资料分析→跟踪反馈→撰写调查报告

3. 网络市场调查的目的是（　　）。

   A. 预见市场未来的发展趋势　　　　B. 为经营决策提供依据

   C. 了解市场活动的历史与现状　　　D. 收集企业生产活动的相关信息

4. 抽样调查的目的是（　　）。

   A. 了解全面情况　　　　　　　　　B. 掌握基本情况

   C. 由样本指标推断总体指标　　　　D. 由个别推断总体

5. 问卷设计中应尽量采用（　　）。

   A. 一般性提问　　B. 含糊性提问　　　　C. 系统性提问　　　　D. 针对性提问

二、简答题

1. 网络市场调查具有哪些特点？
2. 网络市场调查的方法可分为哪几类？
3. 简述网络市场调查的步骤。
4. 如何设计网络市场调查的问卷？
5. 网络市场调查报告的主要内容有哪些？

05 项目五

网络营销 4P 策略

【项目简介】

网络营销 4P 策略是传统 4P 策略在互联网时代的升级与发展。它体现在以优质的产品（Product）、具有吸引力（不只是低价才有吸引力）的价格（Price）、大流量以及高转化率的渠道（Place）和充满创意的促销推广手段（Promotion），将产品、服务乃至某种文化（企业文化、产品文化、品牌文化等）投放到特定的市场。

目前，虽然以强调研究消费者心理、生产成本等为主的 4C 理论越来越受到关注，但以提升产品品质引导消费需求依然是市场不可或缺的重要组成部分，特别是对于有生产技术门槛的产品来说，"消费"终归是大众化的，大多数情况下"消费眼光"毕竟是非专业甚至相当一部分是易于引导的。最典型的案例莫过于钻石这一高消费奢侈品的经典营销。

【学习目标】

知识目标：掌握传统营销理论在互联网时代的应用。

技能目标：能够以科学方法搜集消费人群的消费需求、理解产品设计对于消费行为的引导与促进作用。

素质目标：培养对消费市场细分化的敏锐观察力与打造产品的体系化思维。

【引导案例】

4P 营销理论案例分析——联想

1. Product（产品）

联想集团根据市场细分的原则，确定各地域消费者的需求，有针对性地研制开发了多种类、多规格的计算机产品，以满足不同层次消费者的需要，其中包括广受好评的 ThinkPad 笔记本电脑和 Think Centre 台式机。此外，联想还为这些产品配备了 Think Vantage、Technologies 软件工具、Think Vision 显示器和一系列 PC 附件和选件。在我国，联想个人计算机占据市场份额达 30%以上。凭借新技术，联想计算机以其易用性、个性化的设计及多元化的解决方案而广受用户欢迎。联想还拥有针对我国市场的丰富产品线，包括移动手持设备、数码产品、外设和服务器等。

2. Price（价格）

联想产品一直以树立品牌和品质形象为定价原则。联想公司正是依靠品牌的支持，才能在激烈的竞争中生存并发展。公司更愿牺牲短期利益来占领长远的市场，继而提升公司的美誉度和知名度，创立自己"低价高质"的口碑。消费者更为关注产品的价值，因此核心在于价值而不是价格。联想在对市场的认识上，一直实行的策略可以用一句通俗的话概括："茅台酒的质量，二锅头的价格。"所有产品的核心问题都是能否被市场承认和接受，而价格和性能又是接受的条件。联想在国内外市场的成功也付出了一定的先期代价——既必须生产比发达国家同类产品好的产品，又要有比发达国家同类产品低的价格。

3. Place（渠道）

进行合理的价值链地理布局、渠道业务部门的完善是联想渠道战略成功的关键。将产品研发和产品市场销售两大环节设置在香港这样的世界转口贸易中心，能使信息渠道更为畅通，市场也更趋国际化，公司技术和市场人员能及时有效地获得最新的技术和市场信息，全面把握最新动态，紧跟国际潮流。生产基地则设置在劳动力成本和房价都远低于香港的内地，生产成本大大降低。另外，联想还同国内其他厂家发展委托加工的合作关系，既避免了大量投资与基建，又能在订货量增大时保证供应。联想中国地区渠道业务部门还筹建了名为"大联想事业部"的下属机构，以期提升合作伙伴收益，从而巩固其渠道体系。

该部门的组建意在"提升大联想体系的整体竞争力和凝聚力，创造更大的生产力"，联想集团将其合作伙伴归入了大联想体系中。目前为此开展的工作包括面向合作伙伴的产品征集与项目合作。很多渠道有非常好的自主研发产品，如中小企业 CRM管理软件、集团财务管理软件、电子教室、电子商务软件、电子城管等，并有多年的运作管理和成功案例。这些渠道都希望这些产品能被充分分享，在大联想体系内得到复制，提升大联想体系的整体竞争力和凝聚力，创造更大的生产力。这是一种渠道策略的创新。

4. Promotion（促销推广）

"如果失去联想，人类将会怎样？"这是一段令人印象深刻的广告词。联想的促销总是将品牌与自身的企业形象宣传、产品推广、促销相结合，这不仅为联想带来了良好的经济效益，对其品牌宣传也产生了极好的推动作用。联想的成功，最重要的内因就是对我国国情的深刻理解以及对环境资源的充分利用。在电子信息行业，能很好地结合国情、产品定位、市场需求和品牌战略，制订行之有效的市场策划的，联想可谓无出其右。联想在广告上面的投入更是不断加大，甚至一些好莱坞大片中也看到了联想的身影。

综上，联想集团围绕 4P 开展了大规模的战略布局和规划。4P 策略对于电子信息产品行业来说更是意义重大，只有重视和加强 4P 策略的分析和规划，才能在激烈的市场竞争中立于不败之地。

思考：

1. 常见知名企业在 4P 方面很少见到有明显短板的，有什么关键因素支撑？
2. 如果是服务类产品，在 4P 营销方面有哪些关键点？
3. 网络营销在 4P 方面应该如何为产品进行量身定制？

任务一　产品的选择与销售

任务引入

2017 年，通过移动端 App 在线管理与线下投放自行车为消费者提供"最后一公里"解决方案的共享单车引起高度关注。但仔细研究共享单车的历史，我们会发现它并不是新生事物。试对共享单车服务产品进行分析，从中发现网络营销产品的特点。

任务知识点

➢ 网络营销产品的定位

➢ 网络营销产品的分类

➢ 网络营销的产品策略和品牌策略

知识点讲解

一、网络营销产品的定位

105

产品（Product）是指能够供给市场，被人们使用和消费，并能满足人们某种需求的交易标的物，包括有形的物品、无形的服务、组织、观念或它们的组合。

网络产品是指适合在互联网上进行销售的产品。适合定位于网络销售的产品一般应当符合以下基本要求：产品性质适合网上销售；产品质量有保证；品牌拥有知名度；产品的主要目标市场定位与网络消费人群定位一致；产品价格较为低廉。

二、网络营销产品的分类

网络营销的产品按照产品形态的不同，一般分为实体产品、软件产品、信息产品和在线服务产品。

（1）实体产品是指具有物理形状的物质产品，它可以是任何销售形式中的产品主体，它也是网络营销的主体产品类型。实体（或实物）产品包括工业产品、农业产品和民用品等常规产品，其营销方式主要是先由客户进行在线产品浏览和选择，然后再由商家组织送货上门服务。

（2）软件产品在网络市场营销的产品中，也占据一定的市场份额，该类产品一般包括系统软件和应用软件两大类。

（3）信息产品是指以提供信息资料为主旨的数字化产品，现在消费者对数字化信息产品的需求越来越强烈，电子图书、数字电影、音频等数字化信息产品已经在网络销售中变得越来越重要。

（4）在线服务产品是指通过网络提供的各种不同类型的服务产品，这些服务大致可以分类两类：产品服务和非产品服务，产品服务按其营销过程又分为售前服务、售中服务和售后服务三种类型。

三、网络营销的产品策略

1. 产品选择策略

（1）合理选择适合网络营销的商品。虽然大多数产品，从书籍、音乐到汽车、房地产，从生活用品到生产资料等，都可以在网上销售，但对于一些需要现场试用的产品，则不太适合在网上销售，如需要根据嗅觉、味觉、触觉等测试出结果后才能做出购买决策的产品。一般来说，适合网络营销的商品具有以下特点：具有高技术或与计算机相关的产品；市场需要覆盖较大地理范围的产品；不太容易设店的特殊产品；网络营销费用远低于其他销售渠道费用的产品；消费者可以从网上取得信息后就能做出购买决策的产品；网络群体目标市场容量较大的产品；便于配送的产品等。

（2）选择产品定位时应注意的问题。在选择网络营销产品定位时，应综合考虑以下因素：根据网上消费者的需求选择产品定位；根据产品的特征做定位；根据实物产品的营销区域范围以及物流配送体系，做好产品定位；考虑产品的生命周期，做好产品定位；根据产品的差异性，做好定位。

2. 销售服务策略

（1）售前服务。企业在进行产品销售前，通过网络向消费者提供诸如产品性能、外观方面的介绍，并就消费者所关心的与产品购买有关的问题向消费者进行解答。售前服务的关键是建立完善的数据库系统。以消费者为中心，充分考虑消费者所需要的服务以及所可能要求的服务，建立起服务数据库系统。

（2）售中服务。售中服务主要解答消费者在购买过程中所遇到的问题。及时提供消费者在购买过程中所需要的各种咨询，帮助消费者购买到最称心如意的商品，并帮助消费者学会使用所购买的商品。在售中服务过程中，通过网络对消费者的意见、建议进行调查，借此掌握和了解消费者对产品特征、品质、包装以及式样的看法。在条件许可的情况下，也可根据一部分消费者对产品的特殊需求，提供相应的产品和服务。

（3）售后服务。售后服务主要解决消费者购买产品后在使用过程中所遇到的各种问题，售后服务的关键是建立完善的自动服务系统，根据消费者的问题，自动、适时地通过网络提供解决方案。

3. 信息服务策略

（1）建立"虚拟展厅"。企业可以用立体逼真的图像，辅之以方案、声音等展示企业的产品，使消费者如身临其境一般，感受到产品的存在，对产品的各个方面有一个较为全面的了解。在建立"虚拟展厅"来传递信息时，为更好地满足消费者的需求，企业应在"展厅"中设立不同产品的"展柜"并建立相应的导航系统，使消费者能迅速、快捷地寻找到自己所需要的产品信息。

（2）建立自动的信息系统。一方面，企业要建立快捷、及时的信息发布系统，使企业的各种信息能及时传递给消费者；另一方面，企业还应建立信息的实时沟通系统，加强与消费者在文化、情感上的沟通，并随时收集、整理、分析消费者的意见和建议，在改进产品开发、生产及营销的同时，对于信息的提供者，企业应给予相应的回报。

四、网络营销的品牌策略

在进行网络营销时，在有关域名、企业官方网站、网络广告、社交网络等领域中，都会涉及品牌形象问题。企业在互联网上的存在即网络品牌。网络品牌有两方面的含义：一是通过互联网手段建立起来的品牌；二是互联网对网下既有品牌的影响，或者网下品牌在互联网上的延伸。网络品牌策略包含以下 3 个方面。

（1）网络品牌要有一定的表现形式。网络品牌能被认知，要求品牌有确实存在的信息，即其在网上存在的表现形式，如域名、官方网站、官方微博、官方商城、官方 App 等。

（2）网络品牌需要一定的信息传递手段。仅有网络品牌的存在并不能为用户所认知，还需要通过一定的手段和方式向用户传递网络品牌的信息，才能为用户所了解和接受。如果能在网络推广的同时达到品牌推广的目的，就可以使网络营销的效果最大化。

（3）网络品牌价值的转化。网络品牌的最终目的是获得忠诚顾客并增加销售额，因此网络品牌价值的转化是网络品牌建设最重要的环节，用户对网络品牌从了解到形成转化，这个过程就是网络营销的过程。

实训任务

1. 实训目的

理解并掌握产品品牌打造的过程，探寻产品网络品牌打造的基本途径，总结网络品牌建立的成功策略和经验。

2. 实训内容及步骤

（1）在网上查找阿芙品牌创立以及成长的过程。

（2）讨论分析阿芙产品的优化及品牌打造的途径及方式。

（3）分析阿芙品牌优化的过程，总结阿芙品牌在不同阶段营销的关键因素。

3. 实训成果要求

按照实训内容提交实训报告，要有具体的分析及总结过程。

任务二 价格的制订与调整

任务引入

价格策略的重要性不言而喻，其中"低价"是营销组合中的一个常见要素。然而，这种传统的竞争"武器"并不足以保障企业未来的成长。这就需要运用价格制订战略：处于产品生命周期导入阶段的新产品定价战略；为产品组合中的相关产品定价的产品组合定价战略；针对顾客差异和环境变化的价格调整战略。这些战略可分别实现既可以用低价吸引在乎价格的用户，也可以用高价吸引不在乎价格的用户。但总体来说，价格是决定企业市场份额和盈利率的最重要因素之一。在营销组合中，价格是唯一能产生收入的显性因素，其他因素通常表现为成本。

任务知识点

➢ 网络市场中产品定价的依据
➢ 网络市场中产品定价的策略
➢ 成长型企业的产品定价策略

知识点讲解

一、网络市场中产品定价的依据

以零售行业为例，沃尔玛能够迅速发展，除了正确的战略定位以外，也得益于其首创的"折价销售"策略。每家沃尔玛商店都贴有"天天廉价"的大标语。同一种商品在沃尔玛比其他商店要便宜。沃尔玛提倡的是低成本、低费用、低价格的经营思想，主张把更多的利益让给消费者。"为顾客节省每一美元"是沃尔玛的目标。沃尔玛的利润率通常在 30% 左右，而其他零售商的利润率在 45% 左右。公司每星期六早上都要举行经理人员会议，如果有分店在会上报告某商品在其他商店比沃尔玛低，沃尔玛就立即决定降价。低廉的价格、可靠的质量是沃尔玛的一大竞争优势，吸引了一批又一批的顾客。

通过对沃尔玛的实地调查发现，沃尔玛超市在中国的成功与其高超的定价策略密不可分。沃尔玛定价的基本理念不仅仅是制订较低的商品价格，更重要的是为顾客提供超值的商品和服务，即所谓"天天平价"策略。但是沃尔玛的低价策略，并不是盲目的、随意的"薄利多销"，而是在大量数据的采集、统计、分析的基础之上，结合长尾理论制订的全品类定价策略。

可以这么说，精准的海量数据分析是网络市场定价的基础工程。这项工程既包括对整个同类产品的整体市场数据的分析，也包括对企业自身产品的前期销售数据的分析。统计分析量越大、角度越多，得到的分析结果就越接近最佳定价指挥棒。在很多时候，甚至可以实现相对低价的"厚利多销"。

二、网络市场中产品定价的策略

（一）低价渗透策略

第一印象是指人们对某种事物所形成的初步印象，它对于人们认识事物有非常重要的影响。网上超市将这一点运用得很好，天猫超市在开业之初即实行低价渗透的战略，即超市的商品实行普遍低价，给消费者传达超市商品普遍低价的信号，使消费者形成天猫超市商品价格低廉的第一印象，吸引大量的顾客前来光顾，并通过这些顾客口碑相传，使其知名度迅速上升。

（二）尾数定价策略

尾数定价策略是指在确定零售价格时保留价格尾数，这可以对消费者产生如下的心理效果：首先，可以使消费者产生便宜的心理错觉，例如 9.9 元的拼图，就比 10 元的拼图好销；其次，可使消费者相信企业是在科学、认真地定价，制订的价格是合理、精确、有根据的；再次，给消费者一种数字寓意吉祥的感觉。如8代表"发"，9代表"最高、最好"。

（三）错觉定价策略

错觉定价就是让消费者对价格产生心理错觉，网上店铺主要将这一策略应用于促销之中。消费者一方面希望商品低价出售，另一方面又有"便宜没好货"的心理。这一心理在特价促销中表现尤为明显。面对这一情况，天猫超市采取"货币错觉策略"。在天猫超市经常会看到 100 元购买 199 元商品的促销活动。表面看来，这种方案和打 5 折没有区别，都是让利 50%，但仔细分析，会发现 100 元购买 199 元商品的促销方案的绝妙之处。打 5 折，给消费者的直观感觉是在降价，这时"便宜没好货"的心理会影响消费者的购买决定，而"100 元购买 199 元商品"却使消费者觉得自己的货币价值在提高。

（四）整数定价策略

对于一些质量较好的高档商品、耐用消费品以及贵重的礼品和刚上市的新产品，多数超市采用整数定价策略。对于这类商品，要准确判断其质量极不容易。因此，人们在购买时，见到价格较高且为整数就会认为质量很好。顾客都有"一分钱一分货""价高货才好"的心理，所以如果对于这类商品采取尾数定价策略，消费者就会认为"商品的档次不够高，质量不够好"，这反而影响商品的销售。

（五）招徕定价策略

招徕定价策略是指利用部分消费者求廉价的心理，特意将某几种商品的价格定得非常低，有时甚至低于成本价以吸引消费者。这些商品为卖场招揽了大批消费者，消费者光临时，除了购买降价品外，通常还会顺便购买一些其他商品。以沃尔玛为例，虽然作为诱饵的降价商品会给沃尔玛带来一定的利润损失，但门店中的商品总体销售额会上升，因此卖场减价损失的利润可以从增加的销售额中得到补偿。这一策略，也是当前电子商务市场爆炸性增长的重要策略。连续 9 年的"双十一购物节"中，各大商家都会借助节日盛典流量，通过几个拳头产品的低价来抢夺市场。

（六）"高低价"策略

"高低价"策略其实是一种价格组合策略，这个策略的主要依据是商品属性。把商品按其属性分为 4 种：敏感性商品、非敏感性商品、自有品牌商品和进口商品。对于 4 种不同属性的商品的定价采取 4 种不同的策略：敏感性商品超低价，非敏感性商品贡献价，自有品牌商品权变价，进口商品超高价。最终要达到的目的是将提高销售额与获取最大利润整合到最佳平衡点。

三、成长型企业的产品定价策略

不同于成熟的大型企业，中小型企业往往更需要通过准确的市场细分，找准市场的空白点，迅速将产品进行技术改良或研发新产品，制订出小企业认为合适的价格，从而进军市场，取得市场利润。

（一）以客户为中心定价

这种定价策略重视客户价值，从客户角度来确定产品的价格，为客户提供货真价实的产品。

目前，市场上大部分企业都在努力营造客户至上、以客户为中心的氛围，但直到今天仍只有一部分中小企业在努力以客户为中心定价，制订出顾客愿意支付的价格。中小企业应通过市场调查了解消费者的偏好、需求、消费文化后，针对细分市场制订消费者可接受的价格。

（二）竞争导向定价法

竞争导向定价法是指企业主动应对市场竞争采取的一种以同行业或主要竞争对手的价格为定价依据的定价法，主要包括参考行业定价法和参考竞争对手定价法。这种定价方法有利于增强企业应对或避免竞争的能力，扩大或维持市场份额。此方法也是目前中小企业应对竞争时采用最多的一种定价方法。

（三）需求差异定价

需求差异定价是指对同一产品根据不同顾客或不同细分市场采用不同的价格。中小企业往往根据市场上存在着不同的顾客群体、不同的消费需求的偏好，建立这种多产品线多价位结构，实施差异定价策略。例如，相宜本草就专注低价中医养生面膜市场，定价不高，与其他面膜品牌打出差异化。

（四）折扣定价策略

折扣定价策略是一种给予顾客折扣优惠的定价策略。中小企业一般在产品销量下降或市场萎缩时，直接或间接地降低价格，以争取顾客、扩大销量。中小企业常采用的折扣定价策略有：现金折扣、数量折扣、批量价格折扣、季节折扣、交易折扣等。

实训任务

1．实训目的

通过对若干企业的定价案例进行分析，理解定价策略的不同带来的网络营销效果的不同，掌握数据分析的多角度原理，进一步理解长尾理论给定价带来的指导作用。

2．实训内容及步骤

（1）讨论分析价格对于商业的意义。

（2）讨论商业交易中不可或缺的其他因素。

（3）对比后给价格一个确切的定位。

（4）总结价格策略的意义。

3．实训成果要求

按照实训内容提交实训报告，要有具体的分析及总结。

任务三　网络营销渠道策略

任务引入

网络营销必须有效地利用各种中间商和营销服务设施，以便更有效地将产品和服务提供给目标市场。厂家必须了解各种类型的零售商、批发商和从事网络分销的公司以及他们是如何进行决策的。

任务知识点

➢ 网络渠道的重心价值
➢ 网络渠道策略的演变
➢ 网络渠道策略的新趋势

知识点讲解

一、网络渠道的重心价值

这里强调的网络渠道的重心价值，应该从消费者的角度来考虑渠道建设，为消费者提供方便。贯彻渠道策略是一个复杂的系统工程，不仅仅是观念的改变，更涉及流程重组、组织重组。解决了为消费者创造便利的消费通道问题，就能使铺货率或市场占有率产生巨大的提升。但是网络渠道的畅通、流量引入的转化等网络营销的直观绩效，必须是以对网络渠道的重心价值定位为前提并实现商业利益多重掌控的。

（一）远景掌控

一个没有远景的企业是没有灵魂的企业，是只会赚钱的企业，没有发展前途。所以企业一定要有自己的远景规划。向经销商传递企业远景的具体做法如下。

（1）企业高层的拜访：企业的高层直接和经销商进行沟通与交流，与他们建立个人的联系。通过高层领导传达企业的发展理念和展望企业发展远景，这样的举措可以让经销商更深入地了解企业的现状和未来的发展。

（2）企业办内部刊物：企业内刊定期刊登企业领导讲话和各地市场状况。最好是开办经销商专栏，让经销商的意见和建议成为刊物的一部分。定期把刊物发到经销商的手中。

（3）经销商会议：企业定期召开经销商会议，在会议上对业绩好的经销商进行表扬和激励。公司各项政策的出台，事先要召开有经销商参加的讨论会议。这样使经销商有企业一员的参与感，觉得自己是企业的一部分，自己的发展和企业的发展密不可分。

（二）品牌掌控

品牌对于很多企业来说是最重要的资产，所以可口可乐公司的老板敢说：把我的所有的厂房都烧掉，只要给我可口可乐的品牌，我一样会做到今天的规模。有一些品牌比如麦当劳、百事可乐，已经脱离产品而存在，变成了一种文化、一种价值观。

从渠道管理的角度来看，产品品牌通过对消费者的影响，完成对整个渠道的影响。作为经销商也要树立自己的品牌，但是经销商的品牌只能是在渠道中起作用，对消费者的作用较少。经销商的品牌往往是附加在所代理产品的品牌上的，没有厂家的支持，经销商的品牌价值就会大打折扣。

所以企业只有在消费者层面上建立了自己良好的品牌形象，就可以对渠道施加影响。通过品牌给经销商带来销售成本的降低、销售效率的提高从而掌控渠道。

（三）服务掌控

很多企业在发展到一定的阶段以后，非常想接受管理、营销、人力资源方面的专业指导，有一些想借助大学的教授或者专业的咨询公司来帮助自己提高管理水平，最后却发现对方不能满足自己的真实需求，不能达到自己的期望。

企业日常的销售都在固定的平台上面正常进行，很多企业的销售已经实现了"销售自动化"，商务助理就可以完成日常的销售工作了。销售代表如果把精力放在自身水平的不断提高上，不断在企业接受充电，根据经销商的需求开展不同的培训课程，对经销商的业务人员、管理人员进行培训，这样可以使销售代表的能力得到提高，同时可以提高经销商的专业性，促进同行之间的知识交流，提高网络营销整体水平。

（四）终端掌控

实际营销中，有一些企业是顺着做市场，也就是先在当地找到合适的经销商，在帮助经销商做业务的过程中逐步掌握经销商的下家和当地的零售店。也有一些企业是倒着做市场，也就是企业没有找到合适的经销商，企业认为做市场最重要，要先做市场再做渠道。无论哪一种方法，掌控零售店是最根本的目的，要让零售店首先认同产品、认同品牌、认同厂家，而不是首先认同经销商，这样，厂家就有把握在经销商出现问题的时候，把零售店切换到新的渠道而不影响销量。掌控终端具体的手段有以下几种。

（1）建立基本的档案：制作零售店分布的地略图、建立零售店档案、建立主要店员档案、建立竞争对手档案、建立经销商档案、建立厂家基本情况档案。这些档案要经常更新，保证基础资料的准确性和完整性。

（2）建立零售店的会员体系：有一些企业组建了零售店的会员体系，定期举行活动，以加强零售店和厂家的联系。

（3）培训店员：零售店的店员在销售中起的作用是最大的。一个性能价格比非常好的产品，如果店员不积极推荐，它的命运可想而知。对店员的培训可以增加他对企业和产品的认同，有助于店员全面了解产品的性能，增加销售技巧。

（五）利益掌控

经销商的掌控除去上面的服务方面，还要进行利益掌控，要给经销商足够的利益。具体办法有以下几种。

（1）加大自己的返利和折扣，使经销商的单位利润加大。

（2）增加自己产品的销量。

（3）降低经销商其他产品的销量。

（4）降低经销商其他产品的单位利润。

网络营销的渠道掌控实际运作不是这么简单。每一个理智的商家或厂家，在进行渠道变换的时候都要三思。如果企业树立了远大的远景，并使经销商认同；如果企业在消费者心目中建立了良好的品牌形象；如果客户顾问队伍企业培养出来了，并真正服务于企业；如果企业掌控住了终端，并与终端建立了良好的关系；如果企业能给经销商带来对方拒绝不了的利益，那么这个企业的发展前途就是远大的。

二、网络渠道策略的演变

初期的网络营销方式主要是通过竞价排名以及邮件群发对客户进行"轰炸"。刚开始这两种方式会有成效，但是随着时间的推移，许多网络营销队伍纷纷"跟风"，造成了用户收到的信息泛滥，用户对此产生了排斥的心理，甚至启用了屏蔽"垃圾邮件""垃圾短信""垃圾电话"的设置。

那么要怎样利用网络营销提高企业的品牌效应呢？网络传播的特点是信息传递快，因此网络营销就要通过"事件营销"引流，通过各种各样"不易察觉"的方式进行网络推广，让客户在潜移默化中接受被推广企业的品牌文化，不知不觉中传播了企业的品牌效应，提升了品牌知名度，而且这种信息是用户自己主动去了解的，而不是强加于他的，用户对此并不会产生排斥感，所以效果比较好。

随着智能手机、平板电脑等终端的普及，各种手机应用软件通过网络迅速传播开来。比如微信是腾讯公司 2011 年年初推出的一款智能手机应用软件，在短短几个月用户量就超过 1 亿，成为手机 App 市场下载量最大的应用软件之一。在带来大量广告收益的同时，微信也因其区别于一般网络媒介的特点为企业的网络营销提供了一种新的渠道。

在传统营销渠道中，中间商是重要的组成部分。中间商之所以在营销渠道中占有重要地位，是因为利用中间商能够在广泛提供产品和进入目标市场方面发挥最高的效率。中间商凭借其业务往来关系、经验、专业化和规模化经营，提供给公司的利润通常高于自营商店所能获取的利润。

但互联网的发展和商业应用，使得传统中间商凭借地缘原因获取的优势被互联网的虚拟性所取代，同时互联网的高效率的信息交换，改变了过去传统营销渠道的诸多环节，将错综复杂的关系简化为单一关系。互联网的发展改变了传统营销渠道的结构。

利用互联网的信息交互特点，网上直销市场得到大力发展。通过互联网实现的从生产者到消费（使用）者的网络直接营销渠道（简称网上直销）使传统中间商的职能发生了改变，由过去的中间力量变成为直销渠道提供服务的中介机构，如提供货物运输配送服务的专业配送公司，提供货款网上结算服务的网上银行，以及提供产品信息发布和网站建设的 ISP 和电子商务服务商。网上直销渠道的建立，使得生产者和最终消费者直接连接和沟通。

三、网络渠道策略的新趋势

网络渠道策略新趋势表现在以下 3 个方面。

（1）渠道结构以终端市场建设为中心。以前企业更关注销售通路的顶端和中端，通过市场炒作和大户政策来展开销售工作；当市场转为相对饱和的状态时，对企业的要求由"经营渠道"变为"经营终端"。

（2）渠道成员发展伙伴型的关系。传统的渠道关系是"我"和"你"的关系，即每一个渠道成员都是一个独立的经营实体，以追求个体利益最大化为目标，甚至不惜牺牲渠道和厂商的整体利益。在伙伴式销售渠道中，厂家与经销商由"你"和"我"的关系变为"我们"的关系。厂家与经销商一体化经营，实现厂家渠道的集团控制，使分散的经销商形成一个有机体系，渠道成员为实现自己和大家的目标共同努力。

（3）渠道体制由金字塔形向扁平化方向发展。销售渠道改为扁平化的结构，即销售渠道越来越短，销售网点则越来越多。销售渠道变短，可以增加企业对渠道的控制力；销售网点增多，则有效地促进了产品的销售量。如一些企业由多层次的批发环节变为一层批发，即形成厂家——经销商——零售商这样的模式，企业直接面向经销商、零售商提供服务，如图 5-1 所示。

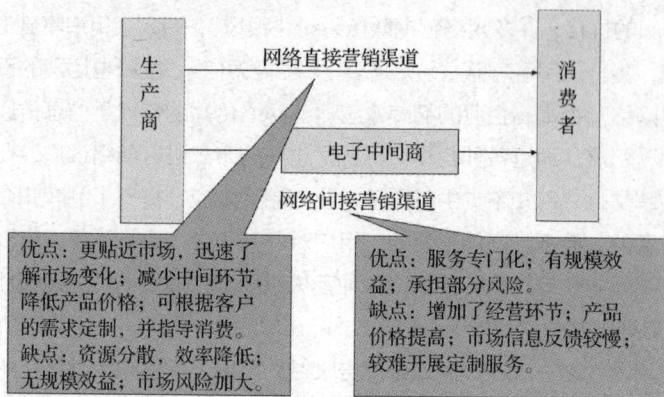

图 5-1　渠道体制变化

伴随这些趋势的变化，网络营销渠道的建设有了新的方向。企业通过网络推广最终希望实现的成效是企业品牌的价值转化为持久的顾客关系。顾客关系包括消费者对企业产品的青睐，同时也包括企业跟客户之间的合作关系。这些都是企业利用网络营销最终想取得的成效，这也是营销团队奋斗的目标。

实训任务

1. 实训目的

让学生了解区域市场分销环境，包括产品市场分销资源、相关中间商的经营特点、产品的市场竞争情况，判断网络渠道资源的可得性。

2. 实训内容及步骤

（1）讨论营销渠道对于商业的意义。

（2）讨论渠道包括哪几类具体概念。

（3）讨论营销渠道如何把控。

（4）总结价格策略的意义。

3. 实训成果要求

根据实训内容提交实训报告，要有具体的分析及总结。

任务四　网络营销促销策略

任务引入

传统营销的促销形式主要有 4 种：广告、销售促进、宣传推广和人员推销。网络营销是在网络市场开展的促销活动，相应形式也有 4 种，分别是网络广告、销售促进、站点推广和关系营销。其中网络广告和站点推广是网络营销促销的主要形式。网络广告类型很多，根据形式不同可以分为旗帜广告、电子邮件广告、电子杂志广告、新闻组广告、公告栏广告等。

网络营销站点推广就是利用网络营销策略扩大站点的知名度，吸引网上流量访问网站，起到宣传和推广企业以及企业产品的效果。站点推广主要有两类方法，一类是通过改进网站内容和服务，吸引用户访问，起到推广效果；另一类是通过网络广告宣传推广站点进行推广。前一类方法费用较低，而且有稳定的顾客访问量，但推广速度比较慢；后一类方法可以在短时间内扩大站点知名度，但费用不菲。

任务知识点

➢ 网络促销策略的概念

➢ 常用的网络促销方法

➢ 解读"双十一"网络购物节

知识点讲解

一、网络促销策略的概念

网络促销是指利用网络技术向特定市场参与者传递有关商品和服务的信息，以引发消费者需求，唤起购买欲望和促成购买行为的各种活动。它突出地表现为以下几个特点。

（1）网络促销呈现出无地域限制、无时间限制的特点。在网络环境中，消费者的概念和消费行为都发生了很大的变化。消费者普遍实行大范围的选择和理性的消费，许多消费者还直接参与生产和流通的循环，因此，网络营销者必须突破传统实体市场和物理时空观的局限性，采用虚拟市场全新的思维方法，调整自己的促销策略和实施方案。

（2）网络市场的出现，将所有的企业，无论其规模大小，都推向了一个统一的全球大市场，传统的区域性市场正在被逐步打破，企业不得不直接面对激烈的国际竞争。如果一个企业不想被淘汰，就必须学会在这个虚拟市场中做生意。

（3）网络促销是通过网络传递商品和服务的存在、性能、功效及特征等信息的。多媒体技术提供了近似于现实交易过程中的商品表现形式，双向的、快捷的信息传播模式，将互不见面的交易双方的意愿表达得淋漓尽致，也留给对方充分思考的时间。在这种环境下，传统的促销方法显得软弱无力，而建立在计算机与现代通信技术基础上的网络促销方式还将随着这些技术的不断发展而改进。因此，网络营销者不仅要熟悉传统的营销技巧，而且需要掌握相应的计算机和网络技术知识，以一系列新的促销方法和手段，促成双方交易。

二、常用的网络促销方法

（一）网上折价式促销

折价是目前网上最常用的一种促销方式。为了激发消费者在网上购物的热情，网上商品的价格一般都要比采用传统方式销售时的价格低，目的是吸引人们购买。由于网上商品不能给人全面、直观的印象，也无法试用、触摸，再加上配送成本和付款方式的复杂性，造成消费者网上购物的积极性下降，而幅度比较大的折扣可以促使消费者进行网上购物的尝试并做出购买决定。

（二）网上赠品式促销

这种促销方法目前在网上的应用不算太多。一般情况下，在新商品推出试用、商品更新、对抗竞争品牌、开辟新市场的情况下，利用赠品促销可以达到比较好的促销效果。但需要注意赠品的选择。

（1）不要选择次品、劣质品作为赠品，这样做只会适得其反。

（2）明确促销目的，选择适当的能够吸引消费者的商品或服务。

（3）注意赠品的时间性，如冬季不能赠送夏季专用物品；另外在危机公关等情况下也可考虑不计成本的赠品活动以解决危机。

（4）注意预算和市场需求，赠品要在能接受的预算内，不可过度赠送赠品而造成营销困境。

（三）网上抽奖式促销

网上抽奖式促销是网上应用较广泛的促销形式之一，是大部分网站乐意采用的促销方式。消费者或访问者可通过填写问卷、注册、购买商品或参加网上活动等方式获得抽奖机会。

（1）奖品要有诱惑力，可考虑用大额超值的商品吸引人们参加。

（2）活动参加方式要简单化，网上抽奖活动要策划得有趣味性和容易参加。太过复杂和难度太大的活动较难吸引匆匆的访客。

（3）抽奖结果要公正公平，由于网络的虚拟性和参加者的广泛地域性，对抽奖结果的真实性要有一定的保证，应该及时请公证人员进行全程公证，并及时通过 E-mail、公告等形式向参加者通告活动进度和结果。

（四）会员积分式促销

会员积分式促销比传统营销方式更简单和易操作。网上积分活动很容易通过编程和数据库来实现，并且结果可信度更高，操作起来相对较为简便。积分促销一般设置价值较高的奖品，消费者可通过多次购买或多次参加某项活动来增加积分以获得该奖品。甚至有的商家直接以积分代替支付货币，比如阿里系最知名的"集分宝"。

此类促销方法可以增加消费者访问网站和参加某项活动的次数，可以增加消费者对网站的忠诚度，可以提高活动的知名度。

（五）网上联合式促销

由不同商家联合进行的促销活动称为联合促销。联合促销的商品或服务可以起到一定的优势互补、互相提升自身价值等效应。如果应用得当，联合促销可起到相当好的促销效果，如网络公司与传统商务企业联合，以提供在网络上无法实现的服务；网上销售汽车和润滑油公司联合等。

这些促销手法都是网上促销活动中比较常见又较重要的方式，其他如节假日促销、事件促销等都可与以上几种促销方式结合应用。但要想使促销活动达到良好的效果，营销人员就必须事先进行市场分析、竞争对手分析，以及网络上活动实施的可行性分析，与整体营销计划结合，创造性地实施促销活动，使促销活动新奇、富有影响力，从而使企业的产品销售迈向一个新的台阶。

案例链接

解读"双十一"网络购物节

谈到网络促销活动，就不可能不谈"双十一"。每年 11 月 11 日的网络促销日，最早起源于淘宝商城（天猫）2009 年 11 月 11 日举办的促销活动，当时参与的商家数量和促销力度有限，但营业额远超预想的效果，于是 11 月 11 日成为天猫举办大规模促销活动的固定日期。"双十一"已成为中国电子商务行业的年度盛事，"双十一"历年数据如表 5-1 所示，"双十一"网络购物节逐渐影响到国际电子商务行业。

表 5-1 阿里系"双十一"历年数据

年份	销售额（亿元）	增长率（%）	"双十一"销售额占社会消费品零售额比例（‰）	物流订单量（亿件）
2009	0.5	0	0.00376	0.0026
2010	9.36	1700	0.05696	0.048
2011	52	455	0.27777	0.2668
2012	191	267	0.89072	0.9801
2013	350	89	1.44126	1.7961
2014	571	58	2.10007	2.78
2015	912	60	3.03060	4.67
2016	1207	32	3.52021	7.8
2017	1682	39	3.90121	9.15

117

提起网购"双十一"，人们总是会想到电商大战带来的"副产品"——无序竞争，例如商家的失信行为、买家的"剁手"行为等，这些问题已经受到批评甚至批判。诚然，"双十一"有其失序的一面，但我们更应该看到，"双十一"符合时代发展潮流，彰显社会活力，给人们带来很多实惠。因此，我们需要用理解、客观的视角来解读它。

"双十一"完美诠释了"互联网+"时代的到来。21 世纪无疑是互联网的时代，谁主动融入"互联网+"，谁就能掌握发展先机。而"双十一"无疑是一场电商的盛宴，中国企业纷纷拥抱互联网，这是商业文明进步的体现。与时俱进，方能与世界同步。

"双十一"引领世界消费潮流。不仅没有落后于世界，"双十一"甚至引起海外各国的广泛关注，而且很多国家竞相效仿这样的运作模式。"Made in China"不再仅仅是普通商品的代名词，中国还有规则、模式等理念的输出，它在一定程度上引领着世界消费潮流。这极大地提升了中国的形象，对世界经济发展也有很大的贡献。

"双十一"带来诸多实惠。它带来生活便利，人们足不出户就能买到心仪的商品；它是一种绿色环保的生活方式，节省了能源，节约了时间成本；它让创业更普遍，网购模式引领创业潮，几乎人人都有创业的机会；它制造更多就业机会，除了创业，还有快递业迅猛发展，更加印证了辛勤劳动获得成功的理念。总之，这是一场方便生活、改变商业模式、全民参与、消费者受益的革命。

我们应该客观理性地看待"双十一"，而不是选择性忽视它的优点——消费电子化、成本低廉化、生活便捷化、创业全民化、模式潮流化等，它甚至影响着我们和世界的生活方式。当然，任何事物都有两面性，网购既是机遇，也有挑战。一方面，消费者要擦亮眼睛理性消费；另一方面，经营者要遵纪守法，完善服务；而且，主管部门的监管、约束等配套举措也要跟进。

实训任务

1. 实训目的

学习网络市场促销的概念及其相关知识；能够通过相关理论知识与实际商业中的经典案例理解网络促销的利弊，并能够根据准确有效的调研数据提出健康的可持续发展的网络促销建议。

2. 实训内容及步骤

（1）讨论促销对于营销的意义。
（2）交流"双十一"之外的促销活动，以小组为单位进行分享。
（3）讨论促销如何避免消费者的"审美疲劳"。
（4）总结网络促销对营销的意义。

3. 实训成果要求

根据实训内容提交实训报告，要有具体的分析及总结。

项目小结

网络营销 4P 策略是围绕产品、定价、渠道、促销来开展网络营销的。本项目介绍了传统 4P 营销组合理论在网络时代的新发展，并结合当前热门商业案例进行了理论分析。

本项目主要由产品的选择与销售、价格的制定与调整、网络营销渠道策略、网络营销促销策略四个任务组成。产品的选择与销售包括网络营销产品的定位、分类、产品策略和品牌策略。价格的制定与调整包括定价的依据和定价策略。网络营销渠道策略包括渠道的重心价值、渠道的演变及发展趋势。网络营销促销策略包括促销的概念、方法等。

思考与练习

一、不定项选择题

1. 在服务类产品的营销中，服务产品质量难以实施标准化的主要原因源于服务产品特性中的（　　）。

    A. 无形性　　　　B. 不可储存性　　　　C. 差异性　　　　D. 不可分性

2. 网络营销 4P 策略与传统营销 4P 策略相比，最大的优势在于（　　　）。

　　A. 服务类产品多元化爆发　　　　　　　　B. 有形产品市场更广

　　C. 形式更灵活　　　　　　　　　　　　　D. 消费者更易打破信息不对称

3. 互联网时代，网络营销 4P 策略中的价格策略更容易通过（　　　）的价值吸引消费者。

　　A. 单纯的低价　　　B. 性价比　　　　　C. 供求关系　　　　　　D. 营销感官刺激

4. 网络营销渠道打破了传统营销渠道的（　　　）现象。

　　A. 易于产生贸易壁垒　　　　　　　　　　B. 产品信息混乱

　　C. 垄断嫌疑　　　　　　　　　　　　　　D. 充分竞争

5. 在网络营销的免费价格策略中，一般说来，免费产品具有的特性是（　　　）。

　　A. 不易数字化、无形化、零制造成本、成长性好

　　B. 易于数字化、无形化、零制造成本、成长性差

　　C. 易于数字化、无形化、零制造成本、成长性好

　　D. 易于数字化、有形化、零制造成本、成长性好

二、简答题

1. 简述网络营销与传统营销的联系与区别。

2. 消费需求有哪些基本属性？

3. 经济环境和社会文化环境对市场状况有何影响？联系实际案例进行分析。

4. 网络营销可以实现哪些具体的功能？

06 项目六
网络营销网站策略

【项目简介】

中国互联网络信息中心发布的第《40 次中国互联网络发展状况统计报告》显示，截至 2017 年 6 月，中国境内的网站数量为 506 万个，半年增长 4.8%。网站是互联网提供的一种综合性的营销工具，全球几乎所有大中型企业和机构都建立了自己的 Web 站点，以吸引尽可能多的人访问，在满足用户需要的同时，实现自身的获利。企业网站既是企业在互联网上的代表，也是企业进行网络营销的核心资源和基础保障。企业通过网站不仅可以宣传自身的企业品牌，也可以展示企业产品信息，树立良好的企业形象。

本项目主要由企业网站规划、网页设计策略、域名策略、非自有网站的网络营销策略四个任务组成。通过本项目的学习，学生应对规划和设计企业网站有基本的认识，掌握企业网站规划和设计的方法与技巧，同时掌握域名策略和非自有网站网络营销策略。

【学习目标】

知识目标：了解网站在网络营销中的地位，掌握企业网站的功能，掌握企业网站规划的流程，掌握网页设计的步骤和设计原则，了解域名的商业价值，掌握域名设计的原则，了解申请域名的步骤，掌握非自有网站网络营销的概念和搭建第三方网络营销平台的步骤。

技能目标：具备规划企业网站和制作企业网站策划书的能力，能根据营销网站的需求设计网页和域名，能够充分利用自有网站和非自有网站开展网络营销。

素质目标：培养学习精神和团队精神，具有良好的沟通、交流的能力，树立统筹规划和设计企业网站开展网络营销的意识，培养利用第三方网络营销平台进行网络营销的意识。

【引导案例】

戴尔公司网站功能的发展演变

创立于 1984 年的戴尔计算机公司，首创了具有革命性的直线订购模式。直线订购模式使戴尔公司能够提供最佳价值的技术方案，与大型跨国企业、政府部门、教育机构、中小型企业以及个人消费者建立直接联系。在美国，戴尔已经成为这些领域市场份额领先的个人计算机供应商。戴尔在 1994 年就建立了自己的企业网站，并在 1996 年开通电子商务功能。网站开通第一年在线销售额就达到了 100 万美元。现在该网站覆盖全球 86 个国家和地区的站点，提供 28 种语言或方言、29 种不同的货币报价，目前每季度有超过 10 亿人次浏览。互联网成为该公司最主要的销售渠道。

根据戴尔公司网站上的介绍，"戴尔公司日益认识到互联网的重要作用贯穿于整个业务之中，包括获取信息、客户支持和客户关系的管理"。在戴尔网站上，用户可以对戴尔公司的全系列产品进行评比、配置，并获知相应的报价。用户也可以在线订购，并且随时检测产品制造及送货过程。在戴尔相关的网站上，戴尔公司和供应商共享包括产品质量和库存清单在内的一整套信息。戴尔公司利用互联网将业内领先的服务带给广大客户。例如，全球数十万个商业和机构客户通过戴尔公司先进的网站与戴尔公司进行商务往来。

可见，戴尔公司的网站从最初的信息发布功能为主，到 1996 年实现在线销售功能，逐步发展到目前网站覆盖公司整个业务流程。许多公司的电子商务发展进程都经历过类似戴尔公司网站的演变历程。

（资料来源：戴尔公司网站中国站点）

思考：
1. 企业网站有哪些功能？
2. 企业网站有哪些类型？

任务一 企业网站规划

任务引入

通过对网络营销基础预备知识的学习，小李想利用现有的资源建设一个企业网站，并对企业网站进行规划，然后按照网站规划，再一步步建设网站的各项内容。

任务知识点

➢ 企业网站的概念
➢ 企业网站在网络营销中的地位
➢ 企业网站的功能
➢ 规划企业网站

一、企业网站的概念

企业网站是企业在互联网上进行网络营销和形象宣传的平台，它以现代网络营销理念为核心，基于企业营销目标进行站点规划，具有良好的搜索引擎表现、用户体验、完备的效果评估体系，能够有效利用多种手段获得商业机会，提高产品销售业绩和品牌知名度。企业网站相当于企业的网络名片，不但对企业的形象是一个良好的宣传，同时可以辅助企业实现产品的销售。企业可以利用网站来进行宣传、产品资讯发布、招聘等。

伴随着互联网飞速发展，传统的企业网站Flash形象首页、大篇幅企业新闻报道、领导人风采展示、产品介绍等内容，均使得企业网站营销职能难以很好地发挥出来，企业开始构建营销型企业网站。构建营销型企业网站，就是要明确网站的营销职能，以网络营销为核心目标来进行网站建设。营销型企业网站是为了满足企业网络营销，包括以客户服务为主的网站营销、以销售为主的网站营销和以国际市场开发为主的网站营销。

二、企业网站在网络营销中的地位

（一）从企业开展网络营销的一般程序来看

网站建设完成并不意味网络营销大功告成了。网站建设为网络营销各种职能的实现打下了基础，如网站推广、在线顾客服务等，也为一些重要的网络营销方法如搜索引擎营销、邮件列表营销、网络会员制营销等提供了基本条件。一般来说，网络营销策略制订之后，首先应开始进行企业网站的策划和建设。

（二）从企业网站在网络营销中所处的地位来看

网站建设是网络营销策略的重要组成部分。有效地开展网络营销离不开企业网站功能的支持，网站建设的专业水平同时也直接影响着网络营销的效果，表现在品牌形象、在搜索引擎中被检索到的机会等多个方面。因此在网站策划和建设阶段就要考虑到将要采用的网络营销方法对网站的需要，如网站功能、网站结构、搜索引擎优化、网站内容、信息发布方式等。

（三）从网络营销信息来源和传递渠道来看

企业网站内容是网络营销信息源的基础。企业网站也是企业信息的第一发布场所，代表了企业官方的形象和观点，在表现形式上应该是严肃而认真的。网络营销信息传递不外乎两种方式，它们都是以企业网站的信息为基础：一种是通过各种推广方法，吸引用户访问网站从而实现信息传递的目的；另一种则是将营销信息源通过一定的手段直接传递给潜在用户。

（四）从企业网站与其他网络营销方法的关系来看

网站的功能决定着哪些营销方法可以被采用，而哪些不能被采用。同时，由于网站的功能不会自动发挥作用，而是通过其他网络营销方法才得以体现出来的，因此企业网站与其他网络营销方法之间是互为依存、相互促进的。

三、企业网站的功能

企业网站不仅代表着企业的网络品牌形象，同时也是开展网络营销的根据地，网站建设的水平对网络营销的效果有直接影响。有调查表明，许多知名企业的网站设计水平与企业的品牌形象很不相称，功能也很不完善，甚至根本无法满足网络营销的基本需要。企业应该建设一个具有营销功能的企业网站，让网站成为有效的网络营销工具和网上销售渠道。用户访问网站的主要目的是深入了解企业的产品、企业的服务、企业的文化等，企业可以利用网站多角度地向用户展示企业的信息、企业最新消息。海尔官网就是一个典型的具有营销功能的企业网站，如图6-1所示。

图6-1 海尔官网

企业网站的功能主要表现在7个方面：品牌形象、产品/服务展示、信息发布、顾客服务和顾客关系、网上调查、网上联盟、网上销售。

（一）品牌形象

网站的形象代表着企业的网上品牌形象，人们在网上了解一个企业的主要方式就是访问该公司的网站。网站建设的专业化与否直接影响企业的网络品牌形象，同时也对网站的其他功能产生直接影响。企业可以把任何想让客户及公众知道的内容放入网站，这有利于提升企业形象。企业网站的一个最基本的功能，就是能够全面、详细地介绍企业及企业产品。

（二）产品/服务展示

顾客访问网站的主要目的是想深入了解公司的产品和服务，企业网站的主要价值就在于灵活地向顾客展示产品，即使一个功能简单的网站至少也相当于一本可以随时更新的产品宣传资料。

（三）信息发布

网站是一个信息载体，在法律许可的范围内，可以发布一切有利于企业形象、顾客服务以及促进销售的企业新闻、产品信息、各种促销信息、招标信息、合作信息、人员招聘信息等。因此，拥有一个网站就相当于拥有一个强有力的宣传工具。

（四）顾客服务和顾客关系

通过网站可以为顾客提供各种在线服务和帮助信息，比如常见问题解答（FAQ）、在线填写寻求帮助的表单、通过聊天实时回答顾客的咨询等。通过网络社区等方式吸引顾客参与，不仅可以开展顾客服务，同时也有助于增进顾客关系。每当人们想知道某企业有什么产品、服务或新产品、新服务，甚至只是想知道该企业有什么新闻时，他们就会习惯性地进入该企业的网站。因为大多数企业已经把所有的产品、服务信息发布于网上，并且定期在网上发布有关企业的新闻信息。企业有了网站后便可以利用网络与客户进行沟通。

（五）网上调查

通过网站上的在线调查表，企业可以获得用户的反馈信息，用于产品调查、消费者行为调查、品牌形象调查等，是获得第一手市场资料有效的调查工具。客户一般是不会积极主动地向企业反馈信息的。如企业在设计网站时，可加入客户与企业联系的电子邮件和电子表格，因其使用极其方便，一般来说，客户习惯于使用这种方式与企业进行联系。

（六）网上联盟

为了获得更好的网上推广效果，需要与供应商、经销商、客户网站，以及其他内容互补或者相关的企业建立合作关系。建立联盟合作是企业网站最重要的功能之一，也是为什么那么多企业非常重视网站建设的根本原因。现在，世界各国的经销商主要都是利用互联网来寻找新的产品和新的供求，因为这样做费用最低且效率最高。原则上全世界任何人，只要知道了企业的网址，就可以看到企业的产品和服务。关键在于如何将企业网址推广出去。

（七）网上销售

建立网站及开展网络营销活动的目的之一是为了促进销售，一个功能完善的网站本身就可以完成订单确认、网上支付等电子商务功能，即网站本身就是一个销售渠道。

四、规划企业网站

要规划并建设一个好的企业网站需要做很多准备工作，有的网站是一个团队历经数月才完成的。建设一个网站就好比盖一栋大楼，先要进行规划，再进行图纸设计，然后有组织有秩序地实施建设。一栋好的大楼不仅外观要漂亮，而且建设大楼用的材料要扎实，地基要做实，结构要牢固，经得起各种考验。建设网站也需要经过一系列的过程，先要确定网站的主题，搜集网站建设需要的素材，对网站进行合理的规划，选择制作网站的工具，对网站进行设计，然后开始网站的具体制作。网站制作完成后要进行测试、申请域名、发布并再次测试网站，还要进行网站的宣传推广，最后是更新和维护。规划企业网站通常需要经过前期调研分析、确定建站的目的和功能、确定网站技术解决方案、网站内容规划、网页设计、网站测试与发布、网站推广、网站更新与维护、确定网站建设日程表以及费用预算。

（一）前期调研分析

（1）了解目前网上相关行业的市场状况，对本企业的市场特点进行分析，是否能够在互联网上开展公司业务，可以利用网站提升哪些竞争力。

（2）市场主要竞争者分析，竞争对手网上情况及其网站规划、功能和作用等。

（3）分析网站制作者自身条件、建设网站的能力（费用、技术、人力等）。

（二）建站的目的和功能

当一个企业在规划自己的网站时，首先应明确建站的目的，然后还要对网站功能需求进行分析。网站的功能决定了网站的规模和需要投入的资金。网站主题是反映一个网站内容的基本要素，在建立网站之前必须确定主题。确定了建立企业网站的目的和功能，主题就确定了。企业网站是开展网络营销的综合性工具，可以利用企业网站来发布相关信息，做网络宣传，展开网络调研，进行在线销售和品牌展示，促进销售等，以树立企业良好的形象，提高企业产品的竞争力，其最终目的是使企业通过互联网获得商业利益。

（三）网站技术解决方案

根据网站功能确定网站技术解决方案时，应重点考虑以下几个方面。

（1）采用自建网站服务器，还是租用虚拟主机。

（2）对于操作系统，是选择 UNIX、Linux 还是选择 Windows 7 以上系列的操作系统，并分析其投入成本、功能、开发难度、稳定性和安全性等。

（3）采用系统性的解决方案，如 IBM 和惠普等公司提供的企业上网方案、电子商务解决方案，或者自行开发解决方案。

（4）网站的安全性措施，如防黑客、防病毒方案。

（5）网站制作工具和数据库的选择。

网站的制作工具很多，主要有两大类：一类是现在大多数个人网站提供商为广大建站爱好者提供的自助填充式的建站工具，这类建站工具很容易掌握；还有一类就是自己独立建立网站所使用的工具。网站一般可分为前台页面和后台管理系统，网站前台页面使用的网页设计工具目前主要有专门的网页制作软件 Dreamweaver。制作网页除了使用 Dreamweaver 网页设计工具，还要结合其他的图像处理软件如 Photoshop 和动画制作软件等。后台管理系统根据不同的动态网站技术使用不同的开发工具，如果使用 ASP.NET 技术来建立网站，需要使用 Visual Studio 开发工具，数据库可以选择 SQL Server 数据库；如果使用 JSP 技术来建立网站，可以使用 MyEclipse 或 Eclipse 开发工具和 SQL Server 数据库；如果使用 PHP 技术来建立网站，可以使用 Eclipse 开发工具和 MySQL 数据库。

（四）网站内容规划

1. 根据网站的目的确定网站的结构导航

一般企业型网站应包括公司简介、企业动态、产品介绍、客户服务、联系方式、在线留言、常见问题、营销网络、招聘信息、在线论坛、英文版等。

2. 根据网站的目的及内容确定网站整合功能

网站整合功能包括 Flash 引导页、会员系统、网上购物系统、在线支付、问卷调查系统、在线支付、信息搜索查询系统、流量统计系统等。

3. 确定网站的结构导航中的每个频道的子栏目

公司简介中可以包括总裁致辞、发展历程、企业文化、核心优势、生产基地、科技研发、合作伙

125

伴、主要客户、客户评价等；客户服务可以包括服务热线、服务宗旨、服务项目等。如果网站栏目比较多，则考虑采用网站编程专人负责相关内容。

4. 确定网站内容的实现方式

如产品中心使用动态程序数据库还是静态页面，营销网络是采用列表方式还是地图展示。

（五）网页设计

（1）网页美术设计一般要与企业整体形象一致，要符合企业 CI 规范。要注意网页色彩、图片的应用及版面策划，保持网页的整体一致性。

（2）在新技术的采用上要考虑主要目标访问群体的分布地域、年龄阶层、网络速度、阅读习惯等。

（3）制订网页改版计划，如半年到一年时间进行较大规模改版等。

（六）网站测试与发布

网站发布前要进行细致周密的测试，以保证正常浏览和使用。主要测试内容包括以下 3 点。

（1）文字和图片是否有错误。

（2）程序及数据库测试。

（3）链接是否有错误。

网站测试完成之后需要发布到互联网上，发布网站需要拥有网站的空间和域名。网站空间和域名可以自己建立服务器然后申请域名，也可以使用专门的网站空间提供商的代理服务器。网站的上传要使用专门的上传工具，不过现在大多数网页制作工具都具有网站上传的功能，通过 FTP 上传发布到 Web 服务器上，即可全球访问该网站。网站测试上传成功后，可以将网址生成二维码来吸引更多的用户通过互联网扫码访问企业网站站点。

（七）网站推广

网站的推广是为了获得目标用户、增强网站知名度和树立品牌。实践经验及相关研究表明，用户获取企业网站信息的主要途径包括搜索引擎、关联网站、网站链接、口碑宣传、电子邮件、社会化媒体网络、网络广告等。因此企业网站推广可以从用户获取企业信息的主要途径来展开。

（八）网站更新与维护

网站在投入使用之后要对它进行更新。网站赖以生存的基础就是网站内容，更确切地说在如今信息爆炸的时代，网站生存的法宝便是最新、最快、最吸引人的内容，因此网站需要经常更新，使网站内容新颖并具有实用性。网站的维护可以从以下几个方面着手。

（1）服务器及相关软硬件的维护，对可能出现的问题进行评估，制订响应时间。

（2）数据库维护，有效地利用数据是网站维护的重要内容，因此要重视对数据库的维护。

（3）内容的更新、调整等。

（4）制订相关网站维护的规定，将网站维护制度化、规范化。

（九）网站建设日程表

日程表中应包括各项规划任务的开始时间、完成时间和负责人以及技术力量等。

（十）费用预算

（1）企业建站费用的初步预算。一般根据企业的规模、建站的目的、上级的批准而定。

（2）专业建站公司提供详细的功能描述及报价，企业进行性价比研究。

（3）网站的建站费用从几千元到十几万元不等。如果排除模板式自助建站和牟取暴利的因素，网站建设的费用一般与功能要求是成正比的。

实训任务

1．实训目的

通过本次实训，学生应能够对企业网站进行规划，确定网站的功能模块，熟悉网站建设的过程。

2．实训内容及步骤

以小组为单位，规划企业网站，确定企业网站的主题，搜集网站素材，对企业网站进行整体规划，确定网站的主要内容。

3．实训成果要求

根据实训内容，撰写网站策划书。

任务二　网页设计策略

任务引入

经过对企业网站规划知识的学习，小李想在企业网站规划的基础上对网站的页面进行设计。在进行网页设计之前要弄清楚网页设计的步骤，再按步骤一步步操作，设计出具有创意的网页。

任务知识点

➤ 企业网站网页类型

➤ 企业网站网页构成

➤ 网页设计步骤

➤ 网页设计原则

知识点讲解

一、企业网站网页类型

网页（Web Page）也叫 Web 页或 Web 文档，页面包含文字、图像、声音、动画和视频等多媒体信息。网页分为以下两大类。

（一）静态网页

静态网页是标准的 HTML 文件，它的内容每次调用固定不变，Web 服务器将纯粹的 HTML 文档传送给客户浏览器。更新内容必须重新制作网页，网站制作和维护工作量大，交互性较差，静态网页信息发布、维护等需要专业人员。

（二）动态网页

动态网页具有交互性、自动更新和因人而异的特点，存取数据库、代码运行在服务器端，只有访问时才确定内容。动态网页一般是以 asp、aspx、php 和 jsp 为后缀的网页文件。动态网页设计比较复杂，存取速度比静态网页要慢。

二、企业网站网页构成

动态的企业网站可以包含动态网页和静态网页，静态的企业网站一般不包含动态网页。网站可以由若干个网页构成，按照不同网页的功能，企业网站网页的构成有以下几种。

（一）主页

主页是用户进入一个网站所看到的第一个页面，一个网站只能有一个主页，它是站点的目录索引，也是一个网站的门面。要想设计出一个优秀的网站，主页必须引人入胜，吸引每一个来访者的注意力，引发人们的好奇心，才能让人产生深入探索网站的冲动。

主页实际上是一个网站的唯一主入口点。一个网站的入口点可能有多个，但主入口点仅有一个，即一个网站仅有一个主页。小米商城官网主页如图 6-2 所示。

图 6-2　小米商城官网主页

（二）封页

封页是主页前面的页面，一般单击封页就可以直接进入主页或显示几秒自动跳转到主页。一个网站顶多有一个封页，相当于书的封皮，主页相当于书的目录，其他普通网页相当于内容书页。如打开龙虎山官方网站出现的就是封页，它的封页是一个 Flash 动画，如图 6-3 所示。

图 6-3　龙虎山官方网站封页

（三）普通网页

普通网页一般和网站主页有类似的风格，如果说主页是一级页面，从主页链接进去的普通网页就是二级页面，从二级页面再链接进去的就是三级页面，依次类推。网站通过超链接把各种不同的页面和相应内容连接在一起，动态网站通过后台数据库中的数据关联各个网页。

三、网页设计步骤

（一）确定风格

通过网站的色彩、技术、文字、布局、交互方式可以概括出一个网站的风格：是粗犷豪放的，还是清新秀丽的？是温文儒雅的，还是执着热情的？是活泼易变的，还是墨守成规的？在明确企业想给用户什么样的印象后，要找出网站中最有特色的东西，也就是最能体现网站风格的东西，并以它作为网站的特色加以重点强化、宣传。风格的形成不是一步到位的，可以在实践中不断强化、调整、改进。

（二）收集素材

查找并收集有关的文字、图片、声音、影像等素材，并对所收集的素材进行整理、处理。素材也就是"材料"，好比盖楼房用的砖瓦。建设企业网站设计网页必然要用到大量的图片、文字等相关的素材。素材可以通过网络渠道获得，也可以通过传统渠道得到。素材收集之后，需要进行筛选，注意尽可能不要与其他同类网站有过多的相似之处。筛选出来的素材还需要进行加工处理，利用各种常用工具软件对素材进行加工，使其成为自己的素材。

（三）网站布局

进行网站页面的内容布局前，需先对网站的用户群体进行需求分析，把用户关注最多的内容放置在页面的最重要位置。页面内容布局按照内容的重要程度由左上到右下进行布置。

（四）Logo 设计

怎样设计 Logo 是许多网站设计师比较头疼的事情。在设计之前要进行基本的调研分析，也就是对该企业做全面的调查，然后就是要挖掘所需要的素材，最后就是进行设计开发，这也是最重要的一步。只有经过反复的推敲修改，才能设计出令人满意的 Logo。

（五）导航设计

在设计导航之前，要充分分析用户需要什么。从导航的有效性、实现度和利用率来设计导航。

（六）Banner 设计

在设计 Banner 之前，要和客户沟通一下他们想在 Banner 上突出什么重点，然后有针对性地展现 Banner 上的内容。当确定重点之后，Banner 的色彩搭配要明亮干净，要与整个页面相协调。

（七）友情链接设计

设计网站的友情链接时要考虑网站优化的问题，链接一定不能是滚动的，因为滚动的链接不方便实现交互，最好将链接在底部一一列出来。

四、网页设计原则

（一）Web 基本设计原则

Web 内容永远是第一位的，多媒体外观设计与设计技术始终是第二位的。Web 内容是第一位的原则与 Web 的客户至上目标是一致的。Web 客户是指浏览网站的主要用户群。站点在设计时既应该专注客户的共性，也应该兼顾个性。Web 设计必须吸引人，以客户为本，引导他快速找到所需要的内容。

（二）Web 页面布局设计原则

网页布局是对页面的整体规划，即对页面划分成不同的区域，用于放置不同的页面元素，网页布局直接影响到网站的外观和结构，页面布局按照导航元素放置的位置进行分类。对于整个网站每个页面的布局应该相对保持协调一致，不应该有大的跳跃感觉。页面布局对于一个网站来说不宜过多，应该根据网站内容合理地设计页面布局。同类型网页应该有相同和非常相似的页面结构。切记不要边设计边修改页面布局，否则会浪费很多时间和精力，一旦确定就不要轻易修改。

（三）Web 页面颜色设计原则

页面颜色给客户最直接的视觉冲击，它在网站的感知和展示上扮演重要角色。企业的文化、风格和态度可以通过网站的颜色体现出来，好的色彩搭配可以使网页独具魅力，相反则使浏览者感到厌烦。网页色彩的选择包括色调、背景、文字、图表、边框和链接等应采用何种色彩，以及如何搭配等内容。网页色系要和整个网站保持一致。网站的色系可以分为暖色系、中性系和冷色系几种。色系包括网页底色、文字颜色、图片颜色、动画颜色和边框颜色等。

（1）Web 三色原则：除了黑色和白色以外，主要颜色原则上不要超过三种，太多的颜色会导致网页色彩杂乱，令人厌烦。

（2）选择一种适合的配色方案。

（3）网页元素应该选择与网站主体相一致的色调。

（4）应使用浏览器支持的 216 个 Web 安全颜色，否则会引起颜色抖动，可能造成显示的网页颜色与设计的颜色不一致、网页闪烁、浏览速度慢等问题。在设计时可以利用设计工具的拾色器来选择Web 页面颜色，如图 6-4 所示。

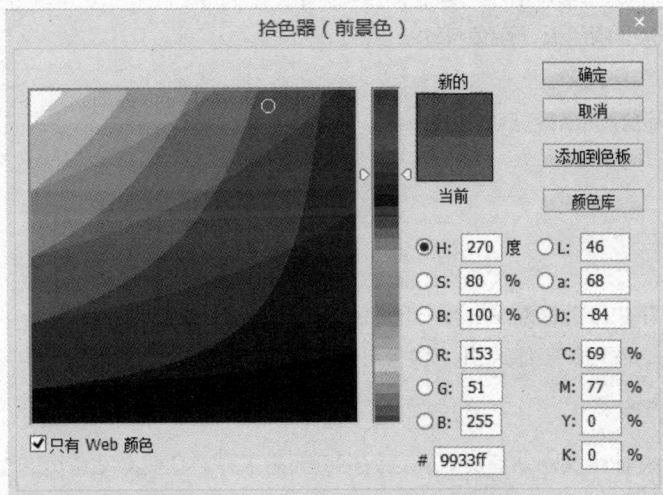

图 6-4　Photoshop 拾色器：Web 颜色

（四）Web 页面字体设计原则

（1）英文字体：Times New Roman、Arial。

（2）中文正文字体：宋体，9 磅或 12 磅（相当于 Word 的五号宋体字），12 磅汉字大小为缺省设置。

（3）特殊效果字体应放在图形中。

（4）段落行文字不宜过长，不要横跨整个浏览器窗口。

（5）字体在整个网站上使用一致性原则，使用同一种字体表示同类型的数据或信息。

（五）Web 页面导航设计原则

（1）导航是一个网站信息的总体分类，提供信息分类切换，是信息分类汇总目录的超链接集合。

（2）导航应遵循"3 次点击规则"。

（3）站点结构清晰，逻辑性强。

（4）借鉴成功导航。

（5）导航系统应该包含多种导航：主要导航、次要导航、站点地图、热点链接和站内搜索等。

（6）导航名称要规范和大众化，如首页、下载。

（7）导航名称命名既要有吸引力又要简明扼要和准确。

（六）Web 页面图像设计原则

图像除了给网页浏览者视觉冲击外，还为网站主体表达了寓意。图像设计要做到爽心悦目、简洁，体现网站的本质。进行 Web 页面图像设计时应注意以下几个方面。

（1）网站 Logo 应大小适宜，放在主页左上方。

（2）网站图像与网站色系协调一致。

（3）图像的文件尺寸能展现窗口即可，不宜过大。

（4）图像尽量避免使用高分辨率的真彩照片。

（5）使用 Web 标准调色板，避免抖动。

（6）在网页中勿滥用图像。

（7）大幅图像要进行适当裁剪后使用。

实训任务

1．实训目的

通过本次实训，学生应能够对企业网站的首页进行设计，确定网站首页名称、首页的导航、首页的布局、首页的字体、网站的整体风格，掌握网页设计的步骤和方法。

2．实训内容及步骤

以小组为单位，设计企业网站首页，确定首页页面需求，对企业网站首页的整体进行设计，确定网站首页的主要内容。

（1）根据首页页面需求确定网站的风格，进而确定首页要表现的主题和功能。

（2）搜集设计首页需要用到的素材。

（3）根据页面需求对企业网站首页的版面布局进行设计。

（4）Logo 设计。

（5）Banner 设计。

（6）友情链接设计。

（7）遵循网页设计原则在 Photoshop 中制作首页的效果图。

可以在一张白纸上绘制草图，再借助 Photoshop 软件继续创作，将需要放置的功能模块（如网站标志、网站导航、搜索、友情链接、广告条、版权信息等）安排到页面上。在此过程中，应遵循突出重点、平衡协调的原则，将网站标志和导航等重要模块放在最显眼、最突出的位置，然后考虑其他模块的设置位置，最后进行细化调整美化，做出具有创意的首页效果图。

3．实训成果要求

根据实训内容，设计制作企业网站的首页效果图。

任务三　域名策略

任务引入

通过对网络营销基础知识的学习，小李制作好了营销网站，想要发布到互联网上。他要做的是，先设计好域名，然后到网上查询该域名是否被注册。如果是未注册的域名，则可以按照相关步骤申请注册域名。

任务知识点

➢ 域名的概念

➢ 域名设计策略

➢ 申请域名

知识点讲解

一、域名的概念

（一）IP 地址

IP 是英文 Internet Protocol 的缩写，意思是"网络之间互联的协议"，也就是为计算机网络相互连接进行通信而设计的协议。IP 地址是网络互联协议提供的一种统一的地址格式，它为互联网上的每一个网络和每一台主机分配一个逻辑地址，以此来屏蔽物理地址的差异。在互联网中，它是连接到网上的所有计算机网络实现相互通信的一套规则。

（二）域名

1. 域名的含义

域名是互联网上的一台服务器或一个网络系统的名字。域可以继续划分为子域，如二级域、三级域等。域名的结构由若干个分量组成，各分量之间用点隔开，每一级域名都由英文字母和数字组成，级别最低的域名写在最左边，级别最高的顶级域名写在最右边，完整的域名不超过 255 个字符。域名系统既不规定一个域名需要包含多少个下级域名，也不规定每一级域名代表什么意思。各级域名由其上一级域名管理机构管理，而顶级域名则由互联网的有关机构管理。

2. 域名的类型

（1）按用途划分。域名按用途可分为如表 6-1 所示的几个大类。它们分别以不同的后缀结尾，且这些后缀与组织机构性质有关。

表 6-1　域名后缀的约定

域名后缀	组织性质	域名后缀	组织性质
.com	商业机构	.net	网络服务
.mil	军事领域	.nom	个人或个体
.info	提供信息的机构	.org	组织、协会等
.edu	教育机构	.gov	政府机构
.arts	艺术机构	.int	国际机构
.store	商业销售机构	.web	与 WWW 相关的机构

（2）按国别范围划分。域名可分为国际域名和国内域名。国际域名又称为国际顶级域名（international top-level domain-names，简称 iTLDS），这是使用最早且最广泛的域名，例如表示工商企业的 .com，表示网络提供商的.net，表示非营利组织的.org 等。国内域名又称为国内顶级域名（national top-level domain-names，简称 nTLDs），即按照国家和地区的不同分配不同后缀，这些域名即为该国和地区的国内顶级域名。由于国际域名资源有限，各个国家和地区在域名最后加上了国家和地区标识段，由此形成了各个国家和地区自己的国内域名，如中国国内域名".cn"".com.cn""jx.sina.com.cn"。

3．域名的功能

（1）技术功能。它是指通过域名，用户可以访问域名使用者的网站，这个时候域名相当于网络上的地址。

（2）标志功能。它使域名使用者可以把自己和其他人更显著地区分开来，这个时候域名相当于域名注册人在网上的特定标志。

4．域名的特性

（1）标识性。在互联网上不同的组织和机构是以不同的域名来标识自身而相互区别的。

（2）唯一性。域名在全球范围内独一无二。

（3）排他性。一经注册，其他人不能使用。

（4）转让性。域名不能被许可使用，只能转让。

（5）国际性。"网络无国界"使域名具有天然的不受地域限制的特征。

（6）依附性。只能应用于互联网上 。

5．域名的商业价值

由于域名在互联网上是唯一的，所以企业大都以自己名称的缩写或商标来注册自己的域名，这样便于别人认识自己，消费者或者其他人在网上查找该组织也会很方便。域名能够使访问的用户联想到某企业名称或者某一商品，这无疑是在给商家或商品做广告。企业当然会根据自己的商号或者产品商标来命名域名，这相当于在互联网上宣传自己。

二、域名设计策略

域名作为互联网数据交换时的唯一标志，也随着互联网在商务贸易中的应用，发展成为商业和交易的识别标志，越来越成为网络营销中重要的策略性资源。认识并重视域名的营销功能和商业价值，在企业的网络营销活动中有着深远的意义。策划、设计一个域名，一般要考虑以下几个方面的问题。

（一）按照国际标准选择顶级域名

按国别范围划分域名分为国际域名和国内域名。从功能上讲，这两类域名没有任何区别。在注册费用上，国内域名收费要比国际域名收费低 50%左右。从实际使用的角度来讲，到底注册哪类域名，取决于企业开展业务涉及的地域范围、目标用户的居住地，以及企业业务发展长远规划涉及的区域等因素。如果企业的业务大部分都是跨国界的，就应该考虑注册国际域名，或者同时注册国际域名和国内域名，这样就可以保证国内、国外用户能较容易地通过互联网获得企业及其产品的信息。

（二）处理好域名与企业名称、品牌名称及产品名称的关系

从塑造企业网上与网下统一的形象和网站的推广角度来说，域名可以采用企业名称、品牌名称或产品名称的中英文字母，这些既有利于用户在网上网下不同的营销环境中准确识别企业及其产品与服务，也有利于网上营销与网下营销的整合，使网下宣传与网上推广相互促进。

（三）域名要简单、易读、易记、易用

域名不仅要易读、易记、容易识别，还应当简短、精练，便于使用。这是因为，用户上网通常是通过在浏览器地址栏内输入域名来实现的，所以，域名作为企业在互联网上的地址，应该便于用户直接与企业站点进行信息交换。因为，简单精练、易记易用的域名更便于用户选择和访问企业的网站。如果域名过于复杂，很容易造成拼写错误，无形中增加了用户访问企业网站的难度，会降低用户使用域名访问企业网站的积极性与可能性。

（四）设计申请多个域名、不与其他域名混淆

由于域名命名的限制和申请者众多，因此极易出现相似的域名，从而导致用户的错误识别，影响企业的整体形象。因此，企业最好同时申请多个相似的域名，以避免自己形象受损。另外，为便于用户识别同一企业不同类型的服务，企业也可以申请类似的但又有所区别的系列域名。

（五）域名要具有国际性

由于互联网的开放性和国际性，用户可能遍布全世界，只要能上网的地方，就可能会有人浏览到企业的网站，就可能有人对企业的产品产生兴趣进而成为企业潜在的用户。所以，域名的选择必须能使国内外大多数用户容易识别、记忆和接受。所以命名最好用英语，而网站内容则最好能用中、英文两种语言。例如，雅虎为了成为国际性品牌，在全球建立了 20 个有地方特色的分站，如与香港网擎资讯公司合作，将其中文搜索引擎结合到雅虎中文指南的服务中，与方正联合推出 14 类简体中文网站目录，从而更好地为中国网民服务。

（六）域名要有一定的内涵或寓意

企业网站域名的命名与设计不能随心所欲，如 51job 网站取"无忧"的谐音，寓意网民无忧无虑找到自己合适的工作；亚马逊原是世界上最长的河流的名字，亚马逊书店采用这一响亮的名

字，获得了极大的成功；珠穆朗玛峰是世界上最高的山峰，珠穆朗玛电子商务有限公司的域名用8848，谐音是"发发誓发"，按中国人的理解是一定成功的意思，而且珠穆朗玛峰在国外又具有极高的知名度。

（七）域名要及时注册

按照国际惯例，域名申请注册遵循"先申请，先服务"的原则，所以设计好域名后，应立即申请注册，以防止被别人抢注的风险发生，保护自己的未来收益。域名和商标相比具有更强的唯一性。

（八）域名要符合相关法规

设计与注册域名要符合相关法规。如《中国互联网域名注册暂行管理办法》中规定，未经国家有关管理部门正式批准，不得使用含有"China""Chinese""cn"和"national"等字样的域名；不得使用公众知晓的其他国家或地区的名称、外国地名、国际组织名称等；未经地方政府批准不得使用县级以上（含县级）行政区划名称的全称或者缩写；不得使用对国家、社会或者公共利益有损害的名称。

三、申请域名

每个域名都是独一无二的，域名的价格不等。域名表示互联网协议（IP）资源，如用于访问互联网的个人计算机，托管网站的服务器计算机，或者网站本身或任何其他通过互联网传递的服务。

（一）企业域名申请步骤

1．准备申请资料

（1）申请者的身份证明材料。申请者为自然人的，应提交姓名、通信地址、联系电话、电子邮箱等；申请者为组织的，应提交其单位名称、组织机构代码、通信地址、电子邮箱、电话号码等。

（2）域名注册者联系人的身份证明材料。

（3）申请注册的域名。

（4）域名注册年限。

（5）要求提交的其他材料。

2．寻找域名注册商

域名注册商是一个商业实体或组织，它们由互联网名称与数字地址分配机构（ICANN）或者一个国家性的国家代码顶级域名（ccTLD）注册局委派，以在指定的域名注册数据库中管理互联网域名，向公众提供此类服务，并负责提供 DNS 解析、域名变更过户、域名续费等操作。.com 域名的管理机构是 Verisign，已有上千万个.com 域名被注册。CN 域名的管理机构是 CNNIC。CNNIC授权注册商，在 CNNIC 和注册商之间没有类似 Verisign 这样的公司，注册商直接从 ICANN 批发域名。

3．查询域名

在注册商网站点击查询域名，选择你要注册的域名，并点击域名注册查询。下面以万网为例。登录域名网站，查询域名是否被占用，如图 6-5 所示。

图 6-5 查询域名

4. 正式申请

查到想要注册的域名，并且确认域名为可申请的状态后，提交注册，并缴纳年费。

5. 申请成功

申请成功后，即可开始进入 DNS 解析管理、设置解析记录等操作。

（二）域名注册管理机构

域名注册依管理机构的不同而有所差异。一般来说，通用顶级域名的管理机构，都仅制订域名政策，而不涉及用户注册事宜，这些机构会将注册事宜授权给通过审核的顶级注册商，再由顶级注册商向下授权给其他二级、三级代理商。国家和地区顶级域名的注册就比较复杂，除了遵循前述规范外，部分国家如前述将域名转包给某些公司管理，亦有管理机构兼办顶级注册机构的情况。

实训任务

1. 实训目的

通过本次实训，学生应能够掌握域名的概念，会设计企业网站的域名，掌握申请注册企业网站域名的步骤。

2. 实训内容及步骤

以小组为单位，设计企业网站的域名，查询是否被注册，申请注册企业网站域名。

（1）设计多个备用域名，并说明其含义。

（2）查询域名。

（3）小组讨论选择最佳的可用域名，进行申请注册。

3. 实训成果要求

根据实训内容，撰写设计企业网站域名策略。

任务四　非自有网站的网络营销策略

任务引入

小李的家乡盛产脐橙，小李想通过网络打开销路，但是他没有条件建设自己的网站来销售家乡的脐橙。小李在无法自建网站的情况下该如何选择第三方网络营销平台开展网络营销呢？

任务知识点

➢ 非自有网站网络营销的概念

➢ 第三方网络营销平台

知识点讲解

一、非自有网站网络营销的概念

非自有网站网络营销是指企业不是在自己建立的网站上进行网络营销，而是充分利用互联网上的资源，借助第三方网络营销平台（各种电子商务平台、论坛、微博、微信、网站、网络直播、App 等），开展网络营销活动。有些企业因为自身条件的限制，如技术水平较低、规模较小、实力较弱等没有建立自己的网站。还有些企业建立了自己的网站，但是为了网络营销的效果更好、辐射范围更大，也在利用非自有网站开展网络营销。如小米手机在拥有自己官网的同时，也在京东和天猫上开设了小米官方旗舰店。

二、第三方网络营销平台

第三方网络营销平台（主要包括 B2B、B2C、C2C 电子商务平台）是指独立于产品或服务的提供者和需求者，通过网络服务平台，按照特定的交易与服务规范，为买卖双方提供服务的平台，服务内容包括但不限于"供求信息发布与搜索、交易的确立、支付、物流"。第三方网络营销平台的网络营销价值主要体现在它是企业的另一个网络推广渠道，它扩大了企业信息的网络可见度，企业可借助第三方网络营销平台的品牌等优势，提高中小企业的网络可信度。

（一）第三方网络营销平台的类型

第三方网络营销平台按照其行业、地域、功能、模式，可以划分为不同的类型。

1．按行业划分

按行业划分，第三方网络营销平台可分为专业性平台和综合性平台。

（1）专业性平台。其业务只专注于某一个行业，或者与该行业相关性比较强的若干行业。如中国化工网、中国建材网、中国纺织网等是典型的行业电子商务平台。

（2）综合性平台。涉及行业比较广泛，不拘泥于某个固定行业，有规模效应。如阿里巴巴、环球资源网、生意宝等是典型的综合电子商务平台。

2．按地域划分

按地域划分，第三方网络营销平台可分为地方性平台和全球性平台。

（1）地方性平台。地方性平台一般以一个国家或地区，或者更小的范围，特别是以省为主。地方性网络营销平台是根据一定范围内需求或者供应的特殊性而开设的平台，其中以省为单位的平台多是以政府为主导的，如江西省国际电子商务应用平台、江西特产专业网等。政府门户网站也可以看作区域性综合型电子商务信息平台。

（2）全球性平台。全球性平台与地方性平台的主要区别就是涉及多个国家或地区，主要特点是平台功能要涉及语言翻译、报关服务和全球货运，如阿里巴巴、环球资源网、生意宝等是典型的全球性电子商务平台。

3．按功能划分

按照功能划分，第三方网络营销平台可以分为电子商务信息发布平台、电子商务支付平台和电子商务交易平台。

（1）电子商务信息发布平台。这类平台主要是为用户提供各类信息的分类发布，还有一些信息发布平台提供了"智能建站"服务，为其会员搭建网上店铺，但不发生交易行为。常见的电子商务信息发布平台有中国分类信息平台、生意宝、中国房产网等。

（2）电子商务支付平台。这类平台是指一些本身不从事电子商务，但和各大银行签约、具备一定实力和信誉保障的第三方独立机构提供的交易平台。目前我国的第三方支付平台有支付宝、财付通、安付通、百付宝、网汇通、快钱、环讯等。

（3）电子商务交易平台。这是为企业和个人提供网上交易洽谈的平台，可以直接在网上实现交易和在线支付。B2B 平台、B2C 平台和 C2C 平台大部分都属于电子商务交易平台。

4．按模式划分

第三方网络营销平台分为 B2C（Business to Consumer）、B2B（Business to Business）、C2C（Consumer to Consumer）、B2G（Business to Government）、BMC（Business Medium Consumer）、ABC（Agents Business Consumer）等经营模式。其中主流模式有 B2B、B2C、C2C。B2B 是企业对企业的电子商务平台，主要有阿里巴巴、慧聪网、中国商品网等；B2C 是企业对消费者的电子商务平台，主要有京东商城、天猫商城、当当网、卓越亚马逊等；C2C 是消费者对消费者的电子商务平台，主要有淘宝网、微店等。

（二）第三方网络营销平台的选择

企业要选择具体的第三方网络营销平台开展网络营销推广，可以从以下几个方面着手。

1. 搜索第三方网络营销平台

想要知道有哪些第三方网络营销平台，企业一方面可以根据平时的积累获得，另一方面也可以通过搜索引擎获得，企业还可以请专业的网络营销公司推荐适合企业的网络营销平台。

2. 搜集第三方网络营销平台的评价数据

下面以天猫商城为例，介绍几种评价数据的搜集方法。

（1）企业网站会员注册数量（行业数据）。行业数据来自于艾瑞网（首页—搜索—B2C）、中国电子商务研究中心（B2C 动态）等网站。

（2）相关商品数量。在首页的搜索框中输入关键字就可以看到有多少相关的商品在天猫商城上销售，如图 6-6 所示。

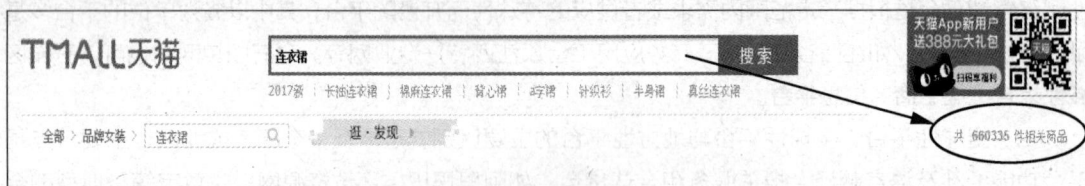

图 6-6 相关商品数量搜索结果

（3）Alexa 排名。查询网址：Alexa 官网。

（4）SEO 数据。查询网址：SEO 中国官网，查询结果如图 6-7 所示。

图 6-7 SEO 查询结果图

（5）搜索引擎收录量。查询网站在各大搜索引擎中的收录量，收录越多，说明网站越重要，对搜索引擎越友好，更新周期越短，网站流量就越大。收录量的查询方法：在搜索框输入"site：网站域名"查询，如图 6-8 所示。

图 6-8　百度收录量的查询结果图

（6）网站日 IP/PV 情况。独立 IP 数是指一天内有多少个独立的 IP 浏览了页面，即统计不同的 IP 浏览用户数量。一天内相同 IP 地址多次访问网站只能被计算一次。页面浏览量（page view）是评价网站流量最常用的指标之一，简称为 PV。用户每次打开网站页面被记录一次。搜索引擎会根据网站的 PV 来判断网站的好与坏，PV 是影响网站排名的重要因素之一。网站日 IP/PV 情况可以反映出一个网站的访问量和浏览量，以此来了解一段时间内网站的流量状况，可以到站长之家查询，查询结果如图 6-9 所示。

图 6-9　天猫商城网站的日 IP/PV 查询结果图

3．评估第三方网络营销平台

根据上述查询结果，企业可以通过平台基本情况（平台类型、客户分布、主要功能、收费情况）、实力指标（平台会员情况、SEO 信息、Alexa 排名、每日访问量等）、可信度指标（企业信息的真实性、商品信息的真实性、平台诚信管理机制）进行综合评估，从而选择适合的网络营销平台。

4．选择第三方网络营销平台

企业在选择第三方网络营销平台时，可以综合考虑企业的需求、资金预算和企业网络营销人员情况。一般可以同时选择在多个不同的平台上进行网络营销和推广。

（三）利用第三方网络营销平台开展网络营销的流程

利用第三方网络营销平台开展网络营销一般采用 5 个步骤：在第三方网络营销平台注册账号，上传企业的产品和服务信息，在平台上及平台外推广企业，安排专人管理平台，评估平台推广效果。

1．在第三方网络营销平台注册账号

选择好合适的第三方网络营销平台后，企业就可在平台注册会员并获取账号。目前有些平台是免费的，有些平台则需要付费。企业注册后可以开设企业店铺，开设店铺后就需要进行店铺装修，开始店铺的运营。对于中小企业来说，第三方网络营销平台是一个不容忽视的网站营销阵地。一般来说，第三方网络营销平台可以提供以下几个方面的功能让企业在网络世界中展示自己。

（1）基本信息：企业介绍、经营活动、公司历史、联系方式。

（2）品牌展示：品牌图片、内部信息、新闻报道。

（3）实力展示：证书（质量认证、免检证书、获奖证书）。

（4）人才招聘：发布人才招聘信息。

在不同的网络营销平台，企业的宣传信息内容应该统一；不同的网络营销平台的目标客户对信息的关注偏好不同，宣传应有所侧重。

2．上传企业的产品和服务信息

在企业的产品和服务描述中应该注意两方面信息：产品和服务的分类是否清晰、是否符合平台的要求；产品和服务的介绍是否详细、图片是否清晰、产品描述数据是否清楚。

3．在平台上及平台外推广企业

第三方网络营销平台上的企业众多，企业如果不主动出击宣传自己，就可能会被淹没在信息的海洋中。要在平台上进行宣传，企业首先要了解潜在的合作对象是如何搜索客户的，了解平台上的企业宣传和搜索排名的规则。要在第三方网络营销平台上扩大自己的知名度，企业可采取以下措施。

（1）购买平台广告位、产品搜索的关键字排名。

（2）分析平台搜索排名规律，设计关键字、信息发布、产品分类技巧等，以获取良好的企业和产品展示机会。

（3）在平台社区发帖，获得他人的关注。

（4）主动出击，搜索潜在客户并与他们取得联系。

（5）利用传统的渠道让客户发现企业。

4．安排专人管理平台

企业注册第三方网络营销平台后就相当于在虚拟世界中建立了一个或者多个店铺，这些店铺将是企业在网络虚拟市场中与潜在客户接触的渠道。企业应该像管理实体店铺一样，做好客户的接待、咨询和日常店铺管理工作。具体内容如下。

（1）及时处理客户订单，及时回复客户的业务咨询。

（2）及时将订单处理情况通知客户（即时通信工具、电话、邮件留言等方式）。

（3）做好产品和供求信息的更新，管理日常的宣传推广。

（4）及时收集相关信息，监控各企业在第三方网络营销平台上的营销效果。

（5）及时关注竞争对手在各网络营销平台上的动向，及时汇总上报，并做出有针对性的对策。

5. 评估平台推广效果

在第三方网络营销平台实施网络营销推广方案后，要经常对各项活动的效果进行总结，探索不同平台的网络营销运营规律，以提升网络营销实施的效果。

实训任务

1. 实训目的

通过本次实训，学生应能够掌握非自有网站网络营销的概念，会开展非自有网站网络营销，能够评价和选择第三方网络营销平台，并能利用第三方网络营销平台开展营销活动。

2. 实训内容及步骤

以小组为单位，选择第三方网络营销平台，开展网络营销。

（1）收集当前主要的 B2B 和 B2C 第三方网络营销平台信息，并对第三方网络营销平台进行简单的评估。

（2）分别在 B2B 和 B2C 第三方网络营销平台上开展网络营销，总结利用第三方网络营销平台开展网络营销的流程。

3. 实训成果要求

根据实训内容，分析在 B2B 和 B2C 第三方网络营销平台上开展网络营销的异同。

项目小结

网络营销网站策略是开展网络营销的基础，网络营销的 4P 策略很多时候是建立在网站的基础上的。企业在实施网络营销策略时，可以选择建立自己的企业网站来开展网络营销，也可以利用第三方网络营销平台来开展网络营销。

本项目由企业网站规划、网页设计策略、域名策略、非自有网站的网络营销策略四个任务组成。企业网站规划包括企业网站的概念、企业网站在网络营销中的地位、企业网站的功能、规划企业网站。网页设计策略包括企业网站网页类型、企业网站网页构成、网页设计步骤、网页设计原则。域名策略包括域名的概念、域名设计策略、申请域名。非自有网站的网络营销策略包括非自有网站网络营销的概念、第三方网络营销平台。

思考与练习

一、不定项选择题

1.（　　）不仅代表着企业的网络品牌形象，同时也是开展网络营销的根据地。
    A. 企业网站　　　　B. 门户网站　　　　　　C. 宣传网站　　　　D. 企业文化

2. 互联网中用于撰写 WWW 网页的描述性语言是（　　）。
    A. C 语言　　　　　B. HTTP　　　　　　　C. HTML　　　　　　D. XML

3. 在网页设计中要遵循 Web 页面颜色设计原则，浏览器支持（　　）个 Web 安全颜色，否则会引起颜色抖动。

    A. 256　　　　　　B. 216　　　　　　C. 236　　　　　　D. 226

4. 域名结构采用（　　）结构，任何一个连接到互联网上的主机或路由器，都有一个唯一的层次结构名字。

    A. 层次树状　　　　B. 网状　　　　　　C. 环状　　　　　　D. 线形

5. 下列属于 B2C 类型的第三方网络营销平台的是（　　）。

    A. 当当网　　　　　B. 阿里巴巴　　　　C. 淘宝网　　　　　D. 天猫商城

二、简答题

1. 企业网站的功能体现在哪些方面？

2. 规划企业网站要经过哪些步骤？

3. 网页设计的步骤是什么？

4. 网页设计过程中要遵循的原则有哪些？

5. 策划、设计域名时要考虑哪些问题？

6. 企业要选择第三方网络营销平台开展网络营销推广，可以从哪些方面着手？

7. 如何利用第三方网络营销平台开展网络营销？

07 项目七
网络推广

【项目简介】

虽然电子商务在国内已经发展了十多年的时间，但其衍生行业，如搜索引擎优化、网络推广，仍是新鲜的概念。国内的专业公司及专业人才非常少，无法满足现有的行业发展需求。有实力的公司常采取花钱推广的方法，而大多数中小型刚起步的公司则通过具有针对性的且低成本的网络推广来达到增加品牌知名度的目的，网络推广能根据各个企业不同的特点制订不同的推广方案，取得了较好的推广效果。

随着国家相关扶持政策的陆续出台，国家对电子商务行业的支持力度不断加大。电子商务行业以其低成本、无地域限制等特点，必将会对传统行业产生极大的冲击。很多之前从事传统营销的企业也纷纷建立营销网站，并通过互联网进行宣传。

【学习目标】

知识目标：了解网络推广的兴起及发展过程；了解几种常见的网络推广方法的概念及特点；掌握网络推广的运用技巧；知道如何运用网络推广进行商业运作。

技能目标：能够熟练运用几种常见的网络推广方法。能够掌握网络推广的运用技巧，具有较强的网络营销策略综合运用能力。

素质目标：培养学生良好的网络营销业务素质和身心素质，增强学生的现代市场竞争意识，培养分析问题、解决问题和实际运用的能力。

【引导案例】

小米手机的网络推广

小米诞生在社交媒体蓬勃发展的元年，正赶上新旧媒体交替的时代，借助社会化营销平台的力量，小米铸就了传奇，完成了不可能完成的任务。截至 2012 年底，小米手机销量突破 720 万台，"米粉"已达 1 000 万，小米官微每天有 1 万+的@。在 2012 年 3 月之前，小米手机唯一曝光渠道只有微博。微博营销，让小米手机创造了 6 分钟销售 10 万台手机的奇迹（见图 7-1）。只要有小米出没的地方，就有说不完的话题。小米手机官方发布的一条有关"新浪微博社会化网购首单"的微博被转发了 260 多万次。除了"转发送手机"以外，还有哪些因素推动了这条微博疯狂地被转发呢？

图 7-1　小米手机预定数据

数据显示，截至 2012 年 12 月 31 日，这条微博被转发了 260 多万次，近 150 万用户参与了转发，微博中的网站链接被点击了 30 多万次。从 2012 年 12 月 19 日至 2012 年 12 月 21 日，小米手机官方微博的粉丝数量由之前的 76 万，迅速增长到 152 万，平均每天增长 40 万粉丝。

从 2012 年 12 月 19 日上午 9 点开始，每隔一段时间，粉丝关注小米并转发小米的一条微博，就有机会得到一台小米手机。小米开始动用公司、产品、员工、粉丝后援团等微博账号带动转发，并集合新浪一系列官方微博账号联合转发，如"微博 Android 客户端"等。就这样，大家都开始相互转发，越来越多的人开始关注小米和转发小米相关的微博，消息被不断扩散开去，瞬间就将每小时转发量带至 8 万次，且热度持续性较好。

在这 260 多万次的转发中，主要分为三股力量。第一股力量是"小米军团"，主要由小米公司各类官方微博、员工微博组成，其中不乏粉丝众多的大号，如@小米公司、@黎万强等。"小米军团"一共带来了 347 669 次转发，95 685 条评论。第二股力量则是"草根大号军团"，主要由微博上知名的草根营销大号组成，如@冷笑话精选、@微博搞笑排行榜、@全球热门排行榜等。"草根大号军团"一共带来了 49 666 条转发，1 740 条评论。还有一股力量则来自"新浪军团"，主要由新浪微博的各类官方大号构成，如@微博客服、@微博 Android 客户端、@手机微博等。"新浪军团"一共带来了 16 305 次转发，2 936 条评论。

通过分析可知，小米的微博营销并不是一个神话，而是经过精心安排的一场营销的盛宴。小米手机在社会化媒体营销的尝试上无疑是极其成功的。这场微博营销大战中，小米公司仅花费几台小米手机产品的成本价，就带动了几十万人去转发和关注，这比找广告公司做广告花的钱少得多，实现了花最少的钱，做最大的推广。而小米正因采用这样的微博营销手法，从一个无名的手机品牌，迅速成为国产手机领头羊。

思考：

1. 小米公司运用了哪种网络推广方法？
2. 小米公司为什么要采用这种网络推广方法？
3. 小米公司是如何通过这种网络推广方法塑造公司品牌的？

任务一　认知网络推广

任务引入

通过前面几个项目任务的学习，小李对网络营销有了较深入的了解，但前面讲到的都是具体的营销方法，而不是网络推广方法，小李想进一步了解网络推广以及网络推广与网络营销的联系与区别。

任务知识点

➤ 网络推广的含义

➤ 网络推广的划分

➤ 网络推广的步骤

知识点讲解

一、网络推广的含义

随着网络的逐步普及，它成为消费者信息的主要来源。在产品严重同质化的现代市场竞争条件下，广告、宣传、营销手段成了企业必备的竞争力，但是传统的推广方法与手段成本较高，而网络推广价格低廉且效果直接。所以很多企业都争相做网络推广，特别是一些建立了自己网站的企业更希望通过互联网手段对自己的网站进行推广，让更多的消费者和浏览者能在网站上更快更方便地找到他们想要的信息。网络推广可以增加网站权重，让更多人了解企业，从而提高企业的知名度，进而为企业带来更多的收益。

网络推广是指利用互联网进行宣传推广的一切活动。被推广对象可以是企业、产品、信息以及个人等。从广义上来讲，网络推广也可理解为网络营销。企业从申请域名、租用空间、建立网站开始就算是介入了网络推广活动。从狭义上来说，网络推广是指利用互联网手段进行宣传推广的活动，以达到提高品牌知名度的效果。而通常我们所指的网络推广都是指狭义的网络推广。网络推广的载体是互联网，离开了互联网的推广就不能算是网络推广，而且利用互联网必须是进行推广，而不是做其他的事情。与网络推广相近的概念有网络营销、网站推广、网络广告等，我们分别来看这几者之间的关系。

如今，很多人对网络营销已经有了全新的认识，但许多人认为网络推广与网络营销是一回事，其实不然，网络推广和网络营销是不同的概念。网络营销偏重于营销层面，更重视网络营销后是否产生实际的经济效益。而网络推广重在推广，更注重的是通过推广后，给企业带来的网站流量、排名、访问量、注册量等，目的是扩大被推广对象的知名度和影响力。网络营销必须包含网络推广这一步骤，而且网络推广是网络营销的核心工作。网络推广是保证网络营销效果和成功的关键，是网络营销的重要组成部分。当网络营销落实到执行层面时，需要网络推广来为之服务。网络营销脱离了网络推广，很难独立存在。而当面对一些简单的推广需求时，网络推广却完全可以独立操作。

另一个容易混淆的概念是网站推广。网站推广是网络营销极其重要的一部分，因为网站是网络的主体。因此很多网络推广都包含网站推广。当然网络推广也进行非网站的推广，如线下的产品、公司等。这两个概念容易混淆是因为网络推广活动贯穿于网站的生命周期，网站策划、建设、推广、反馈等网站存在的一系列环节中都涉及网络推广活动。

网络广告则是网络推广所采用的一种手段。除了网络广告以外，网络推广还可以利用搜索引擎、友情链接、网络新闻炒作等方法来进行推广。

随着互联网的迅速发展，网民将会越来越多，因此网络的影响力也将会越来越大。如果不希望在互联网上做一个信息孤岛，就需要有效实现网络宣传。网络推广是目前投资最少、见效最快、效果最好的扩大知名度和影响力的方式，是被推广对象通过网络提高知名度、实现预期目标最有力保证之一。对企业而言，做好网络推广，可以带来经济效益；对个人而言，可以让更多人了解自己，认识更多的朋友。

二、网络推广的划分

网络推广从不同的角度会有不同的划分方式，下面对不同角度下的网络推广进行具体的阐述。

按范围划分，可分为对外推广和对内推广。对外推广是指通过一系列手段针对潜在用户进行营销推广，以达到增加网站 PV、IP、会员数或收入的目的。对内推广是专门针对网站内部的推广，例如：如何增加用户浏览频率、如何激活流失用户、如何增加频道之间的互动等。以友答网为例，其旗下有几个不同域名的网站，如何让这些网站之间的流量转化、如何让网站不同频道之间的用户互动，这些都是对内推广的重点。很多人忽略了对内推广的重要性，其实如果对内推广使用得当，效果不比对外推广差。毕竟在现有用户基础上进行二次开发，要比开发新用户容易得多，投入也会少很多。

按投入划分，可分为付费推广和免费推广。这两种推广都很好理解，就是字面的意思。付费推广包括网络付费广告、竞价排名、杂志广告、CPM、CPC 广告等。做付费推广，一定要考虑性价比，即使有钱也不能乱花，要让钱花出效果。免费推广是指不需要额外付费的推广，这种方法很多，如论坛推广、资源互换、软文推广、邮件群发等。随着竞争的加剧、成本的提高，各大网站都开始倾向于此种方式。

按目标点划分，可分为品牌推广、流量推广、销售推广、会员推广和其他推广。品牌推广是以建立品牌形象为主的推广。这类推广一般都用非常正规的方法进行，而且通常会考虑付费广告。

品牌推广有两个重要任务，一是树立良好的企业和产品形象，提高品牌知名度、美誉度和特色度；二是最终将有相应品牌名称的产品销售出去。流量推广是以提升流量为目的的推广。在流量面前，大部分网站都不得不低下"高贵的头"。流量是一个网站营利的基础。销售推广是以增加收入为目的的推广，通常会配合销售人员来做，具体情况具体对待。会员推广是以增加会员为目的的推广，一般是以有奖注册或其他激励手段进行推广。其他推广是指其他一些项目或细节的推广，例如某个具体的活动等。

三、网络推广的步骤

在网络推广领域中，对于新手来说最怕出现的就是两个问题：一是看不懂，二是没方向。网络推广也是有步骤可循的，它主要分为了解产品、定位用户、找到用户、传播内容、打造文案、培育流量、自然成交七大步骤。

第一步，了解产品。

如果想要使一款产品大卖，首先必须对产品有足够的了解，至少应该从五个方面来了解产品。一是从业务角度，了解产品的材质、生产工艺、成本构成、性能、用途、使用及保养方法等。二是从客户角度，了解为什么客户要在我这里买，我能为客户带来什么，我能否为客户节省费用、时间、精力。三是从市场角度，了解产品的热门需求点在哪，对应的客户人群是哪些。四是从同行的角度，了解同行是如何塑造产品卖点的，同行是怎么推广产品的，同行的成本是否比我的低，为什么有的同行退出了市场，同行没有顾及的细节是什么。五是从自己的角度，了解自己的资源是什么，自己的经营能力如何，自己欠缺的是什么，可以与谁合作。

第二步，定位用户。

当我们彻底了解了产品之后，便要根据产品来定位自己的用户。我们需要借助百度指数提供的数据来判断产品的需求点（需求图谱）、人群属性（人群画像），为这些人群打上标签。比如我们是卖鲜花的，我们就可以掌握很多需求点：鲜花包装、节日鲜花、鲜花图片、鲜花速递、鲜花礼品、鲜花创意、场景鲜花（比如结婚）等，为定位好的人群打上如上标签，这样做推广的时候才有方向，如图 7-2 所示。

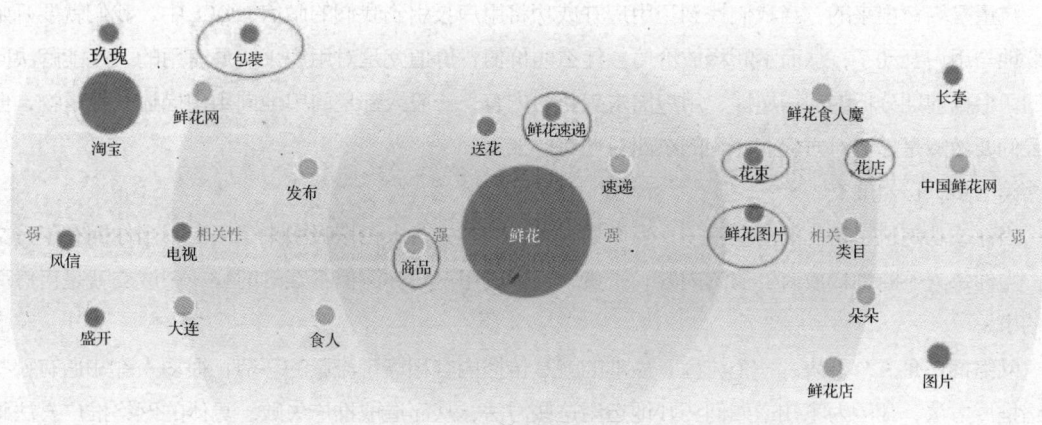

图 7-2　如何定位客户

第三步，找到用户。

在上面第二步的介绍中我们定位好了用户，我们知道用户是属于什么样的群体了，这个时候我们就要找到这些群体。还是以卖鲜花为例。

喜爱鲜花的人：女人。

购买鲜花的人：多数是男人。

哪些节日需要鲜花：情人节、母亲节、教师节、清明节、国庆节。

哪些场景需要鲜花：生日、求婚、婚礼、过节。

这样我们的用户就找到了，为这些人打上标签：白领、母婴、大学生、恋爱、情侣、结婚。

这样我们就可以判断出他们经常出没的地方——对应的贴吧、论坛、社群（QQ 群、微信群、微博群）。

第四步，传播内容。

传播内容其实就是对于网络推广方法的选择，选择什么样的渠道或途径扩大产品的影响力及精准营销。在互联网时代，我们不是产品的兜售者，而是产品所承载的知识和文化的传播者。

例如我们卖红酒，难道要直接去加一大堆微信群、QQ 群然后发广告或者是不停地刷朋友圈吗？一个精明的网络推广者会这么做吗？当然不会！我们应该建立一个平台——微信、微博、网站、部落、贴吧、QQ 群、QQ 空间……什么渠道都行——用这个平台来弘扬红酒文化，发布品酒知识，在分享知识和内容的时候，产品自然就销售出去了。从这刻起，停止无用的推广，去各大论坛分享产品背后承载的文化、知识，发布评测和使用方式，直播使用效果，植入联系方式，吸引来的人群就是你的潜在客户。

第五步，打造文案。

每个产品都需要一个好文案来提升品位。我们不得不承认，一个好文案对产品的销售是非常重要的。在第一步中我们已经把产品卖点提炼出来了，文案的打造就是用一定的展现手法将产品卖点与客户痛点相结合，引起客户的共鸣。具体的展现方法也有很多，比如漫画展现、常规展现、视频展现等，具体可根据产品的定位人群选择不同的展现方法。

第六步，培育流量。

流量是培育出来的。当我们找到了用户并成功将用户吸引到我们的微信、QQ 中，我们就要开始持续地与用户互动了，从而不断释放价值。什么叫价值？价值就是对用户来说是有用的，是能解决问题的。根据前期分析的用户属性、用户需求来整合内容，一般人都是简单地向用户描述一件事物，但是我们要做的是告诉对方我们介绍的东西对他有什么用。

第七步，自然成交。

当你成功定位了自己的潜在客户，当你通过整合内容去各大论坛吸引来了用户，当你拥有了好文案，当你每天不断地释放有价值的内容、干货，当你的用户对你深信不疑的时候……成交就是自然而然的事。

网络推广是一个系统，一个流程，最难的就是传播内容和培育流量的环节，很多人都知道有哪些网络推广方法，却因为不知道如何巧妙地运用这些方法，从而造成推广失败。具体的网络推广方法将在下一节中具体阐述。

实训任务

1. 实训目的

通过实训任务认知网络推广。

2. 实训内容及步骤

（1）利用搜索引擎工具，分析网络营销、网络推广、网站推广三者之间的异同。

（2）通过实际案例分析三者之间的差别。

3. 实训成果要求

根据实训内容，按以下要求进行实训成果展示。

（1）多方位比较三者的不同，理解网络推广的具体含义。

（2）三者间的相同点与不同点用表格的形式展示。

任务二　常用的网络推广方法

任务引入

任务知识点

又到了赣南脐橙成熟的季节了，小李所在的村庄今年脐橙大丰收，产量达到了 9 000 吨。可脐橙一年只有 2 个月的销售期，过了这个时间脐橙如果没有销完就会腐烂。面对众多的竞争对手，利用传统渠道很难在短时间内销售完这 9 000 吨脐橙。小李看到很多人都在利用网络进行销售，他也想通过网络来推广家乡的特产。那么小李要如何选择网络推广的手段呢？

任务知识点

➢ 网络推广方法的分类

➢ 网络推广方法的应用

知识点讲解

一、网络推广方法概述

网络推广这个概念相信大家非常熟悉，现在几乎每一家企业都在做网络推广。随着互联网时代的到来，网络推广成为一种必要的推广手段，网络推广网站更是数不胜数，人们为了在互联网占有一席之地，衍生出各种各样的网络推广方式。

网络推广离不开网络平台，有些学者认为可以根据不同平台种类将最常用的网络推广方法分为三

151

大类：一类是利用高权重平台进行网络推广；一类是利用高流量平台进行网络推广；一类是利用高权重和高流量平台进行综合推广。

（一）利用高权重平台进行网络推广

我们常说的高权重平台指的是一些高权重的论坛、微博等，例如天涯、豆瓣、优酷、贴吧等。先看一个利用高权重平台进行网络推广的例子。在百度中搜索"古剑奇谭51"，在搜索结果首页可以发现天涯的有关帖子，感兴趣的读者可以点开看看别人的帖子是怎么操作的。再看一个例子，百度中搜索"婴儿车"，同样在搜索结果首页就出现了一个腾讯微博关于婴儿车的介绍。通过这两个例子，我们可以发现我们完全可以利用高权重平台进行网络推广。利用高权重平台进行网络推广有以下优点。

（1）可快速提高热门词的百度排名，如热门电视剧、热门事件等。我们可以创造出与这些热门词相关的长尾词，在高权重平台进行推广可以快速得到很好的排名。

（2）流量损失小。通过高权重平台吸引的流量损失小，因为我们是直接从百度获取的流量。

同时，利用高权重平台进行网络推广也存在着一些缺点。

（1）运行周期长。利用高权重平台进行推广没有立竿见影的效果，需要花费一些时间和精力进行维护，比如做外链、定期更新等。

（2）运营风险高。可能刚刚把关键词的排名做上去，就会被删除，导致前功尽弃。

（二）利用高流量平台进行网络推广

这里所说的高流量平台是指目的性强、流量大的网络平台，例如各大门户网站的博客、新闻源、蘑菇街社区、美丽说社区、热门帖子等。利用高流量平台进行网络推广有以下优点。

（1）转化快。因为利用高流量平台，在很短的时间内就能获得很大的流量，可以帮助我们在很短的时间内完成流量转化。

（2）流量极其精准，转化率高。高流量平台吸引过来的流量几乎全部都是精准流量。

同样，利用高流量平台进行网络推广也存在很多缺点。

（1）流量损失大。为什么这么说呢？因为你利用别人的流量再转化成自己的流量，这样一个烦琐的过程必定要损失很大一部分流量。

（2）操作烦琐，消耗大量人力。这种方法需要大范围地留联系方式，这样做效果才会明显，这个过程是特别烦琐的。

（三）利用高权重和高流量平台进行综合推广

这种方法最常见的做法是软文推广。例如，在百度中搜索"老中医祛痘怎么样，会不会有副作用"，可以看到其中有个答复链接到新浪博客"卜喆珣告别痘脸不留印"。

可以看出这是一个典型的利用高权重和高流量平台进行综合推广的例子。先利用百度这个高流量平台推广，然后将流量转化到高权重平台，最终完成流量转化。

二、常用的网络推广方法

但以上的方式太过于笼统，对于很多初学网络推广的人而言依然不知道究竟有哪些具体的操作方法，因此我们将网络推广方法分为7种，分别为搜索引擎营销、社会化媒体营销、网络视频营销、网络广告营销、软文营销、事件营销、病毒式营销。下面具体介绍这 7 种网络推广方法。

1．搜索引擎营销

搜索引擎营销是目前最主要的网站推广营销手段之一，尤其是基于自然搜索结果的搜索引擎推广，因为是免费的，因此受到众多中小网站的重视，搜索引擎营销方法也成为网络营销方法体系的主要组成部分。搜索引擎营销的主要方法包括竞价排名、分类目录登录、搜索引擎登录、付费搜索引擎广告、关键词广告、搜索引擎优化、地址栏搜索、网站链接策略等。

搜索引擎营销的目标是为了目标客户的点击量，以及将其转化为有效的流量。搜索引擎营销所做的就是全面而有效地利用搜索引擎来进行网络营销和推广。搜索引擎营销追求最高的性价比，以最小的投入，获取来自搜索引擎的最大的访问量，并产生商业价值。所以搜索引擎营销包含了从搜索引擎进入的流量到最后达成销售的所有的工作。进行搜索引擎营销及在外部优化的同时，将其更好地推荐出去，将内外部的优化做好，然后，通过搜索引擎营销将自己放到容易被目标用户关注的位置上，以达到营销目的。

在如今的网络世界，无论营销的目的是为了销量，还是品牌的打造，都是为了企业的壮大，搜索引擎营销在我们生活中已经很常见了。相对于其他的营销而言，搜索引擎营销有如下特点。

（1）搜索引擎营销主动性高。搜索引擎可以对用户行为进行准确分析并实现高精度定位，我们搜索时所留下的各类浏览历史信息，会被记录并且分析判断，在之后的使用中主动呈现。

（2）搜索引擎营销受众广泛。无论是否使用搜索引擎，信息风暴都会使网上用户成为受众。

（3）搜索引擎营销方法与网站密不可分。网站及产品的推广是搜索引擎营销的主要目的之一，因此网站的专业性以及搜索引擎的友好性会对搜索引擎营销的效果产生直接的影响，所以搜索引擎优化和搜索引擎营销往往密不可分。

（4）受众自主选择，可信度高。搜索引擎营销是一种用户主导的网络营销。使用搜索引擎检索信息的行为是由用户主动发出的，搜索引擎广告的接受没有强迫性，用户更加自由，更能给予信任。

（5）搜索引擎营销可实现高精度的客户定位。搜索引擎营销可以对用户行为进行准确分析并实现高精度定位，尤其是在关键词定位方面，以你所求，供你所需，还可附加上你所想不到的效果。

（6）搜索引擎营销不足以实现最终的交易行为，还需要辅以其他手段。搜索引擎营销的效果主要表现为营销网站访问量的增加。将访问量进行转化，决定因素很多，用户体验、满足所需是重要的两大因素。

（7）搜索引擎营销对搜索引擎服务商的依赖较大，如果搜索引擎更改算法，搜索引擎营销也应该做出相应的改变。

（8）搜索引擎营销门槛低、竞争激烈。搜索引擎是开放性的平台，门槛比较低。任何企业，不论企业规模大小，也不论品牌知名度高低，都可以在搜索引擎上推广宣传，并且机会均等，因此市场竞争十分激烈。

美联航空——优化关键词选取，达成机票销量翻番增长

美国联合航空公司（United Airlines）在 2007 年第一季度期间，充分利用搜索引擎营销手段，在消费者形成机票购买决策前就与之充分互动，将消费者最想预先知晓的机票信息做最有效的传达，在广告预算没有增长的情况下，由搜索引擎营销产生的销售业绩增长超过两倍。

美联航空通过调研获知，有 65% 的消费者在做出旅行决定前，会进行至少 3 次搜索；有 29% 的消费者会进行 5 次以上的搜索。而用户关注的信息主要体现在三个层面：价格、服务和关于航空公司的详细信息。因此，美联航空针对这三个层面的信息，分别对关键词的选择以及结果的呈现方式做了优化，使消费者在决策前知晓相关的信息，从而带动了机票的销量。

美联航空的案例告诉我们，搜索引擎营销能够告知客户在购买周期内关注的细节是什么，而如何把握这些细节，如能在营销活动中提升与客户的信息传达能力，并且时刻优化这些信息的呈现，让市场营销人员和用户保持互动循环，就能对销售产生实际的促进意义。

2. 社会化媒体营销

社会化媒体营销是利用社会化媒体，如在线社区、博客、百科或者其他互联网协作平台媒体，进行营销、公共关系和客户服务维护开拓的一种方式。社会化媒体营销又称社会媒体营销、社交媒体营销、社交媒体整合营销、大众弱关系营销。社会化媒体营销有如下特点。

（1）可精准定向目标客户。

社交媒体掌握了用户大量的信息，抛开侵犯用户隐私的内容不讲，仅仅是用户公开的数据中，就有大量极具价值的信息，不只是年龄、工作等一些表层的东西，通过对用户发布和分享内容的分析，可以有效地判断出用户的喜好、消费习惯及购买能力等信息。此外，随着移动互联网的发展，社交媒体用户使用移动终端的比例越来越高，移动互联网基于地理位置的特性也将给营销带来极大的变革。通过对目标用户的精准定向以及地理位置定向，我们在社交网络投放广告自然能收到比在传统媒体更好的效果。

（2）信息传达更及时。

微博出现之前，优质的媒体资源基本上被电视台、广播、报纸、杂志、门户网站等垄断，企业的重大营销活动，基本上只能借助上述媒介平台进行发布和宣传。

然而，拥有天然媒介禀性的微博一出现，便产生了对传统媒介的巨大冲击波。微博以其现场播报、文字+图片+视频+音频的方式，使得资讯传达更为及时和迅速，俨然成了许多网民（如今网民的概念基本上也等同于公民、消费者）获取信息的第一阵地。

（3）更直观的广告传播效果。

广告投入产出比（ROI）是每一个广告主最为关心的事情，在社会化媒体营销平台，广告主可以通过自己广告的转播或评论很直观地看到自己的广告效果，也可以通过数据分析后台计算自己的投入/产出比，适时调整广告策略。现在有些平台甚至可以通过广告的实际效果按比例付费，这对广告主来说无疑是相当有利的。

（4）可进行舆论监测和市场调查。

社会化媒体的最大优势是可以利用大数据的特性帮助我们低成本地进行舆论监测和市场调查。随着社交媒体的普及，社交媒体的大数据特性得到了很好的体现，而企业如果能做好社交网络的数据分析与处理，也能从中获得很大的好处。通过社交媒体企业可以低成本地进行舆论监测，通过对社交平台大量数据的分析，或者进行市场调查，企业能有效挖掘出用户的需求，为产品设计开发提供很好的市场依据。

营销案例

电影社会化媒体营销的爆发之年

如果说 2012 年年末电影《泰囧》的社会化媒体营销是一次初探的话，2013 年国产电影的社会化媒体营销则迎来了爆发。《致青春》于 2013 年 4 月末上映，上映之前官方微博早已建立，并迅速积累了超过 18 万的粉丝，而在上映之后，以赵薇和光线传媒为核心的娱乐媒体圈开始在微博上广泛传播关于电影的话题。黑马良驹在《致青春：一场引爆社交网络的周密策划》中写道："赵薇的圈内好友纷纷前来助阵不足为奇，让大家始料不及的是连商业圈的史玉柱、草根圈的天才小熊猫、文化界的张小娴都参与了微博营销。我不完全统计了几个参与转发的微博大 V，区区 24 个账号，粉丝总数已经接近 3.7 亿，在没有去重的情况下已经占了微博总用户量的 80%。"除明星的直接参与外，网友主动传播的话题也为电影的营销起到了推波助澜的作用，像#有一种友情叫作赵薇和黄晓明#，#长得好看的人才有青春#这样的话题引发了极高的参与度。

《致青春》之外，另一部让社交媒体沸腾的电影是郭敬明导演的《小时代》。《小时代》因郭敬明、杨幂等一批娱乐名人的效应吸引了大批年轻粉丝，数托邦分析发现，观看《小时代》的观众平均年龄为 20.3 岁，远低于《致青春》的 22.5 岁，这批典型的 90 后成了《小时代》票房的最大贡献者，也成为《小时代》在社交媒体上传播的最大贡献者。

之后，因《小时代》而引发的社交媒体上旷日持久的讨论反而让《小时代》引起了更大的关注。2 000 多万元的投资，近 5 亿元的票房收入，郭敬明让我们看到了粉丝经济的力量。

3. 网络视频营销

网络视频营销指的是通过数码技术将产品营销现场实时视频图像信号和企业形象视频信号传输至互联网上，以达到一定宣传目的的营销手段。网络视频广告的形式类似于电视视频短片，只是平台在互联网上。"视频"与"互联网"的结合，让这种创新营销形式具备了两者的优点。它具有电视短片的种种特征，如感染力强、形式多样、富有创意等，又具有互联网营销的优势，如互动性、主动传播性强，传播速度快，成本低廉，可长期保存等。可以说，网络视频营销是将电视广告与互联网营销两者"宠爱"集于一身。网络视频营销的主要特点如下。

（1）成本低廉。

在国外，许多公司开始尝试网络视频广告的一个重要原因，就是网络视频营销投入的成本远低于传统的广告价格。一支电视广告，投入几十万元甚至上千万元都是很正常的事情，而几千块钱就可以搞定一支网络视频短片。甚至，一个好创意，几个员工，就可以做一个好短片，免费放到视频网站上进行传播。

与此同时，低廉的投入却带来非常高的回报。Burst Media 公司的研究结果表明，56.3%的在线视频观众可以记住视频里的广告内容。一支流传甚广的视频可以让公司以极小的成本获得极大的曝光。也正因为如此，虽然互联网视频广告的影响力越来越大，但是公司为此付出的资金却不会有多大增长。"在线视频广告的支出对于电视广告而言可以算是九牛之一毛，而且这种情况起码会持续十年。"根据 eMarketer 调研机构的调研数据，2006 年互联网广告支出仅仅是电视广告的 0.6%，而在 2015 年，互联网广告支出超过 2 000 多亿元，占 2015 年所有广告支出的 48%。毫无疑问，在这种情况下，那些准备削减广告预算的公司必定会向网络视频营销求援。

（2）目标精准。

与传统营销方式的一个最大不同，网络营销能够比较精确地找到企业想找的那群潜在消费者。作为网络营销最新的方式，网络视频营销更精准地发挥了这一特性。

例如，YouTube 上有"群（Group）"的设置。这是在网络上有着相同视频兴趣倾向的网民的集合。YouTube 通过目标锁定（Targeting）识别特定受众群，并通过有效的可行途径影响他们，发掘、培养他们的兴趣点。令人感兴趣的内容能吸引受众，而受众的不断支持、回复、上传又能产生良好的内容。一传一受的交互方式，促进了群组织的形成。那么，广告商在特定的群投放产品，例如，广告商在汽车群投放视频二手车广告或者在这个群征集作品，就能取得不错的效果。

（3）传播神速。

网络视频传播神速的这个特性已经在诸多案例中显露无疑。举一个美国竞选的例子：在 2006 年 8 月，美国弗吉尼亚州的共和党参议员候选人乔治·艾伦在一次演讲中发现台下有一名印度裔的听众，结果他无意之间称呼这位听众为"非洲短尾猿"，这种说法带有很强的种族歧视色彩，这段视频被传到 YouTube 上，在非常短的时间被愤怒的网民们复制粘贴、快速传播，导致艾伦的名声在几个月的时间快速下降，最终落选。

（4）效果可测。

在种种叙述在线视频营销的语句中，可以看到大量的数据："网络搜索集团评出几大视频网站——YouTube、MSN Video、Yahoo Video、AOL Video、iFilm，这些网站的访问量是美国五大广播电视网网站访问量的两倍，且用户在前者的停留时间达 12 分钟/次，长于后者的 8 分钟/次。"

营销案例

华硕笔记本电脑在《万万没想到》中的巧妙植入

华硕的一款笔记本电脑，是键盘和主机分离的。这款产品的特点在《万万没想到》中被两个演员演绎得淋漓尽致。"分开后我们还可以好好生活"，"离开你我的生活就失去意义了"等台词，就是针对这款电脑的特性设计的，令人印象深刻，如图 7-3 所示。

图 7-3　华硕笔记本电脑网络视频营销

4. 网络广告营销

网络广告就是在网络上做的广告。网络广告营销就是利用网站上的广告横幅、文本链接、多媒体，在互联网刊登或发布广告，通过网络传递到互联网用户的一种高科技广告运作方式。与传统的四大传播媒体（报纸、杂志、电视、广播）广告及近来备受垂青的户外广告相比，网络广告具有得天独厚的优势，是实施现代营销媒体战略的重要一部分。互联网是一个全新的广告媒体，速度最快，效果很理想，是中小企业扩展壮大的很好途径，对于广泛开展国际业务的公司更是如此。

（1）网络广告需要依附于有价值的信息和服务载体。

用户为了获取对自己有价值的信息而浏览网页、阅读电子邮件，或者使用其他有价值的网络服务如搜索引擎、即时信息等，网络广告是与这些有价值的信息和服务相依赖才能存在的，离开了这些对用户有价值的载体，网络广告便无法实现网络营销的目的。因此在谈论网络广告的定向投放等特点时应该正确认识这个因果关系，即并非网络广告本身具有目标针对性，而是用户获取信息的行为特点要求网络广告具有针对性，否则网络广告便失去了存在的价值。

（2）网络广告的核心思想在于引起用户关注和点击。

网络广告的直接效果主要表现在浏览和点击，因此网络广告策略的核心思想在于引起用户关注和点击。这与搜索引擎营销传递的信息只发挥向导作用是类似的，即网络广告本身所传递的信息不是营销信息的全部，而是为吸引用户关注而专门创造并放置于容易被发现之处的信息导引。这些可以测量的指标与最终的收益之间存在着关联性，但并不是一一对应的关系，浏览网络广告者并不一定点击，浏览者可以在一定程度上形成转化。这也为网络广告效果的准确测量带来了难度，而且某些网络广告形式如纯文本的电子邮件广告等本身也难以准确测量其效果。网络广告这个特征也决定了其效果在品牌推广和产品推广方面更具优势，而其表现形式以新、大、奇更能引起注意，这也说明了为了解决网络广告点击率不断下降的困境，网络广告形式不断革新的必然性。

（3）网络广告具有强制性和用户主导性的双重属性。

网络广告的表现手段很丰富，是否对用户具有强制性取决于广告经营者而不是网络广告本身。早期的网络广告对于用户的无滋扰性也使其成为适应互联网营销环境的一个优点，但随着广告商对于用户注意力要求的扩张，网络广告逐渐发展为具有强制性和用户主导性的双重属性。

（4）网络广告应体现出用户、广告客户和网络媒体三者之间的互动关系。

网络广告具有交互性，因此有时也称为交互式广告。在谈论网络广告的交互性时，通常是从用户对于网络广告的行为来考虑的，如一些富媒体广告中用户可以根据广告中设定的一些情景做出选择，在即时信息广告中甚至可以实时地和工作人员进行交谈。这种交互其实并没有反映网络广告交互的完整含义。事实上这种交互性也很少得到有效的体现，大部分的网络广告只是被动地等待用户的点击。网络广告交互性的真正意义在于体现了用户、广告客户和网络媒体三者之间的互动关系，就是说，网络媒体提供高效的网络广告环境和资源，广告客户则可以自主地进行广告投放、更换、效果监测和管理，而用户可以根据自己的需要选择感兴趣的广告信息及其表现形式。也只有建立了三者之间良好的互动关系，才能实现网络广告最和谐的环境，才可以让网络广告真正成为大多数企业愿意采用的营销策略，网络广告的价值也才能最大限度地发挥出来。这种互动关系具有一定的理想特征，但离现实并不遥远，目前在搜索引擎营销中常用的关键词广告、竞价排名等形式中已经初步显示了其价值。

营销案例

福特汽车的网络广告营销

福特汽车公司生产的 F-150 敞篷小型载货卡车 20 多年来一直是全美机动车销售冠军。在2003 年末，福特公司采取新的广告策略，对它的 F-150 敞篷小型载货卡车提出了一个新的概念。"新的 2004 年 F-150 网络广告拉动销售"商业活动在重大的广告活动中是史无前例的，这一关键事件被福特公司 CEO 威廉姆·福特誉为"福特历史上最重要的广告运作"。

这个广告运作用英语和西班牙语通过电视、广播、平面媒体、户外广告及电子邮件进行广泛宣传。标准单元网络广告在与汽车相关的主要网站上出现。此次网络广告活动侧重于主要门户网站的高到达率及访问率的页面，包括主页和邮件部分。"数字障碍"宣传是福特公司在底特律的代理商 J. Walter Thomopon 先生的创意。这些数字化障碍在一个月内两个重要日子分开出现。

出现在与汽车有关的网页上的网络广告，证实在提升购买欲方面是最有效的。在提升购买欲方面，各类入口处立放的广告和杂志上的广告比互动广告要贵，但与电视广告相比，他们在有效印象成本上花费更少。网上商业活动的收视率是惊人的，ComScore 的数据显示：在广告商业活动中，49.6%的互联网用户看到了广告，39%的人看到了门户网站的数字路障广告，8.5%的人看到了汽车网站的广告，1.9%的用户看到了两种广告。

5. 软文营销

软文营销就是指通过特定的概念诉求，以摆事实、讲道理的方式使消费者走进企业设定的"思维圈"，以强有力的针对性心理攻击迅速实现产品销售的文字模式和口头传播，如新闻、第三方评论、访谈、采访、口碑，从而达到企业品牌宣传、产品销售的目的。软文营销的特点有以下几点。

（1）费用低。传统的硬广告费用昂贵，单位时间内的成本甚至超出单位时间的企业利润，让许多企业望而却步。而且想要得到一个良好的宣传效果，就必须投入比较长的时间成本，没有雄厚的资金支撑，是完全实现不了对企业的有效宣传的。而软文广告的费用只有硬广告的十分之一、百分之一甚至千分之一，就算是刚起步的小企业，也完全可以支付得起低廉的宣传费用，不会成为企业的负担。

（2）见效快。硬广告需要长期投放才能提升企业的受关注程度，而如果你去投放软文广告，而且能保证较高的曝光率，铺的范围越广，企业的认知度也就能得到越快提升。

（3）周期灵活。当你的企业遇到危机的时候，你会选择怎样做危机公关？当然是声明澄清一股脑地发布到媒体上，而这些必然要以软文的形式出现才有效。一波接一波的软文发布能够在最短的时间里帮助企业重树形象，解决面临的紧迫问题。

（4）操作简易。目前软文的操作正在走向规范化，选择有信誉有保证的软文代理公司是很多企业的最佳选择。蚂蚁联盟–软文交易中心，整合了全国各地的媒体资源，包括新闻门户、行业门户、地方门户等百十家优势资源媒体，对软文的发布及后期跟进有着丰富的经验。

营销案例

胡麻油的软文营销

2012 年 6 月，一对从香港科技大学来北京创业的夫妇，准备在互联网上销售家乡传统方法压榨的胡麻油。这种油是当地农民采用传统压榨工艺压榨的，香味浓厚。可是他们没有多少资金，也没有厂房，无法进行大规模生产，怎么办？如何营销？

于是这对夫妇请来了营销策划专家，从软文营销开始运作。经过几次碰撞和思考，营销策划专家为他们撰写了一系列软文，包括《我们家的千里运油线》《在中国，亲历一场悲

159

怆的食品革命》《写给在绝望中寻找希望的人们》《携手互助，拯救襁褓中的孩子》等，主要在淘宝、论坛、博客进行投放，个别文章也在门户网站上进行了发布。有这些软文作为基础，他们与客户的沟通很顺畅，经过他们的努力，半个月后他们的胡麻油竟然在网上售出了 2 万多瓶！

首战告捷，又传来好消息。河北有一家胡麻油生产企业主动找上门，给出了两种合作方案，一种是出价 40 万收购这个品牌，另外一种是股权合作。

只有一个简单的企业网站，只有一个博客，只有一个注册商标，一个月不到，就有企业主动要求股权合作，就有企业出价 40 万收购品牌，凭什么？

显然，凭借的是软文的力量！

6. 事件营销

事件营销是指企业通过策划、组织和利用具有新闻价值、社会影响以及名人效应的人物或事件，以网络为传播载体，吸引媒体、社会团体和消费者的兴趣与关注，以求建立、提高企业或产品的知名度、美誉度，树立良好品牌形象，并最终促成产品或服务的销售手段和方式。事件营销的特点有以下3点。

（1）消费者的信息接收障碍比较小。事件营销的传播最终体现在新闻上，受众按照对新闻的信任来接收信息。这种情况下，有效地避免了硬广告被人本能排斥、反感的情况发生，受众对于其中内容的信任程度远远要高于硬广告。

（2）事件营销的传播深度和层次更高。一个事件如果成了热点，会成为人们津津乐道、互相沟通的话题，传播层次不仅仅限于看到这条新闻的读者或观众，还可以形成二次传播；而相比之下，硬广告很难成为传播热点，无法形成二次传播。

（3）事件营销成本低。据有关人士统计，企业运用事件营销的手段取得的传播投资回报率，约为传统广告的 3 倍，能有效地帮助企业建立商品品牌的形象，直接或间接地影响和推动商品的销售。正是由于事件营销以小博大，花小钱、办大事的特点，而且能取得四两拨千斤的广泛传播效果，所以是最适合中小企业使用的营销手段。

营销案例

上海李奥贝纳的"巨型黑铅笔被偷"事件

树立在上海李奥贝纳大楼外的这支三四楼高的铁制黑铅笔，不仅是公司的重要标志，也成为红坊创意园里的拍照据点之一。这支大铅笔源于李奥贝纳老先生最爱使用的 Alpha 245 号黑色铅笔，他认为《伟大的创意就来自手中这支黑色的铅笔》。2015 年 7 月 10 日，有消息称巨型黑铅笔被偷，引起人们关注；8 月 4 日李奥贝纳公司称铅笔已找到，并阐述巨型铅笔的来历，告知网友铅笔下落，原来真相是李奥贝纳上海办公室搬家了。通过"巨型黑铅笔被偷"事件，李奥贝纳公司为自己的品牌做了一次漂亮的营销，如图 7-4 所示。

图7-4 "巨型黑铅笔被偷"事件

7．病毒式营销

病毒式营销名字听起来挺吓人，但其实是一种常用的网络营销方法，常用于网站推广、品牌推广等。病毒式营销利用的是用户口碑传播的原理，是通过用户的口碑宣传，品牌信息利用快速复制的方式传向数以千计、万计甚至上亿计的受众，像病毒一样极速传播与扩散。也就是说，通过提供有价值的产品或服务，"让大家告诉大家"，让别人为你宣传，实现"营销杠杆"的作用。病毒式营销已经成为网络营销最速效、最独特的手段，被越来越多的商家成功利用。

很多品牌会采用转发产品信息赠送礼品或者抽奖机会的方式，让更多人了解和关注产品。比如2008年北京奥运会期间，可口可乐公司推出了火炬在线传递活动，这个活动堪称经典的病毒式营销案例。如果你争取到了火炬在线传递的资格，就能获得"火炬大使"的称号，头像处会出现一枚未点亮的图标，之后就可以向你的一个好友发送邀请了。病毒式营销具有3大特点。

（1）有吸引力的话题。

既然是病毒式营销，那么首先就必须要有一个"病毒"来传播。制造一个话题作为病毒看起来很简单，似乎只要是人们感兴趣的话题，就可以随意发挥。其实不然，如果你的产品信息是赤裸裸的广告，用户不仅不会自愿传播，而且会心生厌恶与反感。而微信红包则顺应了中国人新年讨彩头、交朋友、交好运的心理诉求，增强了互动性、娱乐性、交际性，从而突破了消费者的戒备心理，自觉自愿、乐此不疲地参与其中，促使其完成从纯粹受众到积极传播者的变化。

大公司往往会在品牌推广方面花费很多精力和预算，但百度系创业者曲博在这方面的投入几近空白。他创立的外卖品牌叫个鸭子，主要是通过口碑传播。因为叫个鸭子这个名字本身就已经能诱发顾客在亲友间进行自传播，再加上诸多以鸭为核心的新奇趣味点，例如双鸭套餐叫"双飞套餐"，粥叫"鸭绿江"，随餐附送小黄鸭肥皂等，都能激发顾客们进行自传播的兴趣。在叫个鸭子的顾客群体里，女性比例较大，叫个鸭子展开了"鸭寨夫人选美"活动，鼓励这些女性顾客发出与鸭子产品的自拍照并参与评比，而自拍照是女性用户在微信朋友圈里最爱分享的内容。这样的营销活动并不需要砸钱就能起到事半功倍的效果。

（2）高效率的接收。

大众媒体投放广告难以克服信息干扰强烈、接收环境复杂、受众戒备抵触心理严重等缺陷。而对于那些有趣的"病毒"，是受众从熟悉的人那里获得或是主动搜索而来的，这些"病毒"有利、有趣、有理、有情、有料，在接受过程中自然会有积极的心态；而且，接收渠道也比较私人化，如微信、微博、QQ群、电子邮件、封闭论坛等，使得病毒式营销克服了信息传播中的噪声影响，增强了传播的效果。

（3）几何倍数的传播速度。

一直以来，大众媒体发布广告的营销方式是"一点对多点"的辐射状传播，实际上无法确定广告信息是否真正到达了目标受众。病毒式营销是自发的、扩张性的、发散性的、弥漫性的信息推广，是通过人际传播和群体传播的，品牌信息被消费者传递给与自己相关或有某种联系的人。例如当目标受众看到一则有趣的 Flash，他的第一反应或许就是将这则 Flash 转发给好友、同事，无数参与其中的"转发大军"在无数个群、圈子、论坛、微博上扩散，就构成了成几何倍数传播的主力。

在互联网时代，品牌已经不再是那个冰冷的、高高在上的，仅仅是搭乘娱乐媒体平台出现的形象，而是有亲和力的、有内容的、能够让更多的消费者关注的人格化的载体。例如，蓝翔技校的走红正是因为"挖掘机技术哪家强？中国山东找蓝翔"这句话在网络中病毒式的传播，而仔细分析会发现，他们的营销手法多样，从电视到微博，从电影到段子，关于蓝翔的段子带些自黑、恶搞，又不失幽默，总之娱乐性十足，让网民自愿提供传播渠道。

营销案例

冰桶挑战

冰桶挑战在极短的时间内，使得四面八方英豪尽成落汤鸡，从国外玩到国内，从体育界玩到科技界，从科技界玩到文艺界。ALS 冰桶挑战赛要求参与者在网络上发布自己被冰水浇遍全身的视频内容，然后该参与者便可以要求他的三个朋友来参与这一活动。活动规定，被邀请者要么在 24 小时内接受挑战，要么就选择为对抗"肌萎缩侧索硬化症"捐出 100 美元。该活动旨在让更多人知道被称为渐冻人的罕见疾病，同时也达到募款帮助治疗的目的，如图 7-5 所示。

一个事件之所以能被快速吸引眼球，最快速有效的策略就是立意要高。所谓的立意要高就是参与者中要有知名人物。实际上，名人的时间是很宝贵的，如果一个游戏的规则设置得过于复杂，耗费的时间过长，很可能名人压根儿没时间参与，所以冰桶挑战符合第一要诀：简单快捷可操作。参与者向三个朋友发起挑战，这是典型的病毒式营销传播规则。病毒式营销的核心要诀就是参与者必须自发传播，达到人传人的病毒式传播效果，这种策略最大的价值就是省钱、快速、传播面广。

图 7-5　冰桶挑战

实训任务

1．实训目的

通过任务深入了解网络推广方法的运用。

2．实训内容及步骤

以小组为单位，联系你们熟悉的企业，经过网络和实地调研，为该公司撰写一份符合企业实际、切实可行的网络推广方案。

（1）选择一家你们比较熟悉的企业，对其进行网络和实地调研。

（2）以小组的形式讨论并确定要采用的网络推广方法。

（3）拟定切实可行的网络推广方案。

3．实训成果要求

（1）推广目标明确、网络目标市场分析到位，至少有 3 种以上的网络推广方案。

（2）推广方案符合企业的实际情况，具有较强的可行性和操作性。

任务三　网络推广效果评估

任务引入

小李的网络推广方案已经实行一个月了，企业效益得到了有效提升，小李想对这次网络推广方案做一次评估。但网络推广效果如何进行评估呢？有些什么步骤呢？

任务知识点

➤ 网络推广效果评估的含义
➤ 如何做网络推广效果评估
➤ 网络推广效果评估指标

知识点讲解

一、网络推广效果评估概述

（一）网络推广效果评估的概念

很多人做了推广之后并不知道产生了什么效果，或者觉得效果不好，往往会对网络推广产生怀疑，其实不然。高端营销推广智拓认为，网络推广是一个长期见效果的营销方法，一次推广可以起到很长时间的优化效果，尤其是对于 SEO 来讲，周期性相对较长。

开展网络推广效果评估能有效地帮助企业更好地开展网络营销活动，能提高企业的服务水平和提高企业的知名度。网络推广效果评估就是借助一定的定量化和定性化的指标，对开展网络推广网站的各个方面进行评价，以期总结或改善企业的网络推广活动。目前开展网络推广的企业迅猛增加，这些营销策略对于企业的发展战略、产品开发与销售、收益等有无影响，都需要对网络推广进行客观而公正的评价，但是现在尚未有一个标准的或公认的网络推广效果评价方案。企业处于不同的评价动机和目的，自身开展网络推广使用的方法和指标也会千差万别。不同的企业，或同一企业在不同时期，具体的评价方法也会不同，得到的结果也不同。

一般而言，在网络推广效果评估领域，比较有影响力的就是第三方评价。在中国，网络推广评估还处于起步阶段，第三方提供的服务还很有限。国内开展网络推广效果评估的网站一般由管理咨询公司来具体实施。

（二）网络推广效果评估的步骤

企业需要密切监测营销效果，以及投入产出比，并不是为了给老板看，而是为了选择出最有效的网络推广方式。上文中介绍了很多网络推广方法，但针对特定网站，并不是每个网络推广方法都会有效，各种手法的效果也有不同。只有进行各种尝试，同时计算出投入产出比，监控效果，才能找出最有效的方式，并且对这种方法进行重复使用；而无效或者投入产出比过低的，则不再使用。线下广告往往不知道广告预算浪费在什么地方，而网络推广则可以通过效果监测，知道哪个营销活动是亏本的，哪个是盈利的。最重要的不在于成本高低，而在于投入产出比。最典型的例子就是竞价排名，每次用户点击，都是实打实的要花出现金，但是如果有足够高的投入产出比，企业就可以放心投入广告预算。经过监测和计算，企业知道哪些关键词必然带来效益。但是这些关键词被搜索的次数却是有限的，并不能无限扩张。所以很多做搜索竞价的公司，都要投入时间发现更多的关键词，监控这些关键词的效果，挑出效果好的词，并停止赔本的关键词。

这里所列的网络推广方法适用于任何互联网企业和线下企业，鉴于互联网行业网络推广效果更容易跟踪，这里以互联网企业为例说明网络推广效果的评估。评估模式一般分为 4 个步骤。

（1）确定推广目标。

企业必须明确定义推广目标。这个目标是单一的，可以测量的。比如，如果是直接销售产品的电子商务网站，当然营销目标就是产生销售额。但企业的类型多种多样，很多企业并不直接销售产品。企业运营者就需要根据情况，制订可测量的企业目标。如果企业是吸引用户订阅电子邮件，然后进行后续销售，那么用户留下 E-mail 地址、订阅电子杂志，就是企业的目标。企业目标也可能是吸引用户填写联系表格，或者打电话给运营者，可能是以某种形式索要免费样品，也可能是下载白皮书或产品目录。这些经营目标都应该在页面上有一个明确的目标达成标志。也就是说用户一旦访问某个页面，即达成网站目标。对电子商务网站来说，目标完成页面就是付款完成后所显示的"感谢"页面。

电子邮件注册系统的目标完成页面就是用户填写姓名及电子邮件，提交表格后所看到的"确认"页面，或表示"感谢"的页面。如果是填写在线联系表格，和订阅电子杂志类似，完成目标页面也是提交表格后的确认页面。如果是下载产品目录或白皮书，就是文件每被下载一次，则标志着完成一次目标。

（2）计算企业目标的价值。

明确了企业目标后，还要计算出企业目标达成时产生的价值。如果是电子商务网站，计算方式非常简单，目标价值也就是销售产品所产生的利润。其他情况可能需要站长下一番功夫才能确定。如果企业目标是吸引用户订阅电子杂志，那么站长就要根据以往统计数字，计算出电子杂志订阅者有多大比例会成为付费用户，这些用户带来的平均利润是多少。假设每 100 个电子杂志用户中有 5 个会成为付费用户，平均每个付费用户会带来 100 元利润，那么这 100 个电子杂志用户将产生 500 元利润。也就是说每获得一个电子杂志订阅者的价值是 5 元。

类似地，如果企业目标是促使用户打电话直接联系站长，站长就要记录如下内容：有多少电话会最终转化为销量，平均销售利润又是多少，从而计算出平均每次电话的相应价值。

（3）记录企业目标达成次数。

这个部分就是企业流量分析软件发挥功能的地方。沿用上面的例子，一个电子商务网站，每当有用户来到付款确认网页，流量分析系统都会记录，企业目标达成一次。有用户访问到电子杂志订阅"确认"页面或"感谢"页面，流量系统也会相应记录企业目标达成一次。有用户打电话联系客服人员，客服人员也应该询问用户，是怎样知道电话号码的。如果是来自企业网站，也应该做相应记录。网站流量分析系统更重要的作用是不仅能记录下目标达成的次数，还能记录这些达成网站目标的用户是怎样来到网站的。是来自于搜索引擎？哪个搜索引擎？搜索的关键词是什么？还是来自于其他网站的链接？来自于哪个网站？或者来自于搜索竞价排名？这些数据都会被网站流量分析系统记录，并且与企业目标相连接。

（4）计算企业目标达成的成本。

计算企业目标达成的成本，最容易的是使用竞价排名 PPC。这时候每个点击的价格、某一段时间的点击费用总额、点击次数，都在竞价排名后台有显示，成本非常容易计算。对其他网络营销手段，则需要按经验进行一定的估算。有的时候比较简单，有的时候则比较复杂。如果网站流量是来自于搜索引擎优化，那么需要计算出外部 SEO 顾问或服务费用，以及内部配合人员的工资成本。如果是进行论坛营销，则需要计算花费的人力、时间及工资成本，换算出所花费的费用。依据这些数据，就可以比较清楚地计算出网络营销的投资回报率。

假设网站竞价排名在一天内花费 100 元，企业目标是直接销售。一天内销售额达到 1 000 元，扣除全部成本 500 元（包括竞价推广费用），毛利为 500 元，那么这个竞价排名推广的投入产出比就是 5。

二、网络推广效果评估的指标

1. 搜索引擎营销的评估指标

搜索引擎营销的评估指标根据方式的不同可以分成两个指标体系：一是 SEO 评估指标体系，一是 SEM 评估指标体系，如表 7-1、表 7-2 所示。

表 7-1　SEO 评估指标体系

指标名称	指标构成
排名增长率	排名增长位数/原排名位数（相对数值）
新增链接数量	绝对数值
非品牌搜索流量	绝对数值
品牌搜索流量	绝对数值
跳出率	用户进入网站就离开的次数/进入网站总次数（相对数值）
在网站停留的时间	绝对数值
每位访问者浏览的次数	绝对数值
转化率	转化数/点击量×100%（相对数值）
PR/权重	绝对数值
域名历史	绝对数值
网站流量	独立 IP 和 PV：绝对数值
PR、SR、百度权重	绝对数值
收录	各主要搜索引擎收录的网站页面数目（绝对数值）
Alexa 排行和中国网站排行	绝对数值

表 7-2　SEM 评估指标体系

指标名称	指标构成
跳出率	最能反映广告媒介质量的 KPI 度量（相对数值）
网站平均停留时间	绝对数值
展现量	推广商户的推广结果展现在搜索结果页上面的次数（绝对数值）
点击量	推广结果被点击的次数（绝对数值）
点击率	点击数/展现量×100%（相对数值）
访问数	实际有多少潜在受众通过点击推广结果到达推广商户的页面，且页面被完全打开的次数（绝对数值）
转化次数	有多少到达页面的潜在受众发生了商户希望他们发生的行为
转化率	转化量/点击数×100%（相对数值）
平均点击价格	指定关键词范围和时间段点击费用的平均值（绝对数值）
平均转化成本	每次点击费用×点击数/转化量（相对数值）

2. 社会化媒体营销的评估指标

社会化媒体营销中比较有代表性的就是微博和微信。下面以微博和微信为例构建评估指标体系，如表 7-3、表 7-4 所示。

表 7-3　微博评估指标体系

指标名称	指标构成
粉丝增长率	新增粉丝数/原有粉丝数×100%（相对数值）
平均转评率	转评数/浏览数×100%（相对数值）
阅读量	绝对数值
回复速度	绝对数值
活动参与人数	绝对数值
流量转化率	微博渠道流量转化数/转化总数×100%（相对数值）

167

表 7-4　微信评估指标体系

指标名称	指标构成
新关注人数	新关注的去重用户数（绝对数值）
取消关注人数	取消关注的去重用户数（绝对数值）
净增关注人数	新关注与取消关注的用户数之差（绝对数值）
累积关注人数	当前关注的用户总数（绝对数值）
	日、周、月
	分别计算昨日数据相比 1 天、7 天、30 天前的变化情况
	用户总数根据昨日数据计算，而用户管理模块根据当前实时数据计算，两者可能不一致

指标名称	指标构成
送达人数	图文消息群发时，送达的人数（绝对数值）
图文页阅读人数	点击图文页的去重人数，包括非粉丝（绝对数值）
图文页阅读次数	点击图文页的次数，包括非粉丝的点击（绝对数值）
图文转化率	图文阅读人数/送达人数×100%（相对数值）
原文页阅读人数	点击原文页的去重人数，包括非粉丝（绝对数值）

3. 网络视频营销的评估指标（见表7-5）

表7-5 网络视频营销的评估指标体系

指标名称	指标构成
视频播放次数	视频被播放的总次数（绝对数值）
转发次数	用户或媒体转载次数（绝对数值）
视频回帖率	视频回复帖子数（绝对数值）
视频制作成本	视频制作的成本（绝对数值）
播放后产生的经济效益	播放后产品销量的增长量（绝对数值）

4. 网络广告营销的评估指标

网络广告营销的评估指标体系主要是看网络广告曝光次数、转化次数、转化率和网络广告成本。网络广告曝光次数指的是网络广告所在的网页被访问的次数，这一数字通常用计数器来进行统计。它并不等于广告被浏览的次数。转化是受到网络广告影响而形成的购买、注册或者信息需求；转化次数是受到网络广告影响所产生的购买、注册或者信息需求的次数。

其中，网络广告营销成本的计算主要根据不同的计费方式来确定。网络广告主要的计费方式有以下几种。

（1）CPM 每千人印象费用（cost per thousand impressions）指的是为支持每一千人次的访问而支出的费用。CPM=总成本/广告曝光次数×1 000。

（2）CPC 网络广告每次点击的费用（cost per click, cost per thousand click），一般以千人次作为单位。CPC 也是一种常见的网络广告计费模式，例如，关键词广告等依据效果采取这种定价模式。CPC=总成本/广告点击次数。

（3）CPA 每行动成本（cost per action），其计价方式是按照广告投放的实际效果，即按回应的有效问卷或者订单来计费，而不限广告的投放量。CPA 的计价方式对于网络而言有一定的风险，但若广告投放成功，其收益也比 CPM 的计价方式要大得多。CPA=总成本/转化次数。

（4）CPS 以实际销售数量来换算广告费用（cost per sale）。广告主为了规避广告费用风险，只在网络用户进行交易后，才按照销售数量来付给网络媒体广告费用。

（5）CPR 每回应成本（cost per response），即按浏览者的每一个回应计费。这种广告计费充分体现了网络广告"及时反应，直接互动、准确记录"的特点，但这显然是属于辅助销售的广告模式。

（6）CPP 每购买成本（cost per purchase）。广告主为规避广告费用风险，只有在网络用户点击广告并进行在线交易之后，才按照销售笔数付给广告网站费用。

（7）CPT 按时间收费的模式（cost per time）。国内很多网站都是按照"一个月多少钱"这种固定的收费模式来收费的，这对广告主和网站都不公平，无法保障广告主的利益。

5. 软文营销的评估指标（见表 7-6）

表 7-6　软文营销评估指标体系

指标名称	指标构成
搜索引擎网页收录	绝对数值
搜索引擎新闻收录	绝对数值
阅读数	绝对数值
评论数	绝对数值
转载率	转载数/发布数×100%（相对数值）
分享数	绝对数值

6. 事件营销的评估指标（见表 7-7）

表 7-7　事件营销评估指标体系

指标名称	指标构成
事件知晓率	绝对数值
认知渠道分布	事件发酵的传播渠道占比
对内容的评价	正向评价还是负向评价
报道/转载次数	绝对数值

7. 病毒式营销的评估指标（见表 7-8）

表 7-8　病毒式营销评估指标体系

指标名称	指标构成
传播渠道	绝对数值
传播速度	绝对数值
点击量	绝对数值
转发次数	绝对数值

📖 **实训任务**

1. 实训目的

学习网络推广效果的评估方法。

2. 实训内容及步骤

以小组为单位，根据学校具体情况，对学校进行网络推广。

（1）选择一种或两种网络推广方法对学校进行推广。

（2）记录推广后的用户访问量、学校搜索量等数据，并进行评估。

（3）对已实施的推广策略进行优化。

3. 实训成果要求

根据实训内容撰写一份网络推广效果评估报告。

项目小结

本项目主要由认知网络推广、常用的网络推广方法和网络推广效果评估 3 个任务组成。

认知网络推广主要通过对网络推广的含义、网络推广的划分与网络推广的步骤介绍，让学生能够对网络推广有初步的认识和理解。

常用的网络推广方法中介绍了网络推广方法概述和常用的网络推广方法，侧重于网络推广的实践操作。

网络推广效果评估包括网络推广效果评估概述、网络推广效果评估的指标。网络推广效果评估指标列举了搜索引擎营销、社会化媒体营销、网络视频营销、网络广告营销、软文营销、事件营销和病毒式营销七类评估指标。

思考与练习

一、不定项选择题

1. 论坛营销的优势有哪些？（　　　）

    A. 成本低　　　　　B. 灵活性强　　　　　C. 互动性强　　　　　D. 可操作性强

2. 以下哪种不属于社会化媒体营销的方式？（　　　）

    A. QQ 营销　　　　B. 微信营销　　　　　C. 微博营销　　　　　D. 视频营销

3. 网络推广方法中涉及付费的是哪一种？（　　　）

    A. 网络广告　　　　B. 软文营销　　　　　C. 事件营销　　　　　D. 病毒式营销

4. 一份优秀的网络推广方案应该对（　　　）有详尽的分析。

    A. 企业思想和市场前景　　　　　　　　B. 自身产品和目标人群

    C. 企业背景和目标战略　　　　　　　　D. 自身产品和企业思想

5. 想知道网站是否对用户有吸引力，内容是否能给予用户所需的信息，应该分析那个数据？
（　　）

    A. 流量来路分析   B. 用户回头率分析

    C. 网站 PV 值分析   D. 访客地区分布分析

二、简答题

1. 如何写好一篇有吸引力的网络推广软文？

2. 网络营销与网络推广有哪些区别与联系？

3. 网络推广效果如何来评估？

4. 什么是病毒式营销？有哪些特点？举一个病毒式营销的例子。

08 项目八
网络营销策划

【项目简介】

在网络时代，只有充分了解和懂得网络营销，才有资格参与激烈的商战。网络营销策划方案是网络营销的灵魂，是企业在应对商战时的对策和决定，对网络营销的效果具有十分重要的影响。制订网络营销策划方案时，要求企业能围绕其网络营销目标，对将要发生的网络营销行为进行前瞻性的规划和设计，制订具体的行为计划及操作路径，并提供整套的解决方案及操作手册。

本项目包括认知网络营销策划、撰写网络营销策划方案和网络营销策划方案展示 3 个任务。通过本项目的学习，学生应对网络营销策划产生兴趣，了解有关网络营销策划的基本知识，能够系统地运用所学的网络营销知识，并将其应用到网络营销策划方案撰写中，为企业解决实际的网络营销问题出谋划策。

【学习目标】

知识目标：了解网络营销策划的概念、类型、基本原则和策略；熟悉网络营销策划方案的要素和结构，以及撰写网络营销策划方案的技巧等。

技能目标：能够根据企业具体的网络营销目标撰写网络营销策划方案，包括使用 SWOT 模型合理分析企业网络市场、识别并分析企业的竞争对手、正确定位企业的网络目标市场、制订网络营销策略、选择合适的网络推广工具和方法等。

素质目标：具备分析与决策的能力，善于表达沟通，注重交流合作，具备创意创新意识。

【引导案例】

江小白：一个白酒品牌如何用 5 年时间从 0 干到 10 个亿

在白酒行业的"隆冬期"，一个新品牌却从 0 做起，每年销售额同比增长 100%，短短 5 年销售额突破 10 亿元，成为红遍全国的酒类

"黑马"。

或许你已经猜到了，没错，它就是江小白，如图8-1所示。

图8-1 江小白瓶装酒文案

华夏五千年历史中，我们对酒文化的塑造集中在两个字：高档。

每瓶酒似乎都在说：我用的是最好的水，最好的古法酿造手法，甚至曾经是给皇帝进贡的礼品。每瓶酒都在努力抬高自己的身价，似乎不贵就不足以显出自己的价值。

它们都在做一件不太理智的事情：远离大众。

而江小白，抓准了这个时机，另辟"平民化"品类蹊径，在看似红海的市场中开辟出蓝海。一句"我有一瓶酒，有话对你说"的开场白，奠定了江小白的江湖地位。

江小白，定位"青春小酒"。以"轻"口味高粱酒，改变白酒行业几千年来的认知，让白酒年轻化、个性化。在年轻消费者心中形成了一套独有的品牌认知，江小白＝"80后"和"90后"的情绪化酒精饮料，从而占领了这两代人的消费心智。

很多人认识江小白，是从它的文案开始的。"一个会说话的产品"，江小白做到了。它还从可口可乐的瓶身营销活动中寻找灵感。可口可乐从2013年夏天开始，不断对瓶身进行创意营销，创造了昵称瓶、歌词瓶、台词瓶等多种瓶身，目的在于让每一瓶可乐都具有社交功能，可以用来表达情意，以激发消费者的自分享和传播。

江小白将可口可乐的瓶身营销方法发扬光大，直接升级为表达瓶。江小白的表达瓶，让瓶身成为消费者表达态度和行为的载体。消费者可以发朋友圈炫耀：看，我的广告语印在江小白上了！

（案例来源：《餐饮老板内参》 编选：中国电子商务研究中心）

173

思考:

1. 结合案例分析江小白的成功因素有哪些。
2. 小组讨论营销策划主要包括哪些方面的内容。

任务一　认知网络营销策划

任务引入

小明在学习了网络营销的基础知识之后,尝试通过网络推广家乡的特产,但是营销效果并不好。研究了江小白的案例后,他发现单一的推广还是存在问题的,如何制订比较系统的网络营销策划方案是急需解决的问题。

任务知识点

➤ 网络营销策划的概念
➤ 网络营销策划的目标
➤ 网络营销策划的类型
➤ 网络营销策划的基本原则
➤ 网络营销策划的基本策略

知识点讲解

一、网络营销策划的概念

"策划"一词最早出现在《后汉书》中。"策"指计谋、谋略,"划"指设计、筹划、谋划。策划就是指为了达成特定目标,而构思、设计、规划的过程。策划具体分为策略思考与计划编制两个过程。

网络营销策划,是指企业以互联网为媒介,在对内外环境进行准确分析的基础上,围绕企业发展的特定目标,全面构思、精心设计企业未来一定时期内的网络营销战略、阶段目标以及实施方案的过程。

企业网络营销策划方案是企业战略层级的思考与判断,涉及企业的方方面面,内容包罗万象。因此,在具体操作中,应根据企业网络业务发展的不同阶段,不同的营销目标,因地制宜、有所侧重地制订企业的网络营销策划方案。

二、网络营销策划的目标

网络营销策划目标与传统营销目标一样,就是确定开展网络营销预期要达到的目的,以及制订相应的步骤,组织有关部门和人员参与。制订网络营销策划目标时必须考虑与公司的经营战略目标是否一致,与公司的经营方针是否吻合,与现有的营销策略是否产生冲突,这就要求在制定目标时必须有企业战略决策层、策略管理层和业务操作层的相关人员共同参与讨论。

网络营销策划的目标通常包含 5 种类型，分别是销售型网络营销目标、服务型网络营销目标、品牌型网络营销目标、提升型网络营销目标和混合型网络营销目标。

（一）销售型网络营销目标

销售型网络营销目标是指为企业拓宽销售网络，借助互联网的交互性、直接性、实时性和全球性为顾客提供较为方便快捷的网上销售点。目前许多企业都在网上设立销售点，如小米商城，就是小米公司在网络自建的销售站点。

（二）服务型网络营销目标

服务型网络营销的目标主要是为顾客提供网上联机服务，顾客通过网上服务人员可以远距离进行咨询和售后服务。目前大部分信息技术型公司在这方面都做得比较好。由于网络本身的实时、互通等特点，很多企业都把服务转向了网络服务，例如网上转账、查询等。又如实体企业来说，惠普、联想等很多日常服务都是通过网络来完成的。通过网络可以为顾客提供各种在线服务和帮助信息，如 FAQ、实时聊天等。

（三）品牌型网络营销目标

品牌型网络营销的目标主要是在网上建立自己的品牌形象，加强与顾客的联系和沟通，建立顾客的品牌忠诚度，为企业的后续发展打下基础。目前大部分的企业网站的目的就是如此，网站的形象就是代表企业的品牌形象，所以网站建设的专业化与否直接影响企业的网络品牌形象。

（四）提升型网络营销目标

提升型网络营销的目标主要是通过以网络营销代替传统营销的手段，全面降低营销费用，改进营销效率，促进营销管理和提高企业竞争力。

（五）混合型网络营销目标

混合型网络营销目标指企业为达到其营销目标，采用多种营销的手段，以便同时达到上面几种目标。例如"三只松鼠"最初通过网上销售坚果产品，同时创立了"三只松鼠"网络品牌。随着网络营销的深入开展，大部分企业的网络营销目标逐渐转向混合型。

三、网络营销策划的类型

网络营销策划是一个大概念，主要分为网络营销盈利模式策划、网络营销项目策划、网络营销平台策划、网络推广策划、网络营销运营系统策划和网络营销数据分析策划 6 种类型。

（一）网络营销盈利模式策划

盈利模式是指对企业经营要素进行价值识别和管理，在经营要素中找到盈利机会，即探求企业利润来源、生产过程以及产出方式的系统方法。网络营销盈利模式策划主要解决通过什么途径来赚钱的问题。

（二）网络营销项目策划

网络营销项目策划加上盈利模式就相当于是一份商业计划书，主要解决我们是谁、我们做什么、我们的核心优势是什么、我们靠什么赚钱、我们的目标是什么、我们应该怎样实现目标等一些宏观层面的问题，同时需要将具体的行动编制成甘特图，也就是行进路线和进度控制。

（三）网络营销平台策划

网络营销平台策划解决的是自建网站还是借助第三方平台来做营销的问题，要和盈利模式相匹配。

（四）网络推广策划

网络推广方案是指通过研究网络推广的方法，制订出一套适合宣传和推广商品、服务甚至人的方案，而网络推广使用的媒介就是网络。

（五）网络营销运营系统策划

在具体的网络营销运营过程中，我们要进行有针对性的专题策划，比如，某网站的销售力差、转化率低，那就可以实施以转化率为核心的网站销售力策划。在网络推广策划的过程中可以形成单一传播形式的策划，如博客营销策划、软文策划、网络广告策划、SEO 策划、论坛推广策划等，也可形成以主题为核心的阶段性整合传播策划，集中利用各种网络传播渠道。

（六）网络营销数据分析策划

在网络营销运营过程中，数据分析是一个非常重要的模块，可将网络营销数据分析策划理解为"为了达成提升公司网络营销效率的目标，而进行网络营销数据统计、分析、比对、解构和总结"。

四、网络营销策划的基本原则

（一）系统性原则

网络营销是以网络为工具的系统性的企业经营活动，它是在网络环境下对市场营销的信息流、商流、制造流、物流、资金流和服务流进行的管理。因此，网络营销策划是一项复杂的系统工程。策划人员必须以系统论为指导，对企业网络营销活动的各种要素进行整合和优化，使"六流"皆备，相得益彰。

（二）创新性原则

网络为顾客对不同企业的产品和服务所带来的效用和价值进行比较带来了极大的便利。在个性化消费需求日益明显的网络营销环境中，通过创新，创造和顾客的个性化需求相适应的产品特色和服务特色，是提高效用和价值的关键。特别的奉献才能换来特别的回报。创新带来特色，特色不仅意味着与众不同，而且意味着额外的价值。在网络营销方案的策划过程中，必须在深入了解网络营销环境尤其是顾客需求和竞争者动向的基础上，努力提供旨在增加顾客价值和效用、为顾客所欢迎的产品特色和服务特色。

（三）操作性原则

网络营销策划的第一个结果是形成网络营销方案。网络营销方案必须具有可操作性，否则毫无价值可言。这种可操作性表现为在网络营销方案中，策划者根据企业网络营销的目标和环境条件，就企业在未来的网络营销活动中做什么、何时做、何地做、何人做、如何做的问题进行周密的部署、详细的阐述和具体的安排。也就是说，网络营销方案是一系列具体的、明确的、直接的、相互联系的行动计划的指令，一旦付诸实施，企业的每一个部门、每一个员工都能明确自己的目标、任务、责任以及完成任务的途径和方法，并懂得如何与其他部门或员工相互协作。

（四）经济性原则

网络营销策划必须以经济效益为核心。网络营销策划不仅本身消耗一定的资源，而且通过网络营销方案的实施，将改变企业经营资源的配置状态和利用效率。网络营销策划的经济效益，是策划所带来的经济收益与策划和方案实施成本之间的比率。成功的网络营销策划，应当是在策划和方案实施成本既定的情况下取得最大的经济收益，或花费最小的策划和方案实施成本取得目标经济收益。

（五）协同性原则

网络营销策划应该是各种营销手段的应用，而不是方法的孤立使用。诸如论坛、博客、社区、网络媒体等资源要协同应用才能真正达到网络营销的效果。

五、网络营销策划的基本策略

（一）网络品牌策略

网络营销的重要任务之一就是在互联网上建立并推广企业的品牌，知名企业的网下品牌可以在网上得以延伸，一般企业则可以通过互联网快速树立品牌形象，并提升企业整体形象。网络品牌建设是以企业网站建设为基础，通过一系列的推广措施，达到顾客和公众对企业的认知和认可的。在一定程度上说，网络品牌的价值甚至高于通过网络获得的直接收益。

（二）网页策略

中小企业可以选择比较有优势的地址建立自己的网站，建立后应有专人进行维护，并注意宣传，这一点能节省传统市场营销的很多广告费用，而且搜索引擎的大量使用会增强搜索率，一定程度上对于中小企业者来说比传统广告效果更好。

（三）产品策略

中小企业要使用网络营销方法，就必须明确自己的产品或者服务项目，明确哪些是网络消费者会选择的产品。因为产品网络销售的费用远低于其他销售渠道的销售费用，因此中小企业如果产品选择得当，就可以通过网络营销获得更大的利润。

（四）价格策略

价格策略也是最为复杂的问题之一。网络营销价格策略是成本与价格的直接对话。由于信息的开放性，消费者很容易掌握同行业各个竞争者的价格，如何引导消费者做出购买决策是关键。中小企业者如果想在价格上取得优势，应注重强调自己产品的性价比以及与同行业竞争者相比之下自身产品的特点。除此之外，由于竞争者的冲击，网络营销的价格策略也应适时调整，中小企业营销的目的不同，可根据不同的阶段制订不同的价格。例如，在自身品牌推广阶段可以以低价来吸引消费者，在计算成本基础上，减少利润而占有市场。品牌知名度积累到一定阶段后，制订自动价格调整系统，根据变动的成本、市场供需状况以及竞争对手的报价来适时调整价格。

（五）促销策略

营销的根本目的是为促进销售提供帮助，网络营销也不例外，大部分网络营销方法都与直接或间接促进销售有关，但促进销售并不限于促进网上销售。事实上，网络营销在很多情况下对于促进网下销售十分有价值。以网络广告为代表，网上促销没有传统营销模式下的人员促销或者直接接触式的促销，取而代之的是用大量的网络广告这种软营销模式来达到促销的效果。这种做法对于中小企业来说可以节省大量的人力支出、财力支出。通过网络广告的效应可以在销售人员到达不了的地方挖掘潜在消费者，可以通过网络的丰富资源与非竞争对手达成合作联盟，以此拓宽产品的消费层面。网络促销还可以避免现实中促销的千篇一律，可以根据自身的企业文化，或者与帮助宣传的网站的企业文化相结合来达到最佳的促销效果。

（六）渠道策略

网络营销的渠道应该是本着让消费者方便的原则设置。为了在网络中吸引消费者关注本公司的产品，可以加入其他中小企业的相关产品成为自己企业的产品外延，相关产品的同时出现会更加吸引消费者的关注。为了促进消费者购买，应该及时在网站发布促销信息、新产品信息、公司动态；为了方便消费者购买还要提供多种支付方式，让消费者有多种选择，在公司网站建设时候应该设立网络店铺，增加销售的机会。

（七）顾客服务策略

网络营销与传统营销模式不同还在于它特有的互动方式。在传统营销模式中，人与人之间的交流十分重要，营销手法比较单一，网络营销则可以根据公司产品的特性，根据特定的目标客户群，特有的企业文化来加强互动，节约开支，形式新颖多样，避免了传统营销模式的老套和单一化。

实训任务

1．实训目的

本实训的目的是使学生了解网络营销策划的概念、网络营销策划的目标及类型，掌握网络营销策划的基本原则和策略。

2．实训内容及步骤

（1）以你家乡的特产为网络营销的对象，分析你开展网络营销活动的目标是什么，你需要做哪些方面的策划。

（2）写出初步的网络营销策划方案。

3．实训成果要求

撰写并提交实训报告，注意方案的格式及文字排版。

任务二 撰写网络营销策划方案

任务引入

小明在学习了网络营销方案策划的基础知识后，对网络营销策划有了初步的了解，但是对网络营销策划方案的结构没有系统的认识，不知道如何开始撰写一个网络营销策划方案，他想了解更多关于撰写网络营销策划方案的知识，以便能够写出一份比较完整的网络营销策划方案。

任务知识点

➤ 网络营销方案的策划步骤
➤ 网络营销策划方案的结构
➤ 撰写网络营销策划方案的技巧

知识点讲解

一、网络营销方案的策划步骤

策划网络营销方案，首先要明确策划的出发点和依据，即明确企业的网络营销目标，以及在特定的网络营销环境下企业所面临的优势、劣势、机会和威胁（即 SWOT 分析）。在确定策划的出发点和依据的基础上，再对网络营销市场进行细分，选择网络营销的目标市场，进行网络营销定位，最后对各种具体的网络营销策略进行设计和集成。

（一）明确组织任务和远景

要设计网络营销方案，首先就要明确或界定企业的任务和远景。任务和远景对企业的决策行为和经营活动起着鼓舞和指导作用。

企业的任务包括企业的总体目标、经营范围以及关于未来管理行动的总的指导方针。区别于企业的其他基本目的，它通常以任务报告书的形式被确定下来。

（二）确定组织的网络营销目标

在做网络营销策划前，首先要明确目标，要明确这个策划是追求 IP、追求流量、追求注册量，还是追求销售量、追求品牌知名度等。表述合理的企业网络营销目标，不仅应当对具体的网络营销目的进行陈述，还应详细说明完成目标的时间期限。

（三）SWOT 分析

SWOT 分析实际上是对企业网络营销内外部条件各方面内容进行综合和概括，进而分析企业的优劣势、面临的机会和威胁的一种方法。通过 SWOT 分析，可以帮助企业把资源和行动聚集在自己的优势领域和有更多机会的地方，并且可以让企业的战略变得明朗。

179

（四）网络营销定位

定位的基本概念是确定方位或者确定方向，而在网络营销中，定位是核心，企业明确定位，才能在开展网络营销的过程中把网站的建设、推广手段的运用和运营系统的建立执行好，企业的网络营销要围绕定位去进行。网络营销定位是网络营销策划的战略制高点，只有抓住定位才有利于制定网络营销总体战略。

（五）网络营销组合策略

网络营销组合策略是网络营销策划的主要内容，它包括 4P 策略，即网上产品策略、网上价格策略、网上渠道策略和网上促销策略，以及网络公共关系建设。

二、网络营销策划方案的结构

网络营销策划方案是企业网络营销项目顺利运营的前提和保障，也是规范企业网络营销管理的重要方面。鉴于网络营销策划方案对企业经营和营销管理的重要性，策划人员应更加注重网络营销策划方案的写作。要完成这项工作，首先要明确网络营销策划方案的结构。

（一）封面

网络营销策划方案的封面可以直观地表现策划的内容，能使相关机构简明扼要地了解策划者的思路。封面需要体现专业与严谨，并提供以下信息：（1）策划方案的名称；（2）策划方案服务的客户；（3）策划机构或策划人的名称；（4）策划完成日期及策划适用时间段。

（二）项目概要与背景分析

1. 项目概要

项目概要是最重要的一部分，也是影响初选结果的决定因素。在概要部分，要把所有的重要信息概括出来。概要一般包括：机构的背景信息、使命与宗旨、策划目的与意义、项目要解决的问题与解决的方法、项目申请方的能力和以往的成功经验等。

2. 项目背景分析

项目背景分析需要详细介绍立项的背景、现状、存在的问题以及为什么要设计这些项目来解决这些问题，要详细说明项目的起因、逻辑上的因果关系、受益群体及其与其他社会问题的关联等，要充分说明问题的严重性与紧迫性。

（三）环境分析

此部分主要分析当前的营销环境状况，包括当前的市场状况及市场前景分析、项目优劣势分析、机会与威胁分析等。策划者对同类产品的市场状况、竞争状况及宏观环境要有一个清醒的认识，以便为制定相应的营销策略、采取正确的营销手段提供依据。

（四）营销目标与营销战略

网络营销策划方案要详细介绍项目计划，项目的总体目标、阶段性目标与任务以及各目标的评估标准。制定营销目标首先要进行市场细分与目标市场选择，以保证制定的目标切合实际。总体目标是一个长期的、宏观的、概念的、比较抽象的描述。总体目标可以分解成一系列具体的、可衡量的、可实现的、带有明确标记的阶段性目标。

（五）盈利模式与网站构架

盈利模式是企业在市场竞争中逐步形成的赖以盈利的特有的商务结构及其对应的业务结构。盈利模式就是企业赚钱的渠道。网站构架是在分析用户需求后，准确定位网站目标群体，确定营销目标与战略基础，设定网站整体构架、规划，设计网站栏目及其内容，制订网站开发流程及顺序，以最大限度进行高效的资源分配与管理的设计。

（六）营销策略及推广方式

为了实现营销战略目标，策划者需要结合项目特点与目标市场特征，制定营销策略，设计开展营销活动来实现这些目标。选择推广方式时，要特别注意推广方式的特点及推广方式对项目本身的适用性。

（七）项目组织构架

明确团队管理结构，指明项目总负责人、财务负责人及其他各分项目的负责人。

（八）财务预算

财务预算所要提供的绝不仅仅是一个费用预算表，而是要叙述和分析预算表中的各项数据、总成本与各项分成本（包括人员设备和网络等费用），要明确地写出所需的经费总额。投入与产出是相对应的，因此必须分析产出效益，包括经济效益与社会效益。

（九）风险控制与可行性分析

任何项目都是机遇与风险共存的，项目成功与否的关键在于能否在抓住机遇的同时控制风险，使项目不管是在经济上、环境上还是技术上都具有可行性。

（十）附件

附件对于策划方案起着重要支撑作用。由于篇幅太长而不适合放在正文中的文件，可以放入附件中。

三、网络营销策划方案的撰写技巧

如果想写出一份出色的网络营销策划方案，仅掌握其书写结构还是不够的。细节决定成败，只有在撰写网络营销策划方案的过程中注意细节问题，才能使策划方案更具有可操作性。这些细节就是撰写网络营销策划方案的技巧，主要体现在以下 3 个方面。

（一）结构完整、层次清晰

对于熟悉网络营销的人来说，可以将网络营销策划方案的结构概括为环境分析、战略制定和执行落实 3 个大部分。一份结构清晰、富有层次的策划方案，可以帮助我们在整体上对网络营销策划方案有清楚的把握，可以使我们的思路清晰，从而有效地开展工作。

（二）主线明确、战略统领

网络营销策划方案要围绕一条主线展开分析。例如，企业欲推广其电子商务平台，在发展初期以提升网站的访问量为主要目标，那么，整个网络营销策划的内容就要以此为核心。因此，电子商务平台内容的目标是便于用户使用，平台的推广目标是尽可能地让用户知晓并养成使用该电子商务平台的习惯，同时辅以搜索引擎优化及增加平台黏性策略等方法，以使该电子商务平台以最快的速度被用户了解并使用。

为了更好地运用这一技巧，策划者可以在策划方案中使用一些重点符号、特殊的版式、不同的字体或字号，对策划内容的主线给予强调突出，以利于执行者能准确地把握策划主线。

（三）图表丰富，分析深入

在网络营销策划方案中使用图表进行分析，不仅可以使策划方案看上去简明、真实，还能让阅读者关注图表的数据内容，增强策划方案的深度、可读性和真实性。

实训任务

1. 实训目的

本次实训的目的是让学生了解网络营销策划方案的策划步骤、网络营销策划方案的结构，能够完成网络营销策划方案的撰写。

2. 实训内容及步骤

（1）通过百度搜索网络营销策划方案，总结不同的网络营销策划方案的异同点。

（2）完善你家乡特产的网络营销策划方案。

3. 实训成果要求

撰写并提交完整的网络营销策划方案。

任务三　网络营销策划方案展示

任务引入

南昌艾精隆食品发展有限公司创建于 1984 年，是一家生产炒货食品及坚果制品（烘炒类）的食品公司，主营瓜子、花生和坚果等休闲小食品，集开发、生产、销售于一体。为了进一步提升品牌形象，提高产品销量，艾精隆公司准备启动网络营销推广活动，需要制订一份公司网络营销策划方案。

任务知识点

➢ 市场环境分析

➢ 网络市场定位

➢ 网络营销策略

➢ 网络推广方式

一、市场环境分析

（一）传统炒货行业市场的现状

坚果炒货食品由中国人创造，至今已有数千年的历史。《本草纲目》《千金要方》等古籍中，均详细记载了长期食用坚果炒货食品能令人"发黑、身轻、步健"的好处，因而数千年来坚果炒货食品一直深受我国人民的喜爱。

随着消费需求的增加，截至 2016 年 11 月，全国炒货行业销售收入超过 200 亿元，并且呈现出不断增长的良好发展态势。坚果炒货业的高利润和低门槛促使炒货企业不断涌入这个行业，业内竞争企业众多。相对其他市场，炒货市场是一个比较具有发展优势的市场。无论是瓜子市场的洽恰、大好大、真心，还是干果类市场的阿明、天喔、恒康、百味林、张二嘎、挑逗等，都以其先知先觉的营销意识取得了较大的市场份额，也因为这些企业的良好市场表现从而带动了很多企业的跟进，炒热了其共有的市场体系。且现在的市场还远未饱和，远未满足消费者的需求。

与此同时，可以看到，由于炒货市场进入门槛较低（万元即可开立作坊），利润较高，因而杂牌、跟风产品丛生。据不完全统计，目前国内大大小小的炒货企业有 1 000 多家，品牌企业还不到 50 家，虽然也有洽洽、真心、大好大、百味林、天喔这样的全国性品牌和阿明、小刘、傻子、徽记等区域强势品牌，但更多的是作坊式小企业。艾精隆公司作为一家较有口碑的传统炒货企业，极具优势。

（二）炒货网络市场现状分析

1. 阿里指数分析

通过阿里指数对关键词"炒货"进行行业大盘指数分析（2016 年 5 月—2017 年 5 月），在最近的一段时间里，坚果炒货在食品、饮料行业中的采购排名第 8，算是热门行业。并且我们能发现炒货作为中国春节必备年货，在每年 12 月的时候，炒货的采购量达到了一个高峰。除了 1 月因春节物流放假而采购率有所下降外，其他时间都呈平稳增长的趋势，如图 8-2 所示。

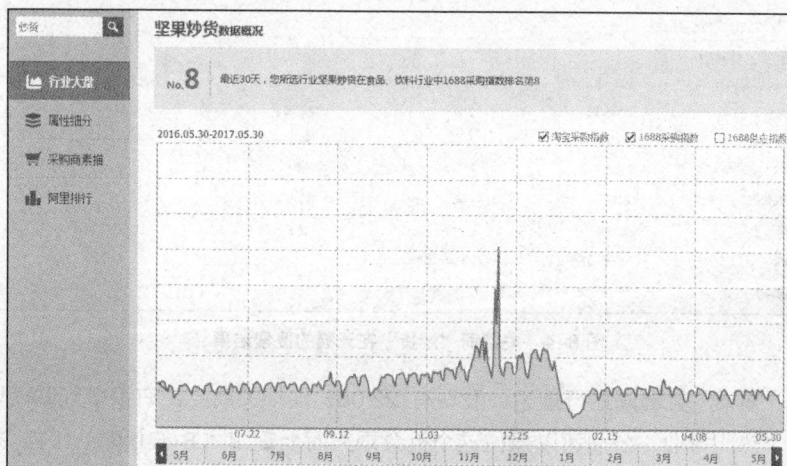

图 8-2 "炒货"行业大盘指数

通过阿里指数对关键词"炒货"进行阿里排行分析（2017年5月1日—2017年5月31日），可以从坚果炒货转化率榜单发现坚果炒货类目下的"瓜子手抓包"搜索转化率高达94%，而全站该类商品只有216件，艾精隆公司有一款口碑极佳的蜂蜜葵花子在榜，这可以作为公司打开网络销售渠道的一个着力点，如图8-3所示。

图8-3 "炒货坚果"转化率榜

2. 通过天猫搜索分析

在天猫对"炒货"关键词进行搜索，发现有10 489件相关商品，并且包括很多炒货品牌，这说明炒货市场前景很大，炒货品牌多而杂，没有明显的一家独大，这就给了公司做好品牌的空间与信心，如图8-4所示。（注：搜索数据来自于2017年5月）

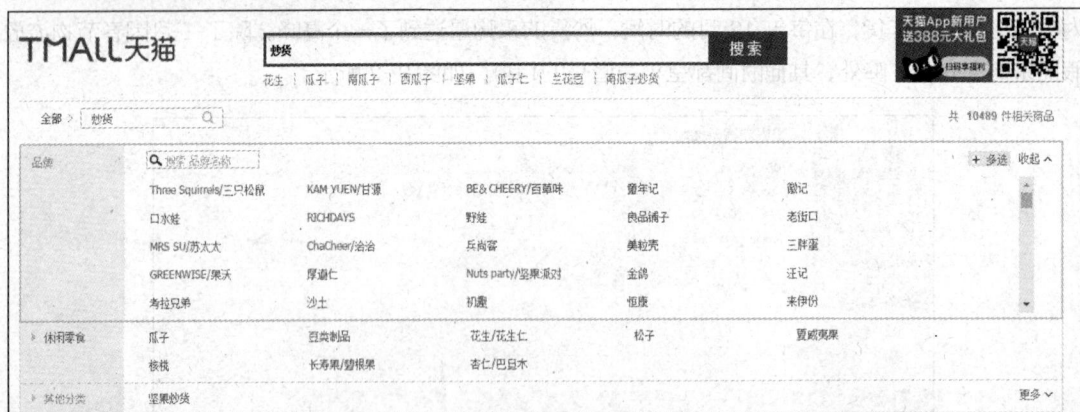

图8-4 关键词"炒货"在天猫的搜索结果

在天猫对"坚果"关键词进行搜索，发现有22 055件相关商品，有很多互联网坚果品牌，说明坚果行业是个热门行业，公司可以抓住这个机会乘势而上，如图8-5所示。（注：搜索数据来自于2017年5月）

图 8-5 关键词"坚果"在天猫的搜索结果

(三)项目 SWOT 分析

1. 艾精隆炒货优势分析

（1）重点企业。

南昌艾精隆食品发展有限公司已经成立 30 多年，公司主营炒货，包括瓜子、花生、开心果、核桃、碧根果、夏威夷果和松子等，是省、市重点企业之一。

（2）产品质量好。

公司已通过 ISO 9001:2000 国际质量管理体系认证，并获得国家强制性生产许可 QS 认证。作为中高档休闲小食品专家，在 30 多年的风雨历程中，秉承勇于拼搏、超越自我的精神，坚持信誉第一、质量第一、服务第一的经营理念，促使公司在中国休闲食品领域蓬勃发展。

（3）产品需求量大。

通过上面对市场环境的分析可以看出，炒货的市场需求量还是较大的，市场空间也足够宽广，特别是现在人们对坚果产品越来越青睐，促进了产品需求量的增长。艾精隆公司在 2014 年的产值已达到 4.6 亿元。

（4）客户群稳定。

经过十多年的发展，艾精隆公司已经建立了自己完备的销售渠道，拥有大批的客户群，这些客户群主要基于传统销售渠道下的供销合作。在县级市，艾精隆公司拥有一批忠实的经销商销售公司的产品。在传统经营中，艾精隆公司是一家比较成功的企业。

2. 艾精隆炒货劣势分析

（1）网络品牌知名度低。

虽然艾精隆公司成立距今已 30 多年，但一直都在县级市进行实体销售，在网上品牌知名度低。

通过阿里指数分析可知，在网络销售的炒货中艾精隆品牌未进入前 50，排名靠前的分别为三只松鼠、百草味、良品铺子等品牌，如图 8-6 所示，网络占有率低，品牌知名度低，品牌影响力弱。

（2）推广方式陈旧。

艾精隆公司的产品主要采用传统的推广方式，推广方式单一陈旧，仅仅通过业务员跑订单和老客户回购的方式，没有广告费用投入，也没有利用网络推广手段，因此限制了产品销售市场的发展。在电子商务快捷发展的今天，企业没有互联网思维，仅停留在传统的销售推广方式上，非常容易被淘汰。

干果-坚果十大品牌榜中榜，干果-坚果炒货-干果礼盒十大品牌(2016)

① 三只松鼠　(400-800-4900，互联网食品品牌，专注坚果/干果/茶叶等森林食品的研发/分装及B2C品牌销售的现代化新型企业,三只松鼠…　)

② 百草味　(0571-81398843，互联网坚果类食品销售领先品牌,以休闲食品加工/生产/贸易为主,集连锁/B2C经营模式为一体的新型企业…　)

③ 良品铺子　(400-1177-517，湖北省著名商标,高品质健康休闲零食品牌,集休闲食品研发/加工分装及零售服务的专业品牌连锁运营企业…　)

④ 洽洽　(400-8877819，瓜子行业知名品牌,专业从事坚果炒货食品的生产和销售的上市公司,坚果炒货行业领先企业,洽洽食品股份有…　)

⑤ 华味亨　(400-8877-593，创于1992年,集休闲食品研发/生产/销售为一体的企业,杭州市著名商标,农业龙头企业,杭州华味亨食品有限…　)

⑥ 阿明AMING　(400-688-8885，上海市著名商标,上海名牌,中国传统休闲食品的传承者,国内知名的专业生产/销售"阿明"品牌休闲食品的企…　)

⑦ 来伊份　(400-1861-777，上海市著名商标,上海市名牌产品,坚果炒货十大品牌,美味坚果/天然果干/肉制品等系列食品供应商,上海来…　)

⑧ 口水娃　(021-62033658，江苏省著名商标,江苏名牌产品,旗下有口水娃/月亮街/江南每食品牌,大型休闲食品提供商,苏州口水娃食品…　)

⑨ 天喔TENWOW　(4008-811-300，上海市著名商标,国内极具影响力的大型休闲食品提供商,外商独资企业,天喔食品(集团)有限公司…　)

⑩ 恒康　(0574-63305888，创建于1996年,浙江省著名商标,专业从事炒货食品及坚果制品等系列产品的生产/加工/销售的大型企业,宁…　)

图 8-6　炒货前十品牌

3. 艾精隆炒货机会分析

（1）产品同质化。

坚果炒货行业的产品严重同质化，很多同类产品高端和低端的差异就是包装和厂家的区别，甚至有的包装几乎一样，只是厂家不同，对于很多消费者来说看不出什么差别，选择购买时的随机性较大。

（2）营销手段同质化。

各个厂家的营销模式雷同，操作手段单一，大多采用的营销手段是跟风在超市搞促销活动，开专卖店，在包装内放置奖卡片等，并无别具一格的营销手段，这些手段对消费者的吸引力不大。

4. 艾精隆炒货威胁分析

目前炒货行业的入行门槛低，企业规模参差不齐，行业集中度低，只要是能炒的都能卖，并且各家的营销手段都差不多。如果公司不利用创新思维，在一片同质产品中做出特色，那是无法做强做大的。现在炒货行业涉及的产品很多，一个公司不能同时把所有的产品都做好，只能选择一两个产品重点打造，以重点产品带动其他产品的销售。此外，传统炒货企业受到了来自互联网知名品牌——三只松鼠的竞争威胁。

二、网络市场定位

（一）品牌定位

艾精隆食品有限公司定位于中高端休闲食品的生产，现有员工 500 余人，在南昌、广州都有生产基地，从原料挑选、生产加工到产品包装全部实现机械化操作。标准化生产已成为产品品质的基本保证，系统化的监控保证了产品质量 100％的合格率。公司现有西瓜子、葵瓜子、白瓜子和花生四大品类，30 多种口味不同的炒货系列产品，销售网络遍布湖北、湖南、江西、福建、广东、河南、陕西、安徽、浙江九省。通过对炒货的类目分析，瓜子占有的比例最高，而目前艾精隆公司炒货的主打产品也是瓜子，如图 8-7 所示。

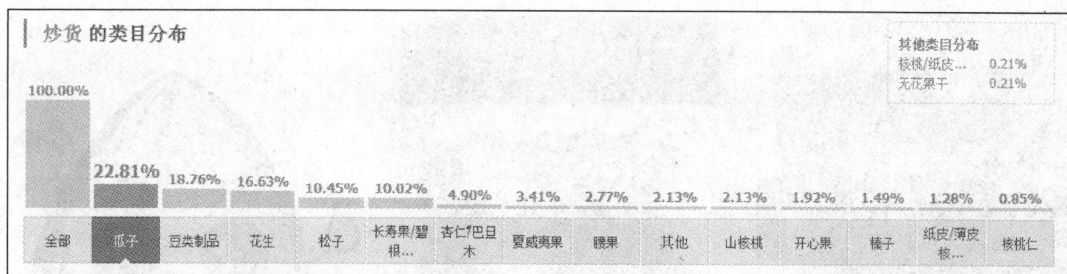

图 8-7　"炒货"的类目分布

（二）重新定位网络渠道目标客户

通过对关键词"坚果"和"炒货"的目标人群进行分析，再结合网络搜索用户特征，最终把艾精隆公司的网络目标人群定位在白领、居家主妇、大学生和老年人，如图 8-8 所示。

图 8-8　网上目标人群定位

三、网络营销策略

（一）产品策略

1. 包装设计

（1）卡通形象设计。

由于之前艾精隆公司产品的主要销售渠道是市县乡镇的经销商，主要面向广大的农村市场，因此在包装设计上乡土气息较浓，如图 8-9 所示。

结合前期的市场调研和分析可知，这种包装不适合网络销售，互联网市场需要更加时尚的包装。针对这一点，艾精隆公司以瓜子仁为原型设计了公司的卡通形象——"小艾"，如图 8-10 所示。

图 8-9　艾精隆公司产品的旧包装　　　　图 8-10　艾精隆公司卡通形象——小艾

　　除此之外，还设计了"小艾"系列的表情包，分为经典款表情包和艾潮款表情包，以凸显"小艾"独有的品牌特色，如图 8-11 所示。客服使用"小艾"表情包与顾客沟通，使顾客感受到来自艾精隆的诚意。

经典款

艾潮款

图 8-11　"小艾"系列表情包

（2）网络新包装的设计。

公司结合"小艾"的可爱形象重新设计了一系列针对互联网专售的产品包装，在包装上除了有艾精隆公司的LOGO和"小艾"形象外，包装的侧面还印有艾精隆天猫旗舰店的网址及二维码，方便顾客通过手机扫描直达店铺，如图8-12所示。

图 8-12 碧根果的新包装

在整体包装设计上，采用了密封条封口，这种密封条可以重复使用，密封性好，防霉防潮，如图8-13所示。

图 8-13 夏威夷果的整体包装

除了整袋包装之外，公司还开发了便携式的小包装。小包装不会造成浪费，经济实惠。在包装设计上，采用了简约的设计风格，巧妙地运用了文字与色彩的搭配，不同的产品配合不同的主色调，例如，蜂蜜葵花籽采用的是玫红色，炒南瓜子采用的是黄色，奶油西瓜子采用的是蓝色等，如图 8-14 所示。

图 8-14　艾精隆瓜子小包装

为了方便批发商批发和顾客批量购买，公司还专门设计了 30 小包的纸盒自动包装，整体美观大方，深受批发商和客户的喜爱，如图 8-15 和图 8-16 所示。

图 8-15　艾精隆瓜子纸盒自动包装

图 8-16 艾精隆瓜子盒装设计

新款小包装的推出受到了广大消费者的喜爱，特别是独家研制的蜂蜜葵花籽产品，它是用蜂蜜煮出来的，口感一流，好吃不上火，在市场上经常脱销。在艾精隆公司的产品中，小包装产品已经成为他们的主打产品，并占据了整个产品销量的1/5，获得如潮好评。

除了瓜子小包装的设计外，公司还设计了坚果类小包装，如图 8-17 所示。

图 8-17 艾精隆坚果新款小包装

2．新产品研发

（1）对产品的深度调研。

通过对消费者的回访及购买习惯的分析，我们发现大部分消费者都知道每天吃坚果的好处，但难以坚持购买。因此，我们针对该现象进行深度调查，并在第一调查网发布了关于对坚果喜爱度的网络调查问卷。此次调查一共有1 641人参与，其中90.1%的人知道坚果是什么，近90%的人知道吃坚果的好处，但是只有不到30%人有吃坚果的习惯，如图8-18所示。

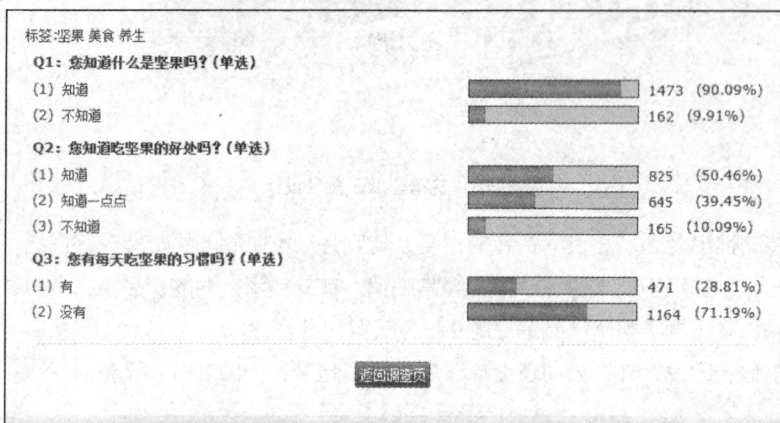

标签:坚果 美食 养生

Q1：您知道什么是坚果吗？（单选）

(1) 知道   1473 （90.09%）
(2) 不知道   162 （9.91%）

Q2：您知道吃坚果的好处吗？（单选）

(1) 知道   825 （50.46%）
(2) 知道一点点   645 （39.45%）
(3) 不知道   165 （10.09%）

Q3：您有每天吃坚果的习惯吗？（单选）

(1) 有   471 （28.81%）
(2) 没有   1164 （71.19%）

返回调查页

图8-18 关于对坚果的喜好程度的调查

从调查的结果可以看出，虽然大部分人知道吃坚果的好处，但是却只有很少一部分人有吃坚果的习惯。通过进一步调查发现，有70%的人是因为时常忘记吃坚果或者没有吃坚果养生的意识，才没有每天坚持吃坚果。基于以上调查结果，我们推出了《365养生手册》。

（2）《365养生手册》设计。

我们为消费者设计了一个养生手册，手册的内容主要分为三个部分：食品的营养介绍、每周营养计划及养生小知识。

第一部分是食品的营养介绍。通过介绍吃坚果的好处，再结合艾精隆坚果的图片，既普及了营养知识又推广了产品，如图8-19所示。

您知道吃坚果的好处么？

坚果是植物的精华部分，一般都营养丰富，含蛋白质、油脂、矿物质、维生素较高，对人体生长发育、增强体质、预防疾病有极好的功效。

巴旦木营养价值很高，它的营养比同重量的牛肉高六倍。据检测，仁内含植物油55－61%，蛋白质28%，淀粉、糖10－11%，并含有少量胡萝卜素、维生素B1、B2和消化酶、杏仁素酶、钙、镁、钠、钾，同时含有铁、钴等18种微量元素。

新模果又名"长寿果"，能补肾健脑，补中益气，润肌肤，乌须发。

Whaaat？
Whaaat？

图8-19 食品的营养介绍

第二部分是每周营养计划。消费者可以按周进行营养定制，记录自己的饮食；还可以自定义饮食内容。背面是备忘录，如图 8-20 所示。

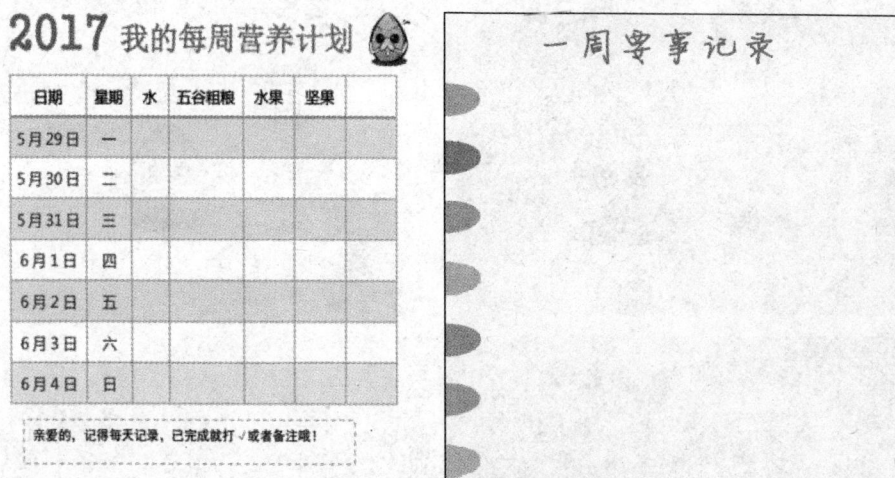

图 8-20　每周营养计划正反面

第三部分是养生小知识，主要为消费者介绍养生小常识，通过设置这种关爱消费者健康的小栏目，增加消费者对艾精隆公司产品的黏性，提升消费者对艾精隆公司的品牌好感度，如图 8-21 所示。

图 8-21　养生小常识

在养生手册的设计上，根据季节的不同分为春夏秋冬四季，每一季都有对应的手册。手册封面如图 8-22 所示。

（3）每日坚果系列产品。

结合《365 养生手册》，我们推出了"每日坚果"系列产品，如图 8-23 所示。

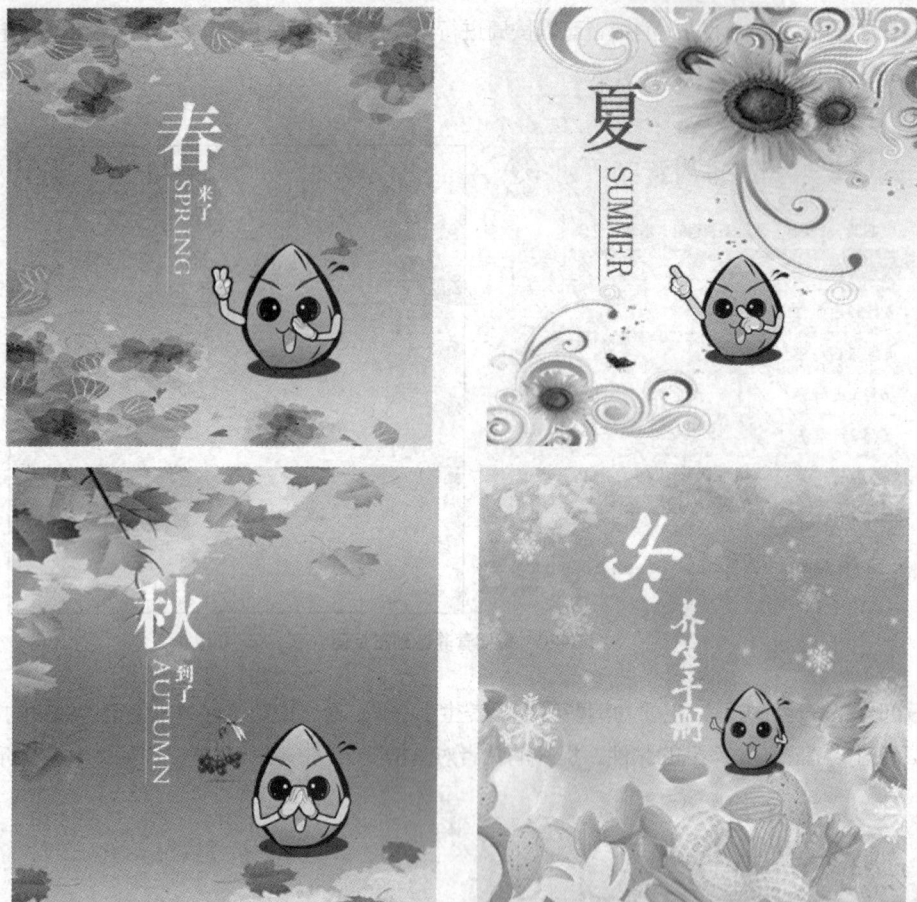

图 8-22　养生手册的四季封面

图 8-23　"每日坚果"系列产品

"每日坚果"系列产品有两种规格，一种是一盒内含 7 个便携包，对应一周七天；另一种是一盒内含 30 个便携包，对应一个月的时间，让消费者可以营养美味天天享受，同时也培养了消费者的食用习惯与购买习惯。每小包内含腰果、榛子仁、核桃仁、扁桃仁等 6 种富有营养的坚果（见图 8-24），适合早上搭配牛奶吃，简单便捷又营养，深受消费者好评；而且小包装适合随身携带，作为营养小零食，既解馋又健康。

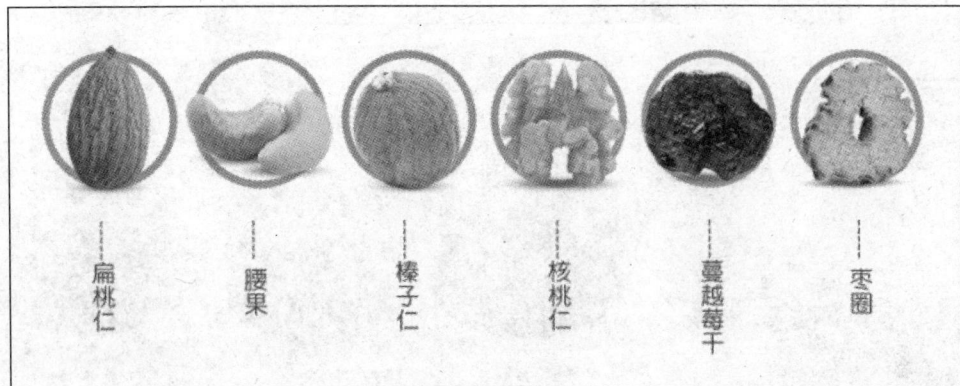

图 8-24　坚果配料

（二）渠道策略

1. 天猫旗舰店

公司开设了天猫旗舰店，通过进行店铺内功优化及店铺推广，努力提升品牌知名度与影响力。

（1）店铺内功优化。

　　首先，对艾精隆旗舰店进行店铺装修，优化标题关键词，优化宝贝详情页，还配合节日做主题活动来提升店铺内功。店铺首页如图 8-25 所示。

图 8-25　艾精隆旗舰店首页

（2）促销推广。

通过折 800、拼多多、卷皮网、返利网、美柚等平台推出促销活动，如图 8-26 所示。此外，店铺每个月都会参加站内官方活动，如淘金币、聚划算、淘抢购等活动，通过这些活动为店铺引入大批流量，从而带动店铺总体产品的销售。

图 8-26　促销推广平台

（3）开通天猫供销平台。

为了扩大线上销售规模，艾精隆天猫旗舰店开通了供销平台，方便分销一线铺货和批发商购买，也为更多的人提供了网上创业和实践的机会，如图8-27所示。

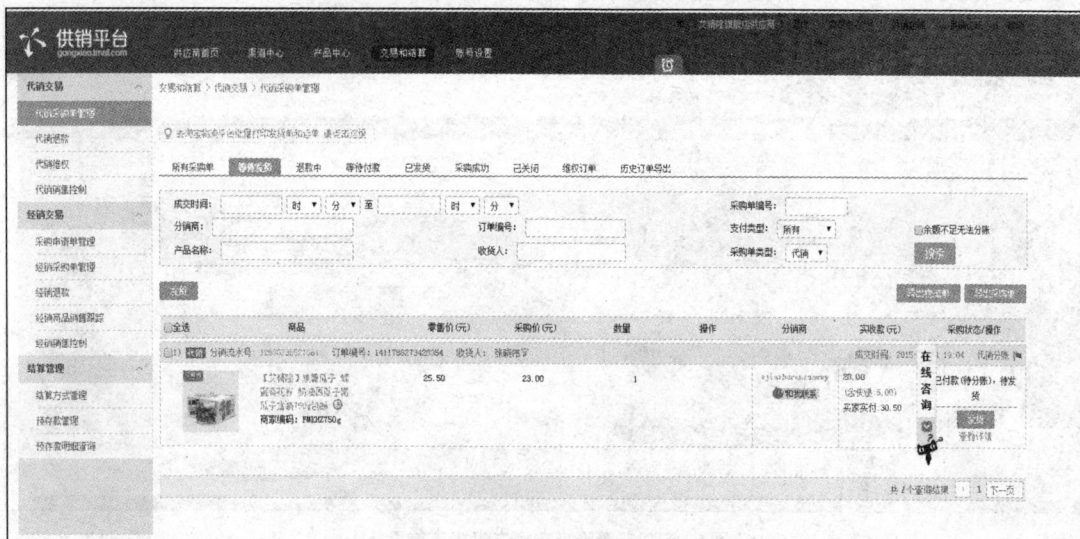

图8-27　艾精隆旗舰店分销后台

2. 阿里巴巴批发店

为了占领更大的坚果炒货行业市场，公司在阿里巴巴平台开通店铺，为更多的中小型商家提供设计、打版、贴牌生产，同时提供货源给商家进行线下销售，拓宽了网络销售渠道，如图8-28所示。

图8-28　艾精隆阿里巴巴批发店

3. 京东官方旗舰店

公司入驻京东商城，开设了艾精隆京东官方旗舰店，拓展了新的销售平台，如图 8-29 所示。

图 8-29　艾精隆京东官方旗舰店首页

4. 艾精隆微店

艾精隆公司开通了微店，以方便移动端销售及社群营销，如图 8-30 所示。

图 8-30　艾精隆微店

四、网络推广方式

（一）建立艾精隆官方网站

企业的官方网站能够直接展示企业形象和进行品牌宣传，是很多企业开展网络推广很重要的渠道。艾精隆公司建立了官方网站，设计了首页、产品展示、新闻动态、留言板等页面，它能够让消费者对艾精隆公司有更多的了解，加强与消费者的联系，提高消费者的满意度，如图 8-31 所示。

图 8-31 艾精隆官方网站

（二）微博推广

微博推广是目前流行的一种网络推广方式，微博最大的优势是免费并且可以获得较好的搜索排名。公司创建了艾精隆旗舰店新浪微博，把天猫店铺的活动信息同步发布到微博上，并且策划转发抽奖、微博互动、倒计时、转发带话题等活动，吸引粉丝进行互动，如图 8-32 所示。

图 8-32 艾精隆旗舰店微博

（三）微信推广

目前，建立企业微信公众号也是网络推广的常用方式。公司建立了艾精隆食品微信公众号，除了推送最新的产品和促销信息外，还会推送有关养生的信息，为粉丝送去有价值的信息，留住老客户，吸引新客户，如图 8-33 所示。

图 8-33　艾精隆食品微信公众号

（四）博客推广

目前，虽然博客的使用率比微博低，但仍然是一种低成本的网络推广方式，通过发表高质量的博文，可以很好地为产品及企业宣传。公司开通了博客，结合坚果炒货的养生知识进行科普宣传，如图 8-34 所示。

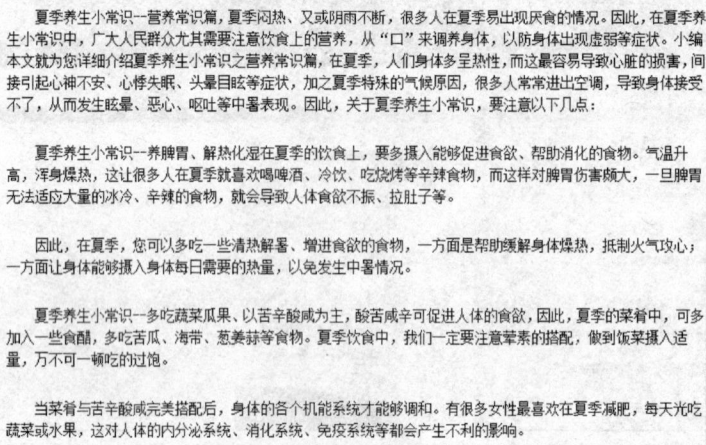

图 8-34　艾精隆养生博文

（五）百度推广

1. 百度知道推广

百度知道是基于百度搜索的一个互动式知识问答分享平台。通过在百度知道发布问题和回答别人的问题来增加艾精隆品牌的知名度，例如，发布"艾精隆瓜子好吃吗？什么品牌的瓜子最好吃？"等问题，增加艾精隆品牌的曝光率和好感度，如图8-35所示。

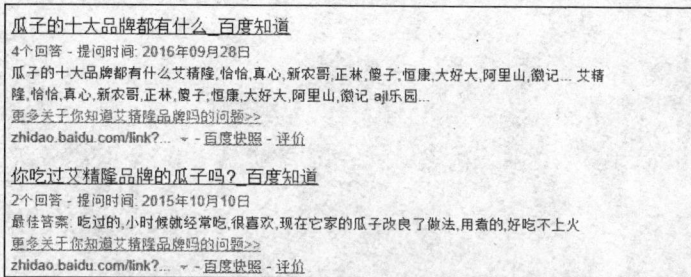

图8-35　艾精隆百度知道推广

2. 百度贴吧推广

创建艾精隆百度贴吧，在贴吧发帖、回帖，在论坛积极发言，以艾精隆品牌为中心进行口碑营销，提升品牌的知名度，从而增加产品的销量，如图8-36所示。

图8-36　艾精隆百度贴吧推广

（六）网络视频推广

以"艾精隆"为主题自拍自导了一部校园爱情微电影《一切缘于艾精隆》，将视频发布到优酷、爱奇艺等视频网站，点击量和播放量上万次，成功地实现了病毒式营销，如图 8-37 所示。在视频中，男主角的呆萌表现引发关注，被制作成表情包，增加了视频的人气，也提升了艾精隆品牌的知名度。

图 8-37 《一切缘于艾精隆》视频截图

（七）淘宝平台直播

艾精隆旗舰店登录淘宝直播，每天都有上万粉丝关注，数十万的点赞量，如图 8-38 所示。直播时主播和观众进行了良好的互动，增加了店铺活动的趣味性，拉近了店铺与消费者的距离，大大提高了店铺的流量与产品转化率，效果显著。

图 8-38 淘宝直播截图

实训任务

1. 实训目的

通过本次实训，学生应能够对网络营销策划有系统的认识，能够将整本书的内容融会贯通，建立完整的网络营销体系结构。

2．实训内容及步骤

（1）总结本书所学的内容，以自己的理解画出网络营销的体系结构图。

（2）总结网络营销策划方案的核心内容，并画出网络营销策划方案的流程图。

3．实训成果要求

提交实训报告，要求内容完整。

项目小结

本项目的主要内容为认知网络营销策划、撰写网络营销策划方案和网络营销策划方案展示 3 个任务。

认知网络营销策划的学习内容包括网络营销策划概念、目标、类型、基本原则和策略。网络营销策划的目标包含 5 种类型：销售型、服务型、品牌型、提升型和混合型。在网络营销策划中"策略为纲、创意为王、系统制胜"。

撰写网络营销策划方案的内容包括网络营销策划方案的策划步骤、网络营销策划方案的结构以及撰写网络营销策划方案的技巧。

网络营销策划方案展示选取了传统炒货企业转型网络营销的案例，重点选取了市场环境分析、网络市场定位、网络营销策略和网络推广方式 4 个部分的内容，这也是网络营销策划方案的核心内容。

思考与练习

一、不定项选择题

1．下面不属于网络营销 4P 策略的是（　　　）。
   A．产品策略　　　　B．网页策略　　　　C．价格策略　　　　D．促销策略
2．网络营销策划的目标类型包括（　　　）。
   A．销售型　　　　B．服务型　　　　C．品牌型
   D．提升型　　　　E．混合型

二、简答题

1．网络营销策划方案的策划步骤有哪些？
2．网络营销策划方案的结构是什么？
3．撰写网络营销策划方案的技巧有哪些？

参考文献

[1]彭欣，罗应机. 网络营销实用教程[M]. 2版. 北京：人民邮电出版社，2008.

[2]史海霞. 网络营销[M]. 成都：西南财经大学出版社，2012.

[3]唐麟，宋沛军. 新编网络营销实务[M]. 南京：南京大学出版社，2010.